Tödliche Lehre

Wendell W. Watters

aus dem Amerikanischen übersetzt von
Arnher E. Lenz

Angelika Lenz Verlag
Fasanenweg 8, D-31535 Neustadt

Dieses Buch ist all denen gewidmet, die sich entschieden haben, in existentiellen Lebensfragen selbständig zu denken, gleichgültig wie einsam das machen kann und wie schmerzhaft es auch sein mag.

Original 1992 veröffentlicht im
Verlag Prometheus Books, Buffalo, New York, unter dem Titel:

Deadly Doctrine: Health, Illness, and Christian God-Talk. Copyright © 1992 by Wendell W. Watters. All rights reserved. No part of this publication may be reproduced, stored in a retrieval system, or transmitted in any form or by any means, electronic, mechanical, photocopying, recording, or otherwise, without prior written permission of the publisher, except in the case of brief quotations embodied in critical articles and reviews. Inquiries should be addressed to Prometheus Books, 59 John Glenn Drive, Buffalo, New York 14228-2197, 716-837-2475, FAX: 716-835-6901.

Englisches Original in Europa zu beziehen beim
Verlag Lee Traynor, Bruchwiesenstr. 15, D-64380 Roßdorf

Tödliche Lehre
Copyright © 1992 by Wendell W. Watters
Über alle Rechte der deutschen Ausgabe verfügt der
Angelika Lenz Verlag
Fasanenweg 8, D-31535 Neustadt/Rbge., 1995
Übersetzung: Arnher E. Lenz
Redaktion: Ortrun E. Würger
Druck: Druck-Team, Hannover
Printed in Germany
ISBN 3-9802799-9-5

Wenn die Menschen etwas ignoranter wären, würde die Astrologie gedeihen - wenn sie etwas aufgeklärter wären, würde die Religion aussterben.

Robert G. Ingersoll

Inhaltsverzeichnis

Vorwort	7
Einleitung	11
1. Gesundheit und christliche Lehre: Festlegung der Hypothese	17
2. Lehren und Strategien des Christentums	35
3. Christentum, Familie und Selbstachtung	69
4. Abhängigkeit, gegenseitige Abhängigkeit und Selbstverwirklichung	83
5. Freude, Leid und Schuld	115
6. Christen, Sexualität und traditionelle Geschlechtsrollen	135
7. Christlicher Pronatalismus und sexuelles Leiden der Menschen	179
8. Christentum und schwerwiegende psychiatrische Erkrankungen	209
9. Christentum und geistige Gesundheit: Die Forschungsergebnisse	243
10. Christentum und Gesundheitswesen	259
11. Christliches Doppeldenk und Neusprech	273
12. Die Zukunft: Homo religiosus oder Homo sapiens?	289
Bibliographie	309

Vorwort

Vorsicht - christlicher Glaube könnte Ihre Gesundheit gefährden. Die christliche Religion stellt sich als ein Weg zur Zufriedenheit, zu geistiger Gesundheit und zur Erlösung dar. Aber ist das wirklich wahr? In *Deadly Doctrine: Health, Illness, and Christian God-Talk* führt Dr. Wendell Watters schwerwiegende Argumente an, die auf seinen jahrelangen klinischen Erfahrungen beruhen, die er mit Einzelpersonen, Paaren und Familien gesammelt hat. Demzufolge steht das Christentum einer menschlichen Entwicklung in so wesentlichen Bereichen wie Selbstachtung, Sexualität und dem gesellschaftlichen Zusammenleben im Wege. Das tragische Ergebnis einer solchen christlichen Konditionierung sind häufig unsoziales Verhalten, sexuelle Störungen, schlechte psychische Entwicklung, Furcht und sogar ernsthafte psychiatrische Erkrankungen.

Christliche Indoktrination ist nicht nur ein Problem, das den einzelnen oder einzelne Familien betrifft; die schädlichen Einflüsse ihrer Lehren über einen Zeitraum von annähernd 2000 Jahren durchdringen die Gesellschaft ganz allgemein, sogar diejenigen Mitglieder der Gesellschaft, die keine Christen sind, und auf eine Weise, die die Wohlfahrt der Menschen und ihre Lebensqualität ernsthaft unterminiert. Die christliche Befürwortung der Zeugung hat die Menschen ermuntert, große Familien zu gründen, unabhängig von der Fähigkeit dieser Familien, damit emotionell oder finanziell fertig zu werden. Die christliche Kirche hat starre Geschlechterrollen festgeschrieben, die alle Praktiken, die nicht direkt zur Empfängnis führen, verbieten. Durch Förderung sexueller Unkenntnis und Verantwortungslosigkeit hat das Christentum zur Verbreitung gesellschaftlicher Übel wie Vergewaltigung, sexueller Belästigung von Kindern und Pornographie beigetragen.

Watters führt neuere Forschungsdaten aus den Bereichen Psychologie und Religion an, um zu zeigen, daß Patienten mit einem festgefügten Glaubenssystem mehr rassistische Neigungen und weniger Offenheit und Beweglichkeit zeigen als diejenigen, die dem Leben gegenüber eine suchende, wissenschaftsorientierte Haltung einnehmen. Eine biologische Veranlagung zu schweren Depressionen und Schizophrenie kann durch die Förderung des christlichen Körper-Seele-Dualismus, durch Selbstverleugnung und eng definierte gesellschaftliche Rollen verschlimmert werden.

Die christliche Kirche kann für die Forderung der Gesellschaft nach Veränderung jedoch nicht vollkommen unzugänglich bleiben. In Anlehnung an die futuristische Novelle *1984* beschreibt Dr. Watters, wie die Christenheit sich zögernd einem Prozeß der "Korrektur" unterzogen hat, indem sie ihre offiziellen Ansichten über Sklaverei, Demokratie, Psychoanalyse, Sexualität und Fortpflanzung sowie religiöse Toleranz verändert. Ungeachtet der Bemühungen der christlichen Kirchen, sich reinzuwaschen, bleibt das blutige Register der Inquisition, des Autoritarismus und der Unterdrückung bestehen. Tatsächlich hat sich während der vergangenen zehn Jahre die kirchliche Politik in Richtung auf einen größeren Konservativismus hin entwickelt. Angesichts so viel menschlichen Leids, das von der christlichen Lehre herrührt, ist es zwingend notwendig, daß Fachleute des Gesundheitswesens, in der Erkenntnis, daß das christliche Glaubenssystem eine Suchtkrankheit ist, eine religiöse Zustandsüberprüfung entwickeln, um zu bewerten, wie von christlichen Gottesvorstellungen abgeleitete Ansichten über das Leben gesunde Funktionen beeinträchtigen. Wenn Ärzte für innere Medizin und andere Mitarbeiter des Gesundheitswesens die Rolle, die der unterdrückerische religiöse Glaube bei Geisteskrankheiten spielt, ignorieren, fördern sie die anhaltende Unterdrückung menschlichen Glücks und menschlichen Erfüllung.

Wenn wir uns selber vor dem zerstörerischen Ende, zu dem uns das Gerede über Gott führt, bewahren wollen, müssen wir uns aus der Abhängigkeit von religiösen Doktrinen befreien, die uns lehren, Selbstverantwortung in allen Bereichen unseres Lebens abzulehnen. Dr. Watters' Vorschläge für eine Umgestaltung gesellschaftlicher Bildung stellen eine dringend benötigte Korrektur zu abhängigmachenden religiösen Programmen dar. Nur durch ordentliche Bildung kann man die Hoffnung haben zu genesen und das Primat der Vernunft und des kritischen Denkens wieder herzustellen.

Zur deutschen Übersetzung: Die Bibelzitate sind entnommen aus *Die Bibel oder die ganze Heilige Schrift des Alten und Neuen Testaments nach der deutschen Übersetzung D. Martin Luthers,* Stuttgart: Privileg. Württ. Bibelanstalt, 1948.

Dr. Wendell W. Watters ist emeritierter Professor für Psychiatrie an der McMaster Universität, Hamilton, Ontario, Kanada.

Einleitung

Kirchgänger, die fest im Glauben stehen, könnten sich durch dieses Buch angegriffen fühlen, wenn sie tatsächlich alles lesen. Menschen, die Atheisten, Freidenker oder Humanisten sind (sie machen rund ein Fünftel bis ein Viertel der Weltbevölkerung aus)[1], könnten viel Hilfe finden in ihrem niemals endenden Bemühen, ihrem Leben einen echten Sinn zu geben. Ich habe hauptsächlich für diejenigen geschrieben, die nominell religiös, jedoch zunehmend mit ihrer theistischen Lebenshaltung unzufrieden sind, und trotz des Schuldbewußtseins, das ihnen wegen ihrer Zweifel eingeredet wird, bereit sind, die humanistische Alternative auszuloten.

Religion ist ein existentieller Trost, und Menschen, die als Atheisten geboren werden, hält man während ihres Heranwachsens in unserer theistischen Gesellschaft dazu an, sich von diesem Trost abhängig zu machen. Das Christentum ist das Beruhigungsmittel par excellence. Es behauptet, die kosmologische Furcht zu mildern - eine Furcht, die es größtenteils selbst erzeugt hat - und den Gläubigen von einem Schuldgefühl zu befreien, das in ihm erst ausgelöst wurde, als man ihm einen Gott eingeredet hat. Um ihre Ware zu verkaufen, machen die von Gott redenden Verkäufer alles, um den Gläubigen daran zu hindern, emotional und psychologisch erwachsen zu werden, indem sie den gierigen, egozentrischen Infanten in uns mit unsinnigen Versprechen über ewige Wonnen im Jenseits manipulieren.

In unserer Sucht neigen wir dazu, den Preis, den wir für die meisten Drogen zahlen müssen, aus den Augen zu verlieren; einige sind teurer als andere. Heroin, das das Leiden von Patienten mit schweren Schmerzen lindert, ist auch eine direkte Ursache von viel menschlichem Leid, weil Heroinabhängigkeit häufig mit kriminellen Handlungen verbunden ist. Alkohol wird als gesellschaftliches Schmiermittel benutzt und belebt viele ansonsten stumpfsinnige Zusammenkünfte; aber er trägt auch zu den meisten

11

Opfern auf unseren Straßen bei und verursacht unsagbares Leid für die Opfer und ihre Familien. Rauchen wurde früher als zum "Erwachsensein" dazugehörig angesehen; die Abhängigkeit von Nikotin hat man inzwischen jedoch als Ursache vieler ernster Geburts-, Herz- und Atmungsprobleme erkannt, sowohl für die Abhängigen selber als auch für ihre Mitmenschen.

Die These dieses Buches, die auf in vielen Jahren gesammelten klinischen Erfahrungen beruht, lautet: Trotz der sogenannten Tröstung durch die christliche Botschaft verträgt sich die christliche Lehre, die in unserer westlichen Gesellschaft tief verwurzelt ist, nicht mit der Entwicklung und der Erhaltung eines guten Gesundheitszustandes, womit nicht nur die "geistige" Gesundheit der Menschen gemeint ist. Es ist für uns alle, die wir die Segnungen dieses technologischen Zeitalters genießen, schmerzlich gewesen, die Tatsache zu tolerieren, daß die Luft, die wir atmen, mit industriellen Verunreinigungen befrachtet ist, die Krebs verursachen können, und daß viele der Lebensmittel, die wir essen, Zusätze enthalten, die der menschlichen Gesundheit auf verschiedene Weisen abträglich sind. Gleichermaßen werden Christen Schwierigkeiten haben sich mit der Idee anzufreunden, daß die Lehren ihres Glaubens (von dem viele behaupten, daß er so wichtig wie Nahrung und Luft ist) Nebenwirkungen haben, die für ihre Gesundheit und die ihrer Kinder schädlich sind. Einfach ausgedrückt: Christliche Indoktrination ist eine Form geistigen und emotionalen Mißbrauchs, der die körperliche Gesundheit nachteilig beeinflussen kann, genauso wie das eine Droge kann.

Auf gesellschaftlichem Niveau liest sich die Geschichte des Christentums nicht angenehm, wenn man unter die selbstverpaßte glänzende Oberfläche schaut, die über Jahrhunderte von christlichen Historikern aufbereitet wurde. Es ist bemerkenswert, daß jemand diese Geschichte, selbst in der bereinigten Version, lesen und trotzdem noch ein praktizierender Christ bleiben kann. Die Höhepunkte dieser Chronik sind nur zu bekannt: die bizarren Orgien und blutigen Taten der lasterhaften, korrupten mittelalterlichen Päpste; vier Jahrhunderte absoluten Wahnsinns während der Kreuzzüge, bei denen Millionen Christen, Juden und Moslems abgeschlachtet wurden oder verhungerten; sechs Jahrhunderte des Terrors durch die Kongregation für die römische und weltweite Inquisition, auch das Sanctum Officium genannt (erst 1965 stillschweigend abgeschafft), während der unzählige Tausendschaften von Menschen eingekerkert, gefoltert oder auf dem Scheiterhaufen verbrannt wurden; die Zensur, die Einkerkerung oder das Martyrium, das von Galileo, Bruno und anderen Wissenschaftlern ertragen wurden, die die biblischen "Wahrheiten" dadurch herausforderten, daß sie menschliche Vernunft einsetzten in dem Versuch, Sinn in das Universum zu bringen; und das Verbrennen von Tausenden von Frauen und jungen Mädchen auf dem Scheiterhaufen während des großen Hexenwahns. Und alles im Namen von Jesus Christus, dem Sohn Gottes und dem Retter der Welt.

Christen, die von Gott sprechen, haben eine naive Erklärung für diese wahnsinnigen, blutigen Tatsachen: nämlich, daß diese fürchterlichen Ereignisse wirklich Beweise für Satans Vorhandensein im Menschen waren (o weh! sogar in Heiligen!), und so sind sie ein zusätzlicher Beweis für das den Menschen angeborene Übel, genauso, wie sie weitere Beweise dafür liefern, daß der Mensch der göttlichen Führung durch Gott bedarf und der Gnade durch Jesus Christus. Jedoch übersieht diese Erklärung die Tatsache, daß die meisten dieser Taten im Namen Jesu Christi ausgeführt wurden; sie waren schonungslos logische Ergebnisse des Kerns der christlichen Lehre. Trotzdem werden wir von Propagandisten Gottes aufgefordert, etwas ganz anderes zu glauben, und tatsächlich die Lehre noch intensiver und noch gläubiger zu verinnerlichen; es ist so, als ob man Feuer mit Benzin löschen wollte.

Wir sollten uns nicht selber irreführen, indem wir denken, daß diese scheußlichen Taten sich nur in den vergangenen Jahrhunderten abspielten; unser eigenes Jahrhundert ist Zeuge der Judenvernichtung durch die Nazis gewesen und hat die Schrecken von Jonestown erlebt. Christen wollen glauben, daß Jim Jones verrückt war, und daß die Nazis die Feinde des Christentums waren. Sie verweisen auf die grobe Behandlung christlicher Kleriker durch Hitler, um diese Behauptung zu unterstützen. Aber es war nicht Jim Jones' Irrsinn, der 900 Leute dazu brachte, ihm in den Dschungel von Guayana zu folgen und auf Erlösung zu warten; es war die Bereitschaft der Gesellschaft, so etwas nicht nur annehmbar zu finden, sondern es sogar zu bewundern. Das gleiche gilt für die Nazis. Wir scheinen zu vergessen, daß sie alle ihren fanatischen Antisemitismus von ihren christlichen Eltern und Kindermädchen gelernt haben. Hitler war in seiner Jugend ein Meßdiener, in seinem Buch *Mein Kampf* bezog er sich häufig auf Gott und Gottes Abscheu vor den Juden. Tom Harpur, ein anglikanischer Priester, der zum Schriftsteller wurde und heute noch ein praktizierender Christ ist, schrieb: "Obgleich Jahrzehnte vergangen sind, seit es geschehen ist, haben christliche Theologen jetzt das ganze Ausmaß der Mitschuld der Christen bei der Vernichtung von grob sechs Millionen Juden im Holocaust durch die Nazis erkannt."[2]

Dieses Buch befaßt sich nicht mit den Machenschaften der christlichen Lehre auf gesellschaftlichem Niveau, jedoch werden Leser, die sich für die mögliche Beziehung zwischen religiösem Glauben und der Unmenschlichkeit des Menschen gegenüber Männern (und Frauen) auf einem gesellschaftlichen, globalen Niveau interessieren, an andere Stelle verwiesen.[3]

Trotzdem ist das blutige Erbe der Christenheit in der Geschichte der westlichen Kultur für die Argumentation dieses Buches direkt anwendbar, denn sie stellt einen Ansatz dar, der Sinn in die klinischen Beobachtungen bringt, die in einer Zeit von über fünfundzwanzig Berufsjahren als Psychiater in der Arbeit mit einzelnen, Paaren und Familien, die einen großen Bereich psychiatrischer, emotionaler und zwischenmenschlicher Probleme gezeigt haben, gesammelt wurden.* Da bestehende theoretische Modelle

---

*Meine Patienten haben mich zu den Schlußfolgerungen über die bisher unerkannte Rolle des Christentums für das Leben der Menschen gebracht.

menschlichen Verhaltens (zum Beispiel Psychoanalyse, Systemtheorie und die Lerntheorie) an die Grenzen ihres Erklärungsvermögens stießen, fühlte ich mich motiviert, über diese konzeptionellen Ansätze hinauszugehen und unsere Gesellschaft selbst zu untersuchen, um die Lektionen zu bestimmen, die die Menschen über das Leben durch die strukturellen Vorgaben lernen, so wie das, was sie aus dem kulturellen Angebot, das sie aufnehmen, asssimilieren. Es wurde schnell klar, daß im gesellschaftlichen Dickicht der westlichen Welt sich das Kreuz Jesu Christi tief eingeprägt hat, und daß sogar Menschen, die noch nie durch eine Kirchentür geschritten sind, sehr stark von vielen christlichen Lehren beeinflußt sind, oft sogar ohne es zu wissen.

Dieses Buch habe ich in der Hoffnung geschrieben, daß es das Interesse der Leser am menschlichen Wohlergehen anregen würde und um die These weiter zu untersuchen, daß die gesellschaftlichen Haltungen, die sich direkt oder indirekt von der christlichen Lehre ableiten, mit gesunder menschlicher Entwicklung nicht vereinbar sind. Trotz sieben Jahren persönlicher Analyse, meiner Ausbildung als Psychoanalytiker und einem viertel Jahrhundert an Erfahrung als Psychiater, war dies eine für mich schwierig zu verfolgende Streitfrage. Meine Erziehung in der Kindheit erfolgte im anglikanischen (episkopalischen) Glauben, und viele Botschaften, die von diesem Glauben herrühren, hallen noch in einer gewissen Stärke in mir nach. Aus der Vergangenheit, an die ich mich schwach erinnere, stammen die Worte aus dem zweiten Brief des Petrus, Kapitel 2, Vers 1:"Es waren aber auch falsche Propheten unter dem Volk, wie auch unter euch sein werden falsche Lehrer, die neben einführen werden verderbliche Sekten und verleugnen den Herrn, der sie erkauft hat, und werden über sich selbst herbeiführen eine schnelle Verdammnis." Es liegt eine gewisse Wahrheit in dem alten Sprichwort: "Du kannst einen Jungen aus der Kirche nehmen, aber du kannst nicht die Kirche aus dem Jungen nehmen, die im Manne weiterleben wird."

Der Beweis dafür, daß Religion belanglos ist, brächte mich nicht dazu ein Buch zu schreiben; es gibt schon viele vorzügliche Werke über dieses Thema. Jedoch sollte der Beweis dafür, daß Religion nicht nur belanglos, sondern tatsächlich schädlich für Menschen ist, von Interesse sein, aber nicht nur für andere Verhaltensforscher, sondern für jeden, der Schwierigkeiten damit hat, ein nicht hinterfragtes Leben zu leben. Letztendlich sollten die hier vorgebrachten Argumente die politischen Entscheidungsträger aufrütteln, die sich über die hohen Kosten des Gesundheitswesens beklagen, während sie weiterhin gerade diejenige Institution subventionieren, die unter Umständen die Öffentlichkeit besonders "krank" macht.

Traditionsbewußte Gläubige neigen dazu, sich mit einer Hartnäckigkeit an ihre religiösen Systeme zu klammern, die auf dem Gebiet der wissenschaftlichen Forschung nicht anzutreffen ist. Abhängig machende Glaubenssysteme werden so sehr zu einem Teil der Identität einiger Leute, daß es oft unmöglich ist zu bestimmen, wo das Individuum als solches aufhört und das religiöse Denken der Gruppe beginnt. Anderseits ist die Menschlichkeit anderer Gläubiger nicht völlig durch die religiöse Indoktrination unterdrückt worden; und ich betrachte viele aus dieser Gruppe als meine Freunde. Ich hoffe ernsthaft, daß unsere persönliche Beziehung stark genug ist, um dem möglichen Entfremdungseffekt dieses Buches zu widerstehen, und daß die Stärke unserer menschlichen Verbindung uns befähigt, über existentielle Dinge einer oder unterschiedlicher Meinung zu sein.

Anmerkungen

1. *Humanist Association of Canada Newsletter* (Spring 1992) (von Zahlen die aus dem Encyclopedia Britannica Book of the Year, 1989 stammen).

2. Tom Harpur, *For Christ's Sake* (Toronto: Oxford University Press, 1986), Seite 9.

3. Charles W. Sutherland, *Disciples of Destruction* (Buffalo, N.Y.: Prometheus Books, 1987).

1
Gesundheit und christliche Lehre
Festlegung der Hypothese

Es ist klar, daß unsere Werte viel zu den seelischen Erregungen in der frühen Kindheit beitragen.

Jules Henry (1972)[1]

Wir haben es bis jetzt noch nicht gelernt, völlig säkular zu sein, und fahren fort, christliche Denk- und Verhaltensmuster auf säkulare Art zu reproduzieren.

Karen Armstrong (1986)[2]

In allen menschlichen Kulturen, zu allen Zeiten, ist der Zustand des "Krankseins" mit Angst und Aberglauben in Zusammenhang gebracht worden, und jede Kultur hat ihre eigenen kausalen Erklärungen für die verschiedenen Krankheitszustände sowie ihre eigenen Behandlungen und "Heilverfahren" entwickelt. Derartige Erklärungen waren immer Reflexionen des religiösen Glaubens dieser Kultur, ökologischer Belange und ihres wirtschaftlichen und wissenschaftlichen Entwicklungszustandes. Bis vor nicht allzu langer Zeit gingen derartige Erklärungen von einem vereinfachten linearen Zusammenhang aus: Der Leidende war krank, weil er schlechte Luft durch die Lungen geatmet hatte, oder andere schädliche Stoffe, natürliche oder übernatürliche, durch den Mund aufgenommen hatte; möglicherweise hatte er oder sie auch ein Stammestabu verletzt oder sich gegen einen Gott versündigt und wurde durch die entsprechende Gottheit bestraft. Mit der Erfindung des Mikroskops und der Entdeckung der Bakterien wurde ein wichtiger Schritt in der Evolution der modernen Medizin getan, die Hoffnungen waren groß, daß alle Krankheiten der Menschen schließlich kuriert werden könnten, eine Hoffnung, die durch die Entdeckung der Antibiotika weiter gestärkt wurde.

Inzwischen wissen wir, daß die Dinge nicht so einfach liegen. Oft werden Form und Intensität einer Krankheit stark beeinflußt durch die psychische Einstellung des einzelnen und sein Verhalten im Hinblick auf die körperlichen Symptome, was auch immer der direkte "Grund" ist. Das tatsächliche, offene Zutagetreten von Symptomen wird bestimmt durch ein komplexes Kreismuster von Interaktionen auf verschiedenen Funktionsebenen, besonders der physiologischen (biologischen), der affektiven (gefühlsmäßigen), der kognitiven (die Erkenntnis betreffenden) und der verhaltensmäßigen (dem, was das Individuum als Antwort auf die interaktiven Vorkommnisse auf den anderen Funktionsebenen tut). Beispielhaft für diese Interaktion ist eine Situation, in der ein Individuum in einem Augenblick intensiver physischer und emotionaler Aktivität eine Verletzung erträgt und die dadurch ausgelösten Schmerzen subjektiv nicht wahrnimmt, bis die große emotionale körperliche Anspannung sich legt. Ob der Prozeß in einer spezifischen krankhaften Veränderung beginnt oder das Ergebnis einer streßgeladenen Konfliktsituation ist, es ist die allgemeine Verhaltensreaktion des Patienten - das "Krankheitsverhalten" - die die Reaktionen anderer (das heißt, der Familie und des Krankenkassensystems) auf das "kranke" Individuum beeinflußt.

Eine "krankhafte Veränderung" ist zunächst eine anatomische Anomalität, wie zum Beispiel ein gebrochenes Bein, ein entzündetes Gelenk, ein Tumor oder eine erkrankte Herzklappe. "Streß" ist der Ausdruck, den man bei Situationen benutzt, in denen die psychobiologischen Abläufe des Individuums durch psychische Konflikte oder schwere Herausforderungen, die an die Grenze des Handlungsvermögens gehen, übermannt werden. Einige krankhafte Veränderungen, zum Beispiel Kinderlähmung oder Krebs, können völlig ohne Streß und durch Faktoren ausgelöst sein, die außerhalb des Einflusses des Anpassungsvermögens des Leidenden liegen. Andere krankhafte Veränderungen, zum Beispiel bösartige Tumore, stellen wahrscheinlich einen Streß dar, auf den sich das Individuum auf die eine oder andere Weise einstellen muß.

Auf der anderen Seite können bestimmte Stadien chronischen schweren Stresses hormonale oder andere biochemische Unausgewogenheiten erzeugen, einige ohne eine krankhafte Veränderung hervorzurufen, die durch einen Pathologen erkannt werden kann, während andere zum Streß in Beziehung stehende Krankheiten, wie zum Beispiel Geschwüre des Verdauungstraktes, sich bis zu einem Punkt entwickeln können, wo eine echte krankhafte Veränderung erzeugt wird.*

Der Ausdruck "Krankheitsverhalten" wird auf die allgemeine Reaktion des Leidenden auf die Symptome, unabhängig von ihrem Auslöser, angewandt. Die Verhaltensreaktionen werden hauptsächlich dadurch bestimmt, welche Bedeutung diese Erfahrung für das Individuum hat. David Mechanic beschreibt Krankheitsverhalten folgendermaßen: "Der Begriff der Krankheit bezieht sich auf objektive Symptome und ihr Verhältnis untereinander; Krankheitsverhalten bezieht sich im Gegensatz dazu auf unterschiedliche Vorstellungen, Gedanken, Gefühle und Handlungen, die die persönliche und gesellschaftliche Bedeutung der Symptome, der Krankheit, der Behinderung und ihre Folgen berühren."[3]

Manchmal erlaubt die Maximierung der allgemeinen Reaktion auf die Symptome dem Individuum, sich zurückzuziehen, sich vorübergehend von zusätzlichen Herausforderungen in einigen Lebensbereichen wie dem Beruf oder den Beziehungen zu entziehen. Wenn ein Elternteil oder ein Partner dazu neigt, im Krankheitsfall viel fürsorglicher und liebevoller zu sein, könnte die Reaktion des Leidenden ganz anders sein, als wenn die Familie gegenüber Krankheit in jeglicher Form unduldsam ist. In schwierigen Lebenslagen können minimale subjektive Symptome mit maximalem objektiven Krankenverhalten assoziiert werden; das Kind, das Angst hat zur Schule zu gehen, kann diese Angst körperlich in

---

* Man könnte hier anführen, daß innere Faktoren, wie der Zustand des Immunsystems des Individuums, durch Streß beeinflußt werden können, das ist aber eine subtilere Ebene als die, auf der wir uns zur Zeit bewegen.

Form von Bauchweh zum Ausdruck bringen, die Schmerzen werden noch größer, um die Angst hervorrufende Situation zu verhindern, nämlich zur Schule zu gehen. Umgekehrt mögen bestimmte Leute dazu neigen, bestehende Symptome zu verleugnen und stoisch ihr Krankheitsverhalten bis zu dem Punkt zu minimieren, daß sie nicht einmal die richtigen Schritte unternehmen, um die benötigte medizinische Hilfe zu bekommen.

Das ganze Buch über werden wir die Verbindung zwischen christlicher Doktrin und menschlichem Leiden untersuchen. Wir werden sehen, daß viele Seiten der christlichen Lehre im erziehungsberechtigten Erwachsenen Haltungen hervorrufen, die ernsthaft das adaptive Wachstum des Kindes gefährden und zu schweren Konflikten führen, die zum Streß beitragen, intrapsychisch (in der Psyche selbst begründet) sowie zwischenmenschlich. Dies wiederum kann die Fähigkeit des Kindes gefährden, mit äußerem Streß umzugehen.

Mechanic hat ausgeführt, daß "Krankheitswahrnehmung und -reaktion sozial erlernten Mustern, die aus der Kindheit stammen, entsprechen können, dies als ein Ergebnis eines Einflusses bestimmten kulturellen Verhaltens, ethnischer Werte oder der Sexualsozialisation; oder sie können von früheren Krankheitserfahrungen herrühren; oder sie können durch besondere Motivationen geformt sein, durch situationsbedingte Faktoren oder durch adaptive Bedürfnisse, wenn Symptome oder Behinderungen tatsächlich auftreten."[4] Gleichgültig ob man religiöse Sozialisation als einen Bestandteil des "kulturellen Stils" oder als "besondere Motivation" ansieht, sie verdient auf alle Fälle einen eigenen Platz in Mechanics Liste der Determinanten von Krankheitsverhalten.

Die Möglichkeit einer ätiologischen (ursächlichen) Verbindung zwischen doktrinärem Christsein und Krankheit ist keine Idee, die rasch erwogen wird, besonders bei der populären (Miß-) Konzeption von der sich ergänzenden Rolle des Seelsorgers und den in der Gesundheitsfürsorge Tätigen. Von beiden wird angenommen, daß sie Menschen bei ihren existentiellen menschlichen Nöten helfen, ob diese Nöte nun körperlich, psychisch oder geistig zum Ausdruck kommen. Viele Leute neigen dazu, eine positive Verbindung zwischen Glauben und Heilen zu sehen. Hat nicht Jesus die Kranken geheilt? War nicht Lukas, einer seiner Jünger, ein Arzt? Die Wahrheit ist jedoch, daß die Verbindung zwischen Glauben und Heilen niemals in einer wissenschaftlichen Studie belegt wurde,[5] tatsächlich ist Geistheilung durch den berühmten Entlarver des Paranormalen, James Randi[6], insgesamt diskreditiert worden.

Die meisten in der Gesundheitsfürsorge Tätigen würden lieber den Unterschied zwischen ihnen und ihren religiösen Mitbrüdern verschweigen. Der in der Gesundheitsfürsorge Tätige arbeitet, oder sollte zumindest von einer wissenschaftlichen Perspektive aus arbeiten, während der Kleriker aufgrund einer zur Wissenschaft antithetischen Haltung arbeitet. Charles Glock und Rodney Stark behaupten in ihrem Buch *Religion and Society in Tension*, daß es einen "Grad des Wunschdenkens" in der Ansicht gibt, daß religiöse und wissenschaftliche Ansätze bezüglich des menschlichen Verhaltens komplementär sind. Sie gehen so weit zu sagen: "Die scheinbare Annäherung zwischen Naturwissenschaft und Religion führte tendenziell dazu, die wachsende Spannung zwischen Religion und Sozialwissenschaften zu verschleiern."[7]

Seit medizinische Ausbildung sich von der alleinigen Beschäftigung mit den Natur- und biologischen Wissenschaften entfernt hat, sich mehr in den Sozial- und Verhaltenswissenschaften involviert hat und dadurch in die Domäne eingedrungen ist, die früher als der Bereich der Vertreter Gottes angesehen wurde, steigt die Spannung an.

Hausärzte und andere in der Gesundheitsfürsorge Tätige neigen dazu zuzustimmen, daß die Mehrzahl ihrer Patienten Beschwerden haben, die eher etwas mit Lebensproblemen zu tun haben als mit organischen Krankheiten. Außerdem ist diesen Beschwerden gemein: chronisch geringes Selbstwertgefühl; Entfremdung vom Ich, besonders auf sexuellem Gebiet; und Entfremdung von anderen Menschen im Bereich der Intimität, was hauptsächlich auf einen Mangel an einfachen menschlichen Kommunikationsfähigkeiten zurückzuführen ist. Scheiternde Ehen, ein allgemeines Ergebnis dieser Arten der Entfremdung, tragen oft zu beträchtlichem Krankheitsverhalten bei.

Viele, wenn nicht gar die meisten Menschen, neigen dazu zu versuchen, ihren Lebensproblemen aus dem Wege zu gehen und ziehen es stattdessen vor, nach schneller Hilfe für das damit verbundene Ungemach oder die Schmerzen zu suchen, seien es pharmakologische oder religiöse Abhilfen. Valium hat zum Beispiel den Fabrikanten mehr Geld eingebracht als jegliches andere Arzneimittel der gesamten amtlichen Arzneimittelliste. Suizides Verhalten nimmt überhand, besonders bei Jüngeren und Alleingelassenen; Gewalt und der Zustand mangelnder sozialer Ordnung sind weit verbreitet. Psychiater haben lange Wartelisten, und die Betten in psychiatrischen Krankenhäusern sind immer voll.

Diese schlecht adaptierten Verhaltensweisen sind kaum ein neues Phänomen. Die traditionelle Lösung dieser Probleme ist der Appell, sich in unserer christlichen Gesellschaft Jesus Christus zuzuwenden. Während christliche Apologeten weiterhin behaupten, daß es nicht genug Religion im Leben der Menschen gibt, sind die Humanisten der Ansicht, daß es Zeit wird für eine Gegen-Hypothese: daß religiöse Sozialisation nämlich zum Kranksein der Menschen beiträgt. 1958 umriß Nathan Ackerman, der Gründer der Familientherapie, das Problem folgendermaßen: "Wir finden jetzt noch nicht unseren Weg zu den Quellen der Verschmutzung der menschlichen Beziehungen, um so eine Immunität gegen Krankheiten zu erreichen und positive geistige Gesundheit zu fördern."[8] Indem wir uns die Ursachen vieler menschlicher Krankheiten noch einmal ansehen, behaupten wir, daß sie tatsächlich in den tief indoktrinierten Ideen der christlichen Kirche liegen könnten, die auf Männer und Frauen, Generation für Generation, einwirken. Ein einfaches Beispiel für diese Verbindung zwischen religiöser Indoktrination und Krankheit ist der Zusammenhang zwischen christlicher Erziehung, Ärger und Magengeschwüren. Untersuchungen der Ursachen dieser Beschwerden haben ziemlich schlüssig ergeben, daß die Unfähigkeit, Ärger in einer gesunden adaptiven Art auszudrücken, einer der Faktoren ist, die direkt zur Magengeschwürbildung beitragen. Jahrhundertelang hat das Christentum gelehrt, daß Ärger eine Todsünde ist, eine Haltung, die tief in die westliche Kindererziehungspraxis eingehämmert wurde, und es daher einem Kind schwer macht, sich dieser normalen menschlichen Emotion auf gesunde Art anzunähern.

Der Hinweis, daß christliche Lehren für Menschen schädlich sein könnten, bringt einen in die gleiche prekäre Lage, wie die ersten Forscher, die zu sagen wagten, daß das Rauchen von Zigaretten für die menschliche Gesundheit schädlich ist. Besudelten sie doch eine Tradition des Erwachsenenverhaltens und forderten außerdem die sehr mächtige Zigarettenindustrie heraus.

Wenn wir die Auswirkungen des Rauchens auf die Gesundheit untersuchen, können wir die Frage auf zweierlei Art und Weise stellen: Wie verursacht Rauchen Schaden? Und warum entgehen einige Leute der Schädigung durch Zigarettenrauch, während andere Lungenkrebs bekommen? Wir müssen die Auswirkungen der christlichen Lehre auf die gleiche Weise hinterfragen. Warum entkommen augenscheinlich einige Leute einer Schädigung durch diese Lehre, während andere dadurch schwer traumatisiert werden? Während wir diese Frage bei unserem Umgang mit den schädlichen Auswirkungen der christlichen Lehre stellen müssen, sind wir einer vollständigen Antwort nicht näher als diejenigen, die die Verbindung zwischen Rauchen und der Rate des Lungenkrebses untersuchen. Wir haben jedoch Teilantworten, wenn wir eine Analogie zu übertragbaren Krankheiten ziehen. Während einer Masern- oder Windpockenepidemie wird nicht jeder, der mit den Viren in Berührung kommt, krank; das Immunsystem einiger Leute schützt sie vor der Krankheit. Die Immunsysteme anderer schützen diese nicht. Im Falle der Giftigkeit religiöser Indoktrination stellt der natürliche Humanismus des einzelnen das Immunsystem dar. Dieser latente Humanismus schließt die Fähigkeit ein, allem Übernatürlichen gegenüber skeptisch zu bleiben; sich selbst im Angesicht des vom Christentum geförderten Selbsthasses zu mögen; Vergnügen zu erleben, sexuelles Vergnügen eingeschlossen, auf eine verantwortungsbewußte Art und Weise ohne zu viele Schuldgefühle; gesunde Mensch-zu-Mensch-Verbindung im Gegensatz zu der Betonung der Mensch-zu-Gott-Verbindung im Christentum; und tolerant gegenüber gereizten Gefühlszuständen wie Zorn zu sein, trotz des Versuchs der Christen, in solchen Fällen Schuldgefühle zu erzeugen. Derartige "natürliche Humanisten" können sich selbst noch Christen nennen, aber zu ihrem eigenen Glück "kommen" die Botschaften bei ihnen nicht richtig "an". Die Lehre bringt es nicht fertig, so in sie einzudringen, daß sie ihre Einstellungen und ihr Verhalten allzu sehr berührt. Wir können nicht wissen, wie offensichtlich gesunde Christen das Leben erfahren würden, wenn sie nicht so indoktriniert worden wären. Auch können wir nicht wirklich einschätzen, wie "glücklich" die wiedergeborenen Christen aus dem Fernsehen wirklich sind, so wie wir nicht wissen, wie "glücklich" der manisch Depressive während einer manischen Phase ist.

Um auf das Zigarettenrauchen zurückzukommen, können wir noch eine andere Parallele zu diesem Verhalten und den Gefahren der christlichen Lehren bieten. Forscher sind heute davon überzeugt, daß man nicht selber Raucher sein muß, um von dem Rauch, den Nikotinabhängige ausatmen, geschädigt zu werden; jedes bißchen Rauch aus zweiter Hand kann genauso ungesund sein. Das gleiche trifft auf die christlichen Lehren zu. Denn es ist unmöglich, sich dem christlichen Zeugnis zu entziehen, manchmal bis zum Überdruß, von Gläubigen über das Wunder "gerettet" zu sein, das "Finden von Jesus", dem "Leben in Christus", bis zu dem "Verrichten von Gottes Werken", und so weiter. Die Doktrinen und Lehren der christlichen Kirche haben unsere Gesellschaft sehr weitgehend beeinflußt und sind tief in sie eingedrungen, sie berühren unsere Haltungen zu jedem Aspekt unseres Lebens, oft ohne daß wir es selber merken. In den Vereinigten Staaten scheint die bestehende konstitutionelle Garantie der Trennung von Staat und Kirche nur eine geringe wirkliche "Freiheit von der Religion" für den Durchschnittsbürger zu geben. In Kanada gibt es keine konstitutionelle Trennung, und die meisten Leute in der Legislative haben einen christlichen Hintergrund. In Ontario hat die Legislative den Sprecher dazu gezwungen, seinen Plan, das Gebet zur Eröffnung der Legislaturperiode abzuschaffen, aufzugeben. In Kanada und den Vereinigten Staaten werden Bildungseinrichtungen von Christen dominiert, die daran festhalten, Schüler in der einen oder anderen Form zu bekehren.

Die christliche Religion ist ein komplexes Thema, eine Untersuchung folgt in den weiteren Kapiteln. Um das Thema vorzustellen, ist es hilfreich, von doktrinären und mystischen Religionen zu sprechen. Anhänger von Religionen wie dem Christentum werden ermuntert, das zu glauben, was die Kirche sie lehrt, und ihr Leben in Übereinstimmung mit diesem Glauben zu leben sowie die vorgeschriebenen Rituale durchzuführen. Paulus warnt seine Leser in seinem zweiten Brief an die Thessalonicher: "Wir versehen uns aber zu euch in dem Herrn, daß ihr tut und tun werdet, was wir euch gebieten."

In mystischen Religionen wird das Individuum aufgefordert, seinen oder ihren eigenen Weg zum spirituellen Einssein mit dem Universum zu finden, hauptsächlich durch verschiedene Formen der Meditation. Überwiegend doktrinäre Religionen wie das Christentum haben ihren Anteil an Mystikern gehabt, einige von ihnen stehen in der Geschichte der Kirche an herausragender Stelle. Aber im gleichen Maße, wie die Kirche machtvoller, bürokratischer wurde und sich stärker mit der weltlichen Macht verband, wurde sie intoleranter gegenüber den Mystikern in ihren Reihen, bis zu dem Punkt, an dem sie mittlerweile Leute entmutigt, Gott auf irgendeine direkte mystische Art zu erfahren. Die gegenwärtige Vielfalt der Konfessionen innerhalb der christlichen Kirche (es gibt allein 74 getrennte Konfessionen in den Gelben Seiten des

Torontoer Telefonbuchs) rührt überwiegend von Konflikten zwischen Lehre und "direkter Gotteserfahrung" her.

Diese Uneinigkeit innerhalb der Kirche hindert jedoch die Gläubigen aller Richtungen nicht daran, sich selbst als die alleinigen Besitzer menschlicher Erfahrung für Sinn und Moral zu sehen. In der Tat haben christliche Kleriker die Angewohnheit, das Wort "moralisch" als gleichbedeutend mit "religiös" zu verwenden. Die Folgerung ist, daß man nicht moralisch sein kann, wenn man nicht religiös ist, und umgekehrt, daß ein religiöser Mensch unmöglich unmoralisch sein kann, ungeachtet eines Berges an Beweisen für das Gegenteil. Aber wie Charles Watts schon Anfang dieses Jahrhunderts ausführte: "Welchen Wert Religion auch besitzen mag, sie hat keine zwangsläufige Verbindung zur Moral. Beide waren von ihrem Ursprung her unterschiedlich, sie könnten sich im Laufe der Geschichte voneinander getrennt haben, und sie bestehen immer noch getrennt voneinander. Der Rationalist ist davon überzeugt, daß die Moral die Religion verändert hat, nicht daß die Religion die Moral veränderte."[9] Wir werden uns diesem Punkt wieder in Kapitel 11 zuwenden.

Es gibt tatsächlich keinen Beweis dafür, daß religiöse Sozialisation oder "das Religiössein" ein moralisches Verhalten fördert. Man kann jedoch das Gegenteil sagen, nämlich, daß die Indoktrination mit christlicher Rede über Gott unverträglich mit dem psychologischen Wachstum ist, das für die moralische Entwicklung der Menschen nötig ist. Diese Ansicht bedeutet, daß diejenigen Gläubigen, die eine moralische Lebensweise haben, diese trotz und nicht wegen ihrer religiösen Sozialisation und ihres Glaubens haben.[10]

Eine allgemeine, von Religionsvertretern gegenüber Verhaltensforschern vorgebrachte Anschuldigung ist, daß sie innerhalb eines Rahmens arbeiten, der keine Moral- und Sinnfragen enthält. Diese Kritik ist berechtigt. Verhaltensforscher sind äußerst zögerlich gewesen, ihr konzeptionelles Modell dahin zu erweitern, daß es Werte- und Ethikbetrachtungen einschließt, aus dem einfachen

Grund, daß dies logischerweise auf ein Glaubenssystem hinauslaufen würde, das kompromißlos humanistisch wäre und damit bei den Religionsvertretern anecken würde. Ein Beispiel ist die psychoanalytische Ego-Psychologie, die sich mit der Frage der Adaptation befaßt, ein Ausdruck, der sich auf die kognitive Fähigkeit des Individuums bezieht oder das Vermögen, jede aufeinanderfolgende Phase in der biologisch-psychologischen sexuellen Entwicklung in ihrem ganzen Umfang - innerlich, zwischenmenschlich und umweltmäßig - zu bewältigen. Einfacher ausgedrückt, es hat etwas mit dem Problemlösungsvermögen zu tun; das Wort "Kompetenz" wird benutzt, um zu bezeichnen, wie gut ein Individuum Probleme löst, die mit jeder dieser Lebensphasen zusammenhängen.

Wenn ein wirklich kompetenter Mensch vor den existentiellen Fragen der Sterblichkeit, des Leidens und den Geheimnissen des Unbekannten steht, hat er es nicht nötig, auf vorfabrizierte christliche Lösungen für diese existentiellen Probleme zurückzukommen. Dieses kompromittiert die Kompetenz, die er oder sie für die Lösung anderer Probleme entwickelt hat. Wenn die zwischenmenschlichen Fähigkeiten eines Menschen in Ordnung sind, sollte er oder sie dazu fähig sein, alles Nötige zu entwickleln, um mit der Angst umzugehen, die wir alle empfinden, wenn wir mit menschlichem Leid konfrontiert sind, genauso wie mit Unerklärtem oder Unerklärbarem. So eine wirklich kompetente Person hätte kein Bedürfnis für einen Berg von aufoktroyierten Regeln, die das Sozial- und Sexualverhalten bestimmen. Er oder sie würden natürlich lernen, daß Menschen nur dort gedeihen können, wo jeder sich um das Wohlergehen der sie unterstützenden menschlichen Gruppe sorgt; und so eine Wahrnehmung würde wohl eher moralisches Verhalten erzeugen, als es Regeln moralischen Verhaltens tun könnten, die göttlich inspiriert und von oben auferlegt sind.

Es ist sicher nicht zu extrem darauf hinzuweisen, daß Verhaltensforscher, die "unbewußte" politische Entscheidung getroffen haben, sich nicht mit den logischen Wertefolgerungen ihrer theoretischen Konstrukte zu befassen, um Auseinandersetzungen mit dem kirchlichen Establishment zu verhüten. Jedoch wäre es für diejenigen klug, die für ihre Arbeit eine wissenschaftliche Orientierung beanspruchen, auf die Worte von John McKinnon Robertson zu achten, der darauf hinwies: "Ein Mensch, der entweder unklar oder orthodox in diesen religiösen Angelegenheiten ist, ist insofern schlecht vorbereitet, über jegliches andere Thema richtig zu denken."[11]

Als ein Ergebnis dieser vorsichtigen Haltung bezüglich ethischer Verwicklungen ihrer theoretischen Ansätze verhalten sich Ärzte und andere im Gesundheitswesen Tätige oft wie Boxer in einer Zwangsjacke. Sie geben vor, daß sie sich nur mit Gesundheit befassen und nicht mit ethischen Glaubenssystemen, während in Wirklichkeit die meisten ihrer Interventionen vollkommen mit Werten befrachtet sind. Die einfache Aufgabe zu versuchen, Patienten dabei zu helfen, mit ihrem unterdrückten oder verdrängten Zorn gegenüber ihren Eltern fertig zu werden, beinhaltet die Wertbotschaft, daß es in Ordnung ist, auf seine Eltern zornig zu sein, was eklatant gegen das jüdisch-christliche Gebot "seinen Vater und seine Mutter zu ehren" verstößt, von dem ausdrücklichen Befehl gegen die "Todsünde" des Zorns ganz zu schweigen. Selbstbefriedigung (Masturbation), eine Praktik, die von der katholischen Kirche noch als Sünde angesehen wird, wird oft im Rahmen einer Behandlung bei Patienten eingesetzt, um sexuelle Probleme zu überwinden.

Es gibt noch andere Verzweigungen dieses Bemühens, der Streitfrage nach den Werten aus dem Wege zu gehen. Alle die psychologischen, konzeptionellen Modelle, die wir in dem Bereich der geistigen Gesundheit besitzen (Psychoanalyse, Egopsychologie, Lerntheorie, Systemtheorie usw.); so vielfältig viele von ihnen auch in ihrem Erklärungsvermögen sind, haben sie doch Begrenzungen bezüglich ihres Umfangs. Sie sind trotz allem Erklärungsmodelle und keine Ideologien. Freud zitierte gern den französischen Arzt und Neurologen J. M. Charcot, der gesagt hatte: "Theorie ist gut, aber sie verhindert nicht, daß Dinge existieren."[12]

Genaugenommen müssen vernünftige Ärzte in der Praxis, wenn sie mit den Begrenzungen der bestehenden psychologischen Theorien konfrontiert werden, sich an einem Scheideweg für eine neue Richtung entscheiden und nach einem besseren Verständnis des menschlichen Verhaltens sowie der Herkunft menschlichen Leids suchen. Eine dieser Richtungen ist die biologische, die andere die gesellschaftliche. Viele Beweggründe weisen die Forscher in die biologische Richtung. Die Fragen sind leichter zu stellen; im gesellschaftlichen Bereich ist es schwierig zu wissen, welche Fragen man stellen muß. Zusätzlich bedeuten die meisten gesellschaftlichen Fragen politische Verwicklungen, die es in den meisten Bereichen der biologischen Forschung nicht gibt. Die Forscher, die nach Antworten zwischen den Genen, Neurosen oder Polypeptiden Ausschau halten, kommen wahrscheinlich politisch nicht in unangenehme Situationen. Der Wissenschaftler, der versuchen will, die Rolle zu untersuchen, die der christliche Umgang mit Sexualtität bei Vergewaltigung und sexuellem Kindesmißbrauch spielt, würde wahrscheinlich heftig um die Finanzierung einer solchen Studie ringen müssen, sogar, wenn eine zufriedenstellende Forschungsmethode verfügbar wäre. Biologische Forschung wird auf vielfältige Art und Weise durch den riesigen biomedizinischen, pharmazeutischen Komplex unterstützt, der ein begründetes Interesse in der zunehmenden Medikamentierung von Leiden hat. Es sind hauptsächlich Mitglieder sogenannter Protestgruppen, die sich damit befassen, was die Gesellschaft Menschen antut, und sie haben so geringe finanzielle Mittel, daß sie kaum am Leben bleiben, geschweige denn Mittel für Forschungsprojekte besitzen.

Noch bezeichnender für die ängstliche Haltung von Fachleuten für geistige Gesundheit gegenüber der Frage der religiösen Sozialisation ist die beinahe völlige Vermeidung des Gottesthemas bei der Bewertung eines Patienten mit psychiatrischen Problemen. Wie Paul Pruyser andeutete, könnte das Tabu seitens des in der Psychiatrie Arbeitenden, über Religion zu sprechen, tiefer verwurzelt sein als das Tabu, das das Besprechen der Sexualität umgibt.[13] Anstaltsärzte der Psychiatrie legen zum Beispiel oft Fallberichte über einzelne, Paare und Familien vor, die sehr umfassend und gut ausgearbeitet bezüglich Psychodynamik, Biologie oder Systemkonzepten sind. Oft enthalten diese Fallgeschichten zahlreiche Referenzen bezüglich der religiösen Herkunft des Patienten, wie: "der Vater kam aus einer streng katholischen Familie", "der Vater der Mutter hat einen presbyterianischen Pastor" und so weiter. Aber die Möglichkeit, daß die Erfahrung des Patienten mit Religion bei der Erzeugung der Symptome eine Rolle gespielt haben könnte, wird nie erwogen. Viel hat dieses Aus-dem-Wege-gehen mit den inneren Konflikten bei den Medizinern zu tun, die selber noch Gläubige sind, oder Privat-Humanisten, die noch nicht bereit sind, die kirchlichen Dämonen ihrer Kindheit auszutreiben und ihre wissenschaftlichen Fähigkeiten und das menschliche Verständnis, das sie sich während ihres Berufslebens angeeignet haben, anzuwenden.

Bevor wir zeigen können, auf welche Art die christliche Lehre zur schlechten Gesundheit beiträgt, müssen wir uns erst einmal darüber im klaren sein, was wir mit dem Wort "Gesundheit" meinen. Die Definition der Weltgesundheitsorganisation beinhaltet, daß Gesundheit idealerweise als der Zustand völligen körperlichen, geistigen und sozialen Wohlbefindens angesehen werden sollte, und nicht nur als die Abwesenheit von Krankheit. Zwei Dinge fallen bei dieser Definition besonders auf, zum einen die Betonung des positiven Aspekts von Gesundheit anstelle des negativen, und zum anderen der ganzheitliche Aspekt. Die Aufteilung des Menschen in "Körper" und "Geist" hat viele Haken, ein nicht geringer Nachteil ist die Beschwörung einer archaischen, und wie wir sehen werden, zerstörerischen Zweiteilung in "Fleisch" und "Geist".

Es scheint besser zu sein vorauszusetzen, daß der Mensch in mindestens sechs in Abhängigkeit voneinander stehenden Modi funktioniert: perzeptiv, kognitiv, affektiv, biologisch, behavioristisch, verbal (wahrnehmungsmäßig, erkenntnismäßig, gefühlsmäßig, biologisch, verhaltensmäßig, sprachlich). Wenn Vorkommnisse in irgendeinem dieser sechs Modi auftreten und mit Vorkommnissen, die in den anderen auftreten, in Übereinstimmung sind, ist seine Funktion optimal. Unter derartigen Bedingungen drücken Menschen wahrscheinlich ihre Gedanken frei aus; drücken Gefühle relativ offen aus; und verhalten sich in Übereinstimmung mit ihren Gefühlen, Haltungen und Vorstellungen. Ihre selbständig funktionierenden Nervensysteme arbeiten wahrscheinlich auf eine reibungslose integrierte Art und Weise mit allen anderen Modi zusammen. Leute, die in dieser Verfassung sind, können als gesund angesehen werden und strahlen eine Art der Ganzheitlichkeit und Integrität aus.[14] Durch ein Leben, das mit ihren eigenen menschlichen Impulsen und Reaktionen in Einklang steht, leben sie wahrscheinlich harmonischer mit anderen zusammen als diejenigen, die unter dem Einfluß des Christentums so sozialisiert wurden, daß sie in einem ständigen Kriegszustand mit sich selber sind. Wie dieses Buch zeigen wird, ist eine Entwicklung nach "gesunden" Maßstäben wahrscheinlicher in einer humanistischen Umgebung, die nicht durch Botschaften verunreinigt ist, die Bestandteil christlicher Indoktrination sind.

Die Verhaltensforschung hat uns viel über Verhaltensmuster der Kindererziehung zu sagen, die entweder geistige Gesundheit oder schlechte Gesundheit erzeugen können. Die vorherrschende Ansicht des 19. Jahrhunderts war, daß Kinder kleine Erwachsene sind, die man sieht, aber nicht hört; deren Köpfe leere Gefäße sind, die mit Aphorismen, oft von religiöser Art, gefüllt werden müssen, und deren Eigensinn durch großzügige Verabreichung von Stockschlägen gebändigt werden muß. Im Gegensatz dazu stellt man sich heute vor, daß Kinder mit einer Ansammlung von angeborenen Fähigkeiten auf diese Welt kommen; die Entfaltung derselben hängt größtenteils von der Interaktion mit fürsorglichen Erwachsenen ab. Die Entwicklung (oder das Verkümmern) dieser Anlagen läuft nach solchen Kernfragen wie der Befriedung oder der Behinderung biologischer Bedürfnisse ab; der Erfüllung gemütsbedingter Bedürfnisse sowohl durch verbale als auch taktile Mittel (also durch Sprache wie auch Berührung), und dem Kind wird beigebracht, mit seiner Sexualität umzugehen sowie mit solchen nervösen Affekten wie Zorn, Enttäuschung und Traurigkeit. Moderne Theorien der Kindererziehung bewerten auch die Art und Weise, in der erziehungsberechtigte Erwachsene den Versuch von Kindern unterstützen oder durchkreuzen - äußerlich, innerlich und zwischenmenschlich - wie sie sich in der Entwicklung von Unbeholfenheit zur Befähigung hin bewegen. Letztendlich schließen sie die Frage der Verhaltenssteuerung ein.

Bevor wir weitermachen und Religion definieren sowie die christliche Lehre im besonderen untersuchen, ist es nötig, etwas zu betonen. Das ganze Buch über befassen wir uns mit der Wirkung der christlichen Lehre auf Menschen in unserer Gesellschaft, da die Lehre über die Familie, das Bildungssystem und die Kirchen selber wirkt. Ganz allgemein beschäftigen wir uns nicht sehr intensiv mit dem Phänomen "religiös zu sein". Dies ist eine grundlegende Unterscheidung. Es ist möglich, daß Menschen in ihrer frühen Kindheit spürbar durch Personen, die sie versorgt haben, beeinflußt wurden, die eine Anzahl doktrinärer Botschaften auf sie übertragen haben, unabhängig davon, ob sie sich selber als Christen sehen oder nicht. So ein Individuum mag sich selber niemals als religiös betrachten, und trotzdem ein Leben führen, das stark durch die christliche Lehre geprägt ist. Die doktrinären Botschaften des Christentums sind mit dem gesellschaftlichen Leben verflochten, und während diese Botschaften wahrscheinlich bei Kirchgängern verstärkt werden, wirken sie auch auf die Leute, die dort nicht hingehen. In vielen Fällen sind die doktrinären Botschaften in der säkularen Gesetzgebung verankert, wie zum Beispiel in den Gesetzen bezüglich Sexualität und Zeugung.

Einige Leute würden sicherlich argumentieren, daß meine Annahmen nur theoretisch sind und aus klinischer Erfahrung herrühren, und in diesem Sinne haben sie Recht. Die Ansichten, die hier vertreten werden, sind nicht rigoros wissenschaftlich untersucht worden; und sicherlich sollten sie so schonungslos untersucht werden, wie die Forschungsmethodologie es erlaubt. Aber genau da liegt das Hindernis. Die Methodologie, um diese Hypothesen zu überprüfen, ist noch lange nicht entwickelt; tatsächlich könnte es passieren, daß die Methode, um diese Frage angemessen zu untersuchen, niemals entwickelt wird.

Ganz gleich jedoch, wie wertvoll exakte Forschungsarbeiten sind, Zählen und Messen sind nicht die einzigen wissenschaftlichen Werkzeuge, die dem menschlichen Verstand zur Verfügung stehen - außer für die Sorte von Wissenschaftlern, für die ein mathematischer Beweis das neue religiöse Dogma ist. Erich Fromm hat es bei der Besprechung der Rolle der akademischen Psychologie für das Verständnis von Religion so ausgedrückt: "Sie hat sich öfter mit unbedeutenden Problemen beschäftigt, die zu einer angeblichen wissenschaftlichen Methode paßten, als mit dem Entwickeln neuer Methoden, um die bedeutenden Probleme der Menschen zu untersuchen."[15] Wir Menschen brauchen unbedingt neue Methoden, um unsere Probleme in Begriffe zu fassen, damit wir damit aufhören können, "Lösungen" zu benutzen, die die Probleme noch verschlimmern.

Eine dieser "Lösungen" ist nach wie vor die christliche Lehre.

Anmerkungen

1. Jules Henry, *Pathways to Madness* (London: Jonathan Cape, 1972), Seite 66

2. Karen Armstrong, *The Gospel According to Woman* (London: Elm Tree Books, 1986), Seite ix.

3. David Mechanic, "Illness Behavoir, Social Adaptation and the Management of Illness," *The Journal of Nervous and Mental Disease* 165, Nr. 2. (August 1977): 79.

4. Ebenda

5. Norman F. White. "Can Faith Heal?" *Canadian Family Physician* 30 (Januar 1984): 125-29.

6. James Randi, *The Faith Healers* (Buffalo, N.Y.: Prometheus Books, 1989).

7. Charles Y. Glock and Rodney Stark, *Religion and Society in Tension* (Chicago: Rand McNally & Company, 1965), Seite 290.

8. Nathan W. Ackerman, *The Psychodynamics of Family Life* (New York: Basic Books Inc., 1958), Seite 343.

9. Charles Watt, "The Meaning of Rationalism," in Gordon Stein, Hg., *An Anthology of Atheism and Rationalism* (Buffalo, N.Y.: Prometheus Books, 1980), Seite 24.

10. Wendell W. Watters, "Moral Education: Homo Sapiens or Homo Religiosus?" in Paul Kurtz, Hg., *Building a World Community* (Buffalo, N.Y.: Prometheus Books, 1989), Seite 283-90.

11. John Mackinnon Robertson. "Godism," in *An Anthology of Atheism and Rationalism*. Seite 70.

12. In James Strachey, Übers. und Hg., *The Complete Psychological Works of Sigmund Freud* (London: The Hogarth Press, 1962), 3: 13n.

13. Paul W. Pruyser, "An Assessment of Patient's Religious Attitudes in the Psychiatric Case Study," *Bulletin of the Menninger Clinic* 35 (1971): 272-91.

14. W. W. Watters, M.D., A. Bellissimo, Ph.D., und J. S. Rubenstein, M.D., "Teaching Individual Psychotherapy: Learning Objectives in Communication," *Canadian Journal of Psychiatry* 27, Nr. 4 (Juni 1982): 263-69.

15. Erich Fromm, *Psychoanalysis and Religion* (New Haven, Conn.: Yale University Press, 1974), Seite 6.

2
Lehren und Strategien des Christentums

Aber der törichten und unnützen Fragen entschlage dich; denn du weißt, daß sie nur Zank gebären.

2.Tim. 2,23

Alle Glauben wurden durch Menschen gemacht, und nur durch Menschen, und meistenteils durch Menschen, von denen wir noch nicht einmal die Namen kennen, und die sicherlich nicht mehr Gewicht hatten, ihre Ansichten der Welt aufzubürden, wie du oder ich sie haben würden.

Alfred Henry Tyrer (1936)[1]

Das intellektuelle Leben der westlichen Welt wird seit Jahrhunderten vom Christentum dominiert. In vielen Teilen der Gesellschaft herrscht bezüglich der Religion eine Haltung vor, die nichts in Frage stellt; so gibt es zum Beispiel nur in sehr wenigen Elementarschulen (public schools) eine umfassende, offene Erforschung der Rolle der Religion in der Menschheitsgeschichte. Daß es unterlassen wird, Religion kritisch zu untersuchen, liegt zum Teil in ihrem eigenen Charakter begründet, nach Heb. 11,1: "Es ist aber der Glaube eine gewisse Zuversicht des, das man hofft, und ein Nichtzweifeln an dem, das man nicht sieht." Aber ein Großteil des Drucks, das Christentum unkritisch zu akzeptieren, kommt von der Kirche selber; vor kaum dreihundert Jahren konnte es mit dem Tode bestraft werden, "dumme und ungelehrige Fragen" zu stellen. Wir sollten dankbar sein, daß wir jetzt die Frage: "Was ist Religion?" stellen können, ohne Folter oder den Scheiterhaufen zu riskieren.

1910 beschrieb der Psychologe William James Religion als "die Gefühle, Handlungen und Erfahrungen von einzelnen Menschen in ihrer Einsamkeit, soweit sie selber als in einem Verhältnis zu dem, was sie als das Göttliche ansehen mögen, stehen".[2] James, der aus einer Perspektive der Individualpsychologie heraus arbeitete, war nicht an Religion als einer gesellschaftlichen Institution interessiert. Der Soziologe Emile Durkheim schrieb 1915: "Eine Religion ist ein vereinheitlichtes System von Glauben und Praktiken bezüglich heiliger Dinge, das heißt Dingen, die völlig getrennt und verboten sind - Glauben und Praktiken, die zu einer einzelnen Gemeinschaft, die Kirche genannt wird, alle diejenigen, die ihnen anhängen, vereinigt."[3] 1965 fügten Charles Glock und Rodney Stark eine Anzahl neuerer soziologischer Perspektiven zu folgender Definition zusammen: "Religion, oder was Gesellschaften für heilig halten, umfaßt ein institutionalisiertes System von Symbolen, Glauben, Werten und Praktiken, das auf Fragen nach dem endgültigen Sinn ausgerichtet ist."[4]

1950 hat Erich Fromm Religion als "irgendein System von Gedanken und Handlungen, das von einer Gruppe geteilt wird", definiert, "das dem einzelnen einen Orientierungsrahmen und einen Gegenstand der Anbetung gibt".[5] C. D. Batson und W. L. Ventis, die 1982 aus einer soziopsychologischen Perspektive geschrieben haben, definieren Religion als "was immer wir als Individuen tun, um persönlich mit Fragen fertig zu werden, die uns konfrontieren, weil wir uns dessen bewußt sind, daß wir, und andere so wie wir, leben, und daß wir sterben werden. Derartige Fragen müssen wir Existenzfragen nennen."[6]

Diese Definitionen, so wie sie über einen Zeitraum von über 80 Jahren erschienen sind, sagen viel über den Wandel im akademischen Ansatz aus, sich mit Religion auseinanderzusetzen. Sowohl James als auch Durkheim stellen "göttlich" und "heilig" in den Mittelpunkt ihrer Betrachtung, als ob Sinn in absoluten Kategorien und aus einer theistischen Perspektive betrachtet werden müßte. Glock und Stark machten deutlich, daß Religion nur ein Ansatz ist, um mit Fragen nach dem letzten Sinn umzugehen. Die Definition von Batson und Ventis ist am entgegengesetzten Ende des Spektrums von James und Durkheim, indem sie die menschliche

Suche nach Antworten auf existentielle Fragen zur zentralen Angelegenheit erheben und das Übernatürliche nicht einmal erwähnen.

Eine umfassende Definition wurde 1977 von S. H. Atlas formuliert.[7] Religion wird durch sieben Merkmale charakterisiert: (1) Glaube an ein oder mehrere übernatürliche Wesen und der Glaube, daß der Mensch mit dem oder den Wesen eine persönliche Beziehung eingehen wird; (2) bestimmte Rechte und Glauben, die durch die übernatürliche Wirklichkeit bestätigt sind; (3) die Aufteilung des Lebens in heilig und profan; (4) der Glaube, daß das Übernatürliche seinen Willen durch menschliche Boten mitteilt; (5) der Versuch, das Leben in Übereinstimmung mit der Wahrheit nach dem übernatürlichen Entwurf zu ordnen; (6) der Glaube, daß offenbarte Wahrheit an die Stelle der Wahrheiten tritt, die durch menschliche Bemühungen zustande kommen; und (7) die Praktik, eine Gemeinschaft der Gläubigen zu gründen. Davon ausgehend, daß "jegliche Definition von Religion wahrscheinlich nur den Autor der Definition zufrieden stellt,"[8] ist "Religion" für unsere Zwecke *das Glaubenssystem, das auf göttliche übernatürliche Kräfte wegen des Sinns menschlicher Existenz sieht, und wegen der Verhaltensregeln, die für den Umgang mit Existenzängsten entworfen wurden.*

Religion zu definieren ist eine Sache; die Untersuchung der verschiedenen Arten, religiös zu sein, bringt uns näher an die Erfahrung des Individuums heran. Es wurden schon eine Reihe von Vesuchen unternommen, um herauszufinden, was es bedeutet, "religiös zu sein."

Glock und Stark haben fünf Merkmale von Religion benannt: das erfahrungsmäßige, das ideologische, das ritualisierte, das intellektuelle und das sich daraus ergebende. In ihren eigenen Worten:

Das erfahrungsmäßige Merkmal erkennt die Tatsache an, daß alle Religionen bestimmte Erwartungen beinhalten, gleichgültig wie ungenau sie auch formuliert sein mögen, daß der religiöse

Mensch irgendwann direktes Wissen über letzte Wahrheiten erlangen wird, und daß er religiöse Gefühle erfahren wird.

Das ideologische Merkmal wird ausgemacht ... durch die Erwartung, daß der religiöse Mensch an einem bestimmten Glauben festhalten wird.

Das ritualisierte Merkmal schließt die spezifischen religiösen Praktiken ein, die von Religionsanhängern erwartet werden.

Das intellektuelle Merkmal hat etwas mit der Erwartung zu tun, daß die religiöse Person sich auskennt und über die grundlegenden Lehrsätze ihres Glaubens und seiner heiligen Schriften Bescheid weiß.

Das sich daraus ergebende Merkmal ... unterscheidet sich von den ersten vier. Es beinhaltet die säkularen Auswirkungen religiösen Glaubens, religiöser Praktiken, religiöser Erfahrungen und religiösen Wissens auf das Individuum ... das sich daraus ergebende Merkmal hat mit dem Verhältnis des Menschen zum Menschen vielmehr als mit des Menschen Verhältnis zu Gott zu tun.[9]

Es ist das sich daraus ergebende Merkmal der christlichen Religion, das uns hier etwas angeht: Was ist die wahrscheinliche oder potentielle Auswirkung auf den Durchschnittsbürger (ob er oder sie nun zur Zeit ein Gläubiger ist oder nicht) von rund sechzehn Jahrhunderten Christentum in seinen erfahrungsmäßigen, ideologischen, rituellen und intellektuellen Merkmalen?

1967 entwickelten G. W. Allport und J. M. Ross[10] eine Art, Religiosität in Kategorien einzuteilen, die auch heute noch einen hohen Stellenwert im Bereich der Religionspsychologie hat. Für sie waren "intrinsisch" religiöse Menschen diejenigen, bei denen der Glaube ein Selbstzweck war, während "extrinsisch" religiöse Menschen diejenigen waren, die sie als Mittel für bestimmte Zwecke ansahen. Extrinsisch religiöse Menschen benutzten ihre Religion, während intrinsisch religiöse Menschen ihre Religon lebten. Diese Forscher entwickelten auch Maßstäbe zum Messen intrinsischer und extrinsischer Motivation. Da diese Konzepte im Hinblick auf amerikanische Christen entwickelt wurden, lohnt es sich, sie im Zusammenhang mit der christlichen Lehre zu untersuchen, um festzustellen, ob sie theoretisch richtig fundiert sind. Die extrinsisch religiöse Person geht wahrscheinlich wegen der gesellschaftlichen und politischen Vorteile in die Kirche, während die intrinsisch religiöse Person sich ausschließlich mit inneren Ereignissen beschäftigt, die mit geistigen Angelegenheiten zu tun haben, ihrem Verhältnis zu Gott in Christus und der Hoffnung auf Erlösung, oder der Freude darüber, schon "erlöst" zu sein. Wenn man erkennt, daß der stärkste Antrieb der Leute, das Christentum mit offenen Armen aufzunehmen, das Versprechen des ewigen Segens in den Armen von Jesus war, verbunden mit der Drohung ewiger Verdammnis, wenn sie das Christentum verwarfen, so ist es sehr schwierig, überhaupt über eine intrinsische Motivation zu sprechen. Beide Arten religiöser Menschen frönen einem religiösen Verhalten, das ihren Erwartungen entspricht. Die erwarteten Belohnungen der "extrinsisch" Religiösen sind kurzfristige gesellschaftliche; im Falle der sogenannten intrinsisch Religiösen sind die Belohnungen für den einzelnen langfristiger.

1982 veröffentlichten Batson und Ventis eine Besprechung der sozialpsychologischen Forschungsliteratur über die Auswirkungen des Religiösseins, Glocks und Starks folgerichtiger Dimension. Jedoch fügten sie den Kategorien von Allport und Ross eine dritte Kategorie der Religiosität hinzu. Diese dritte Orientierung, die sie mit "Religion als Suche" bezeichnen, ist als ein "Ansatz, der sich mit einer ehrlichen Auseinandersetzung mit existentiellen Fragen, in ihrer ganzen Komplexität, befaßt," definiert, der jedoch "deutlichen, schlagfertigen Antworten widersteht."[11] Die Unterschiede zwischen der suchenden Orientierung auf der einen Seite und den intrinsischen und extrinsischen Orientierungen auf der anderen Seite sind so groß, daß es überhaupt keinen Sinn macht, sie alle unter der Rubrik "Religion" zu subsummieren. Jeder, der "deutlichen Antworten" widersteht, könnte schwerlich nach den meisten Definitionen des Wortes als religiös bezeichnet werden, da es der Reiz solcher Antworten ist, der Menschen in die Herde der Propagandisten Gottes zieht. Atheistische säkulare Humanisten sind mit Existenzfragen sowie Fragen nach Moral und Sinn beschäftigt, ihr Verhalten kann aber in keiner Weise als religiös betrachtet werden; es ist tatsächlich die Antithese des traditionellen religiösen Verhaltens.

Andere verwischen diese grundsätzliche Unterscheidung zwischen Humanismus und Religion. Erich Fromm gebraucht das Oxymoron* "humanistische Religionen" im Gegensatz zu autoritären Religionen. In seinem Buch *Psychoanalyse und Religion* schreibt Fromm: "Ein Aspekt der religiösen Erfahrung ist das Wundern, das Staunen, das Wahrnehmen des Lebens und seiner eigenen Existenz, und das verwirrende Problem der eigenen Beziehung zur Welt."[12] Dieser Gebrauch des Wortes "religiös" für so eine wahrhaft menschliche Aktivität zeigt, in welchem Grade das Gerede über Gott das menschliche Bewußtsein durchdrungen hat. Derartiges Fragen und Wundern bringt Menschen oft dazu, religiöse Antworten auf ihre Fragen zu akzeptieren, was nicht erstaunlich ist, da unsere religiös beherrschten Bildungssysteme keine humanistisch orientierten Strategien unterstützen, um den jungen Leuten zu helfen, mit unbeantwortbaren existentiellen Fragen umzugehen. Freud argumentierte gleichermaßen in *The Future of an Illusion*: "Kritiker bestehen darauf, jeden, der die Bedeutungslosigkeit oder Ohnmacht des Menschen angesichts des Universums zugibt, als 'tief religiös' zu beschreiben, obgleich das Wesentliche der religiösen Haltung nicht dies ist, sondern der nächste Schritt, die Reaktion darauf, die nach einem Heilmittel sucht."[13]

In den meisten Religionen ist das Unbekannte und Unsichtbare zum übernatürlichen, göttlichen, allmächtigen Wesen konzeptionalisiert worden. In der christlichen Version ist dieses Wesen anthropomorphisiert worden zu einem Mann, dessen Darstellung in der Heiligen Schrift über die ganze Skala von lasterhaft und

---

* rhetorische Figur durch Verbindung zweier sich widersprechender Begriffe

strafend bis liebend und vergebend reicht, dessen Hauptcharakteristika aber ein alles verzehrender Narzißmus und ein furchterregendes, grillenhaftes Wesen zu sein scheinen. Viele theistische Religionsanhänger, die die traditionelle christliche Auslegung von Gott verwerfen, sehen die Gottheit als einen vagen Geist oder eine Lebenskraft, die allgegenwärtig ist. Fromm sagt es so: "Gott ist ein Symbol für die dem Menschen eigenen Kräfte, die er in seinem eigenen Leben zu realisieren versucht, und ist kein Symbol der Kraft und Beherrschung, das Macht über den Menschen hat."[14] Fromms Ansicht über Gott ist die Antithese zur christlichen Ansicht, wie sie Thomas von Kempen in seinem Werk *Das Buch von der Nachfolge Christi* vertritt, welchem oft nachgesagt wird, es wäre "das beliebteste, am meisten gelesene religiöse Buch der Welt nach der Bibel."[15] Thomas schreibt: "Er, der die Wahrheit und die vollkommenste Liebe hat, fügte nichts hinzu, das gut für irgendjemand ist, sondern bezog es völlig auf Gott; von dem alles wie von einer Quelle kommt; in dem letztendlich alle Heiligen ruhen wie in ihrer höchsten Erfüllung."[16] Fromms Ansicht über Gott ist daher für einen Christen ganz klar von folgendem Gebot aus betrachtet ketzerisch: "Du solltest dir daher nichts zugute halten; auch nicht irgendeine Tugend irgendeinem Menschen zuschreiben, sondern alles auf Gott geben, ohne den der Mensch nichts hat."[17]

Fromms Ansicht über Gott ist auch die von Ludwig Feuerbach vorgeschlagene; ein deutscher Philosoph des 19. Jahrhunderts, der postulierte, daß Religion im wesentlichen eine Objektivierung und Projektion der vornehmsten der subjektiv erfahrenen menschlichen Attribute ist, besonders von denen, die mit Lieben, Wollen und Denken zu tun haben. Für Feuerbach gab es und sollte es keinen Unterschied zwischen dem Menschlichen und dem Göttlichen geben, dem Subjektiven und dem Objektiven. Wie er es ausdrückte: "Das Objekt gleichen Subjekts ist nichts anderes als die eigene Natur des Subjekts objektiv betrachtet."[18] Feuerbach fügt hinzu: "Denn die Eigenschaften Gottes sind nichts anderes als die wesentlichen Eigenschaften des Menschen selber."[19] Er erläutert diesen Prozeß weiter: "Der Mensch - und dies ist das Mysterium der Religion - projiziert sein Sein in Objektivität und macht sich selbst dann wieder zum Objekt dieses projizierten Abbildes seiner Selbst, das so in ein Subjekt umgewandelt wurde; er denkt von sich selber nicht als ein Objekt von sich selbst, sondern als ein Objekt des Objekts, von einem anderen Wesen als ihm selbst."[20] Feuerbach sah das Christentum als ein Beispiel äußerster Objektivierung von einer besonders zerstörerischen Art, dadurch, daß die besten menschlichen Attribute auf einen Gott projiziert wurden, während die am wenigsten wünschenswerten menschlichen Attribute beim Menschen in der Form der Erbsünde blieben. Gott wurde zur Quelle der Liebe, und Gottes Wille wurde das Wesentliche, und nicht die Fähigkeit des Menschen zu lieben, zu wollen und zu denken. Feuerbach sagte einmal, daß es sein Hauptziel sei, "die Freunde Gottes in Freunde des Menschen, Gläubige in Denker, Beter in Arbeiter, Kandidaten für eine andere Welt in Studenten dieser Welt, Christen, die nach ihrem eigenen Geständnis halb Tier und halb Engel sind, in Menschen - ganze Menschen" zu verwandeln.[21]

Diese Ansicht über Gott ist im wesentlichen die des säkularen Humanismus, ausgeschmückt mit zusätzlichen Reden über Gott. Wenn die Menschen alle die guten Seiten von sich selber zurücknehmen könnten, die vorher auf das Gottesbild projiziert wurden, würde das Konzept der Göttlichkeit hohl werden, ein fossiler Bericht der Kulturgeschichte der menschlichen Rasse.

In seinem Buch *Christ and Freud* (Christus und Freud) entläßt Arthur Guirdham zusammen mit Fromm den Gott der Christen. Aber für Guirdham enthalten die östlichen mystischen Religionen den Schlüssel, um die Gottheit zu verstehen; um "Gott" zu kennen, muß das Individuum das "Selbst" völlig aufgeben.

Guirdham sieht den einzelnen Menschen eher als ein "dunkel verstandenes Werkzeug eines universellen Einflusses, als eine eigenständig funktionierende Persönlichkeit".[22] Für Fromm sollte sich der religiöse Mensch mit der völligen Entwicklung seines menschlichen Potentials befassen; für Guirdham beinhaltet Religiosität buchstäblich genau den entgegengesetzten Prozeß, den Versuch, das Selbst in einer Betrachtung der Unendlichkeit zu verlieren.

Wir werden mit zwei allgemein akzeptierten Versionen Gottes, der christlichen, autoritären, anthropomorphisierten männlichen Version und der östlichen, mystischen Version allein gelassen. Viele religiöse Menschen haben für sich eine vage Verschmelzung dieser beiden Ansichten vorgenommen.

Die mystisch religiöse Annäherung an Gott verläßt sich stark auf eine direkte Gotteserfahrung durch Meditation, eine Aufgabe des eigenen Ichs bei dem Versuch, eine Vereinigung mit dem Unendlichen zu erreichen. Guirdham weist darauf hin, daß der wahre Mystiker "weniger als alle anderen für menschliche Beeinflussung zugänglich ist."[23] Diese Aussage ist eine nackte Anklage der Religion und ihres Einflusses auf die menschliche Gesellschaft. Warum müssen sich Menschen selbst in einen Zustand außerhalb menschlichen Einflusses begeben, wenn es nicht deshalb wäre, weil der menschliche Einfluß schmerzhaft oder schlecht wäre? Leider werden wir in den folgenden Kapiteln sehen, daß religiöse Lösungen für die Schmerzlichkeit menschlicher Interaktion in der Vergangenheit zu Glauben und Praktiken geführt haben, die menschliche Interaktionen immer noch schmerzlicher gemacht haben. Jeder Psychologe, der mit Paaren und Familien arbeitet, weiß, daß, wenn sich ein Familienmitglied emotional zurückzieht, dieses - ob es durch Gebet geschieht, Bibel lesen, schmollenden Rückzug ins eigene Zimmer, einen Gang in die Kneipe an der Ecke oder ein schizophrenes Ereignis - nicht mit dem harmonischen Lebensablauf in der Familie zu vereinen ist.

Ursprünge der christlichen Kirche

Der wahre Jesus, "dessen Name nicht so sehr in die Geschichte der Welt geschrieben wie eingehämmert worden ist,"[24] weigert sich noch aufzustehen und kam niemals durch die mehr als einhundert Jahre andauernde wissenschaftliche Forschung zutage. Theorien bezüglich Jesus gehen von der Ansicht, daß wenn er jemals gelebt hat, er sich als der Messias der Juden betrachtet und sorgsam und geschickt die Ereignisse manipuliert hat, damit sie mit den alten Prophezeiungen übereinstimmten,[25] bis zu der Vorstellung, daß er ein humanistisch orientierter Rabbi war, außergewöhnlich intuitiv und empfindend bezüglich menschlichen Verhaltens.[26]

Eine Hauptaufgabe der wissenschaftlichen Arbeit auf diesem Gebiet war es zu bestimmen, was Jesus tatsächlich während seiner kurzen Laufbahn gesagt hat (als Lehrer, Prediger oder Politiker, abhängig vom Standpunkt des Betrachters), da praktisch alles, was über ihn geschrieben wurde, von Leuten stammt, die sehr feste Ansichten über seine Stellung im Universum hatten. Wer und was auch immer Jesus war, es scheint wohl kaum fair zu sein, ihn für die Institution verantwortlich zu machen, die in seinem Namen enstand, um etwas weniger als 400 Jahre nach seinem Tode die vorherrschende Religion des römischen Imperiums zu werden und sich zur zahlenmäßig größten Religion der Welt zu entwickeln. Emersons Definition einer Institution als "der vergrößerte Schatten eines Menschen"[27] paßt wirklich nicht im Falle von Jesus und der christlichen Kirche.

In den fünfzig Jahren nach Jesu Kreuztod wurde nichts schriftlich berichtet, wohl hauptsächlich, weil seine Anhänger seine bevorstehende Wiederkehr erwarteten. Edward Gibbon fing die Stimmung der ersten Christen in diesen Worten ein: "Die ersten Christen waren von einer Verachtung ihrer gegenwärtigen Lage beseelt und durch ein rechtschaffenes Vetrauen in die Unsterblichkeit, von der der zweifelnde und unvollkommene Glaube der modernen Zeiten uns keine angemessene Vorstellung geben kann."[28]

Als der gläubigen Herde endlich dämmerte, daß Jesus' Rückkehr zur Erde auf unbestimmte Zeit verschoben sein würde, standen sie vor der Aufgabe, sich in der Welt einzurichten, um den Glauben weiter am Leben zu erhalten. Es war zu jener Zeit, lange nachdem Paulus angefangen hatte, an die sich abmühenden Kirchen überall in Kleinasien seine Briefe zu schreiben, daß Christen anfingen, die mündliche Tradition über die Ereignisse im Leben Jesu und seine Lehren aufzuschreiben. Dieser Prozeß begann frühestens nach dem Fall von Jerusalem im Jahre 70.

Das erinnert mich an ein Gesellschaftsspiel, das ich als Junge spielte. Alle Spieler sitzen in einem Kreis. Jemand fängt an, einer links von ihm sitzenden Person eine kurze Geschichte zuzuflüstern, und jeder Spieler wiederholt diesen Vorgang, bis der Kreis einmal durch ist. Der Spaß des Spiels liegt darin, die ursprüngliche Version mit der durch ein rundes Dutzend Personen langsam immer mehr ausgeschmückten Version zu vergleichen. Unabhängig davon, daß die Geschichten neutral sind und niemand ein gezieltes Interesse daran hat, Voreingenommenheiten ins Spiel zu bringen, leiden sie alle unter dem wiederholten Weitererzählen. Bezüglich der Tatsachen aus dem Leben Jesu wäre es ein wahres Wunder, wenn irgendetwas wirklich Wahres den Vorgang durch tausende von ergebenen Gläubigen, über einen Zeitraum von beinahe einem halben Jahrhundert, überstanden hätte.

Es ist ein bemerkenswertes Beispiel menschlicher Leichtgläubigkeit, daß das ganze Gebäude der christlichen Kirche auf so dürftigem dokumentarischen Beweismaterial ruht. Die Evangelien selber sind voller Widersprüche bezüglich Jesus' Taufe, seiner ersten Lebensjahre und seiner Lehren sowie den Umständen seines Todes und der angenommenen Wiederauferstehung. Die Evangelien, die wir jetzt besitzen, sind in vier Jahrhunderten zusammengetragen worden, ausgesucht aus einem breiteren Sortiment von Versionen über Jesus' Leben und Lehren. Keines der

Originalmanuskripte des Neuen Testaments hat überlebt, und auch keine direkten Abschriften. Bibelwissenschaftler R. Joseph Hoffmann stellt die Lage so dar: "Wir haben Abschriften von Abschriften, die so weit von dem entfernt sind, was man als eine 'primäre' Quelle bezeichnen könnte, daß es sinnlos ist, darüber zu spekulieren, was eine ursprüngliche Version des Evangeliums beinhaltet hätte."[29] Während der ganzen Zeit war jede neue Abschrift und jede neue Übersetzung offen für Veränderungen, Hinzufügungen und Auslassungen, entsprechend der theologischen Voreingenommenheiten des Schreibers oder Übersetzers, oder denen seiner Kirchenoberen.

Die neue Religion, die sich von ihren jüdischen Wurzeln unter dem Einfluß von Saulus, dem helenisierten Juden, der sich in Paulus, den Christen, wandelte, durchdrang nach und nach das ganze römische Reich. Um das 2. Jahrhundert nach Chr. hatten die Christen die Aufmerksamkeit einer Anzahl heidnischer Schriftsteller auf sich gelenkt. Celsus verglich sie mit "Fröschen, die ein Symposium um einen Sumpf herum hielten und debattierten, wer von ihnen der Sündigste wäre". Der griechische Schriftsteller Lukian aus dem 2. Jahrhundert macht uns auf die Tatsache aufmerksam, daß die Führer moderner Kulte und Fernseh-Evangelisten kein neues Phänomen sind, wenn er schreibt: "Wenn irgendein Scharlatan oder Betrüger unter sie kommt, wird er schnell dadurch reich, daß er bei diesen einfachen Leuten imponierend auftritt."[30]

Der Glaube und seine Strategien

Trotz der vielen Spaltungen, die die christliche Kirche während ihrer ganzen Geschichte gebeutelt haben, gibt es überraschenderweise ein bißchen an Übereinstimmung zwischen den modernen Bekenntnissen bezüglich der wesentlichen Punkte des Kerns der Lehre. Der Erschaffung dieser Doktrin aus der primitiven Christologie des Paulus und den frühen Christen war keine leichte Angelegenheit; sie wurde praktisch in einer Serie von bitteren und blutigen Schlachten mit einer Anzahl von "Ketzereien" geschmiedet, die innerhalb der Kirche während der ersten paar Jahrhunderte ihres Bestehens entstanden. Ein christlicher Schriftsteller hat es so ausgedrückt: "Es ist in der Tat so, daß die Kirche den Ketzern viel verdankt. Denn so wurde sie dazu gebracht, ihre Theologie größtenteils durch den Druck zu entwickeln, der auf sie ausgeübt wurde; richtige Formulierungen waren nötig, wenn die Menschen den Fehler des häretischen Systems sehen sollten."[31] Der Autor vergaß hinzuzufügen, daß Bedrohung durch Bann oder Tod für die Nichtannahme der "richtigen Formulierungen" einen tragenden Einfluß auf das Ereignis dieses langen ideologischen Krieges gehabt haben könnte.

Im wesentlichen glauben alle Christen folgendes: Es gibt ein übernatürliches Wesen, das das Universum beherrscht, das in einer anthropomorphischen Form existiert und (bis zur feministischen Bewegung) männlichen Geschlechts ist, dessen Name Gott lautet. Er lebt im Himmel und wird als die Verkörperung des Guten gedacht. Im Himmel leben auch rangniedrigere Wesen, die Engel genannt werden. Vor einer sehr, sehr langen Zeit machte einer dieser Engel, Luzifer mit Namen, etwas, das Gott mißfiel, und zusammen mit einigen seiner Freunde wurde er aus dem Himmel ausgestoßen und landete an einem Ort, den man Hölle nennt. Luzifer (auch Satan oder Teufel genannt) wird als die Verkörperung allen Übels angesehen.

Seit der Zeit von Adam und Eva, der Schlange und dem Apfel haben wir Menschen Gott niemals richtig Freude gemacht. Es sieht so aus, als ob Luzifer den besseren Teil beim Kampf um unsere Seelen bekommen hat, in dem Ausmaße, daß Gott in seiner Allwissenheit schloß, daß wir menschlichen Kreaturen in einem Zustand der Ursünde geboren wurden, "einer psychologischen Folterbank philosophischen Schwachsinns".[32] Da er jedoch ein liebender Gott war, beschloß er, uns Elende durch die Geburt eines

Menschensohnes, durch einen Prozeß der Parthogenese* bei einer Jüdin namens Maria, zu erlösen. Der Sohn wurde Jesus genannt. (Die Juden, die sich selbst noch als das erwählte Volk ansehen, wünschen trotzdem, daß er sich für dieses besondere Wunder eine andere Rasse ausgewählt hätte.) Dieser liebende Gott brachte es fertig, "seinen eingeborenen Sohn" den Kreuztod erleiden zu lassen. Dieses Opfer wurde gebracht, um uns Menschen von den Folgen unserer Schlechtigkeit zu erlösen, nämlich der Fahrt zur Hölle. Gemäß dem Alten Testament war es so, daß ein Paar den erstgeborenen Sohn der "liebenden" allmächtigen Gottheit opferte; es war eine große Veränderung, daß die Gottheit ihren Sohn opferte.

Jesus blieb jedoch nicht tot, sondern verbrachte drei Tage in der Vorhölle, kam dann zurück, um in menschlicher Gestalt zu leben und fuhr dann zum Himmel, um jetzt zur Rechten Gottes zu sitzen, seinem liebenden Vater, der ihn gezwungen hatte, eines so schrecklichen, schmählichen Todes zu sterben. Dies wird die Wiederauferstehung genannt, auf der das ganze Gebäude der christlichen Kirche steht. Gott jedoch, der seinen Sohn von den Menschen auf Erden weggenommen hat, überließ uns etwas, der Heilige Geist genannt, als eine Art geistlichen Wachhund. Jetzt hatten Christen an diesen Drei-in-einem-Gott zu glauben (der Vater, der Sohn und der Heilige Geist, die sogenannte Trinität). Obgleich moderne christliche Konfessionen weit voneinander abweichende Ideen darüber haben, wie Erlösung erlangt wird, war und ist die allgemeine Vorstellung die der Belohnung für den Glauben an die Trinität, dem Befolgen vorgeschriebener Rituale, der Vermeidung von Sünden, daß die Christen, wie Christus, nicht am Ende ihrer biologischen Existenz wirklich sterben, sondern zum Himmel fahren werden, um bei Gott und Jesus zu sein.

Während viele moderne zur Kirche gehende Christen darauf bestehen, daß bestimmte Punkte der Doktrin nicht mehr zu ihrem

---

* Geburt eines Helden oder Gottes durch eine Jungfrau

bewußt aufrechterhaltenen Glaubenssystem gehören, ist es eine Tatsache, daß die Lehre als Ganzes unnachgiebig in allen christlichen Kirchen auf verschiedene Art und Weise befürwortet wird. Es ist eine Sache zu sagen, daß die menschliche Intelligenz jetzt die bewußte, kognitive Akzeptanz eines bestimmten Gegenstandes der Doktrin (zum Beispiel der Erbsünde) ausschließt. Es ist jedoch etwas ganz anderes zu zeigen, daß ein bestimmtes Stück der Doktrin nicht die emotionalen und verhaltensmäßigen Reaktionen der Menschen geformt hat oder noch formt.

Im wesentlichen glauben alle Christen an das Apostolische Glaubensbekenntnis:

Ich glaube an Gottvater den Allmächtigen, Schöpfer des Himmels und der Erde.

Und an Jesum Christum, seinen einigen Sohn, unsern Herrn, der empfangen ist vom Heiligen Geist, geboren von der Jungfrau Maria, gelitten unter Pontio Pilato, gekreuzigt, gestorben und begraben, niedergefahren zur Hölle, am dritten Tage auferstanden von den Toten, aufgefahren gen Himmel, sitzend zur Rechten Gottes, des allmächtigen Vaters, von dannen er kommen wird, zu richten die Lebendigen und die Toten.

Ich glaube an den Heiligen Geist, eine heilige christliche Kirche, die Gemeinde der Heiligen, Vergebung der Sünden, Auferstehung des Fleisches und ein ewiges Leben. Amen.

Während ihrer ersten Jahrhunderte war die größte Schwierigkeit der Kirche, mit der Lehre der Trinität klarzukommen, und in der Tat war es so, daß viele Ketzereien mit der eigentlichen Natur der drei Götter - dem Vater, dem Sohn und dem Heiligen Geist - zu tun hatten. Nachdem die Kirche sich auf die Lehre verpflichtet hatte, mußte sie sie gegen alle Widersacher verteidigen. Einer der drei großen Glaubenssätze der christlichen Kirche, der sogenannte Glaube des Heiligen Athanasius, stellte einen Versuch dar, die Position der Kirche zur Lehre in dieser Hinsicht zu "klären". Jeder Leser muß für sich selber entscheiden, wie klärend er tatsächlich ist. Die Abschnitte, die mit der Trinität zu tun haben, sind nachstehend zitiert.- Ich entschuldige mich für die Länge.

QUICUMQUE VULT*

Dies ist aber der rechte christliche Glaube, daß wir einen einigen Gott in drei Personen und drei Personen in einiger Gottheit ehren.

Und nicht die Personen ineinander mengen, noch das göttliche Wesen zertrennen.

Eine andere Person ist der Vater, eine andere der Sohn, eine andere der Heilige Geist.

Aber der Vater und Sohn und Heilige Geist ist ein einiger Gott, gleich in der Herrlichkeit, gleich in ewiger Majestät.

Welcherlei der Vater ist, solcherlei ist der Sohn, solcherlei ist auch der Heilige Geist.

Der Vater ist nicht geschaffen, der Sohn ist nicht geschaffen, der Heilige Geist ist nicht geschaffen.

Der Vater ist unmeßlich, der Sohn ist unmeßlich, der Heilige Geist ist unmeßlich.

Der Vater ist ewig, der Sohn ist ewig, der Heilige Geist ist ewig;

Und sind doch nicht drei Ewige, sondern es ist ein Ewiger,

Gleichwie auch nicht drei Ungeschaffene, noch drei Unmeßliche, sondern es ist ein Ungeschaffener und ein Unmeßlicher.

Also auch, der Vater ist allmächtig, der Sohn ist allmächtig, der Heilige Geist ist allmächtig;

Und sind doch nicht drei Allmächtige, sondern es ist ein Allmächtiger.

Also, der Vater ist Gott, der Sohn ist Gott, der Heilige Geist ist Gott;

Und sind doch nicht drei Götter, sondern es ist ein Gott.

Also, der Vater ist der Herr, der Sohn ist der Herr, der Heilige Geist ist der Herr;

Und sind doch nicht drei Herren, sondern es ist ein Herr.

Denn gleichwie wir müssen nach christlicher Wahrheit eine jegliche Person für sich Gott und Herrn bekennen.

Also können wir im christlichen Glauben nicht drei Götter oder drei Herren nennen.

Der Vater ist von niemand, weder gemacht, noch geschaffen, noch geboren.

der Sohn ist allein vom Vater, nicht gemacht, noch geschaffen, sondern geboren.

Der Heilige Geist ist vom Vater und Sohn, nicht gemacht, nicht geschaffen, nicht geboren, sondern ausgehend.

So ist's nun ein Vater, nicht drei Väter; ein Sohn, nicht drei Söhne; ein Heiliger Geist, nicht drei Heilige Geister.

Und unter diesen drei Personen ist keine die erste, keine die letzte, keine die größte, keine die kleinste,

Sondern alle drei Personen sind miteinander gleich ewig, gleich groß,

Auf daß also, wie gesagt ist, drei Personen in einer Gottheit und ein Gott in drei Personen geehrt werden.

Wer nun will selig werden, der muß also von den drei Personen in Gott halten.

Wenn diese Zeilen von einem Patienten in einer Nervenheilanstalt geschrieben worden wären, wären wir alle der Meinung, daß dies ein vorzügliches Beispiel für die Denkabläufe eines mit blühender Phantasie begabten psychotisch Besessenen seien. Die Lehre der Trinität weicht weiterhin rationalem menschlichen Verstehen aus, obgleich diese Worte durch Gläubige Woche für Woche in den Kirchenstühlen wiederholt werden.

Die wirklichen Ursprünge des Christentums sind durch die Nebel der Zeiten verborgen; jedoch hat sich der Nebel so weit gelüftet, daß Wissenschaftler in die Lage versetzt wurden, mit Sicherheit festzustellen, daß seine grundlegenden Lehrsätze in nicht weniger als 15 anderen sogenannten Mysterienreligionen,

---

*Anstelle des Textes des Common Prayer Book der Anglican Church von Kanada wird nach *Das Augsburger Bekenntnis des Glaubens und der Lehre, vorgetragen ... auf dem Reichstag zu Augsburg am 25. Juni 1530,* zitiert.

die dem Christentum vorausgingen oder mit ihm gleichzeitig auftraten, vorhanden waren. Sie hatten alle fünf Elemente gemeinsam: (1) Ein Versprechen der Unsterblichkeit; (2) Erlöser-Götter, die litten, starben und vom Tode wieder auferstanden; (3) das Versprechen der Erlösung durch den leidenden Erlöser, der dieses große Opfer erbrachte, um beides, Vergebung der Sünden und Erlösung, zu garantieren; (4) Wiedergeburt durch Taufe; und (5) sakramentale Mahlzeiten der Anbeter, im Glauben, daß dieses die innige Verbindung mit Gott selber darstellt.[33]

Der Wettbewerb zwischen den Religionen in der Welt der Römer, sogar noch nach der "Bekehrung" Konstantins zum Christentum, war besonders scharf in Hinsicht auf die Gewinnung neuer Konvertiten und auf das Erlangen der Gunst des Kaisers. Der letztendliche Triumph und der anhaltende Erfolg der christlichen Religion war, mehr als irgendetwas sonst, auf das vollendete politische Geschick zurückzuführen, das die frühen Kirchenväter bei der Entwicklung von Strategien zeigten, die sie befähigten, Menschen zum Glauben zu "überreden".

Christliche Strategien zur Verbreitung des Glaubens

Werbung von Anhängern

Dies war die wichtigste Strategie. In Matt.28:16-20 sagt Jesus zu seinen Jüngern, "gehet hin und lehret alle Völker und taufet sie im Namen des Vaters und des Sohnes und des heiligen Geistes, und lehret sie halten alles, was ich euch befohlen habe". Moderne Bibelwissenschaftler weisen darauf hin, daß Jesus vielleicht nicht seine Mission, woraus sie auch immer bestanden haben mag, gesehen hat als etwas, das mit Heiden etwas zu tun hat; es ist wahrscheinlicher, daß dieses aggressive Werben um Anhänger die Arbeit des Paulus war, und daß die biblische "Autorität" dafür viele Jahrzehnte nach seinem Tode Jesus in den Mund gelegt wurde.[34] Wie es auch immer ausgesehen haben mag, die frühe Kirche engagierte sich wahnsinnig, um die gute Nachricht zu verbreiten und neue Konvertiten zu gewinnen, ein Engagement, das allen anderen Religionen fremd war. Ein Schriftsteller drückt es so aus: "Wenn sie (die Kirche) davon Abstand nehmen würde, würde sie ihr eigenes Selbst aufgeben."[35]

Für Jahrhunderte war das christliche Neubekehren von einer Anzahl von Überzeugungsmethoden begleitet, solchen wie der Folterbank, dem Schwert und später dem Gewehr. Die Samen solchen unmenschlichen Verhaltens seitens der christlichen Kirche waren durch Paulus in seiner zweiten Epistel an die Thessalonicher gelegt worden, als er schrieb: "euch aber, die ihr Trübsal leidet, Ruhe mit uns, wenn nun der Herr Jesus wird offenbart werden vom Himmel samt den Engeln seiner Kraft und mit Feuerflammen, Rache zu geben über die, so Gott nicht erkennen, und über die, so nicht gehorsam sind dem Evangelium unsers Herrn Jesu Christi, welche werden Pein leiden, das ewige Verderben von dem Angesichte des Herrn und von seiner herrlichen Macht".

In wahrer Gottvater-Tradition machte die frühe Kirche den Menschen ein Angebot, das sie nicht ablehnen konnten. Der Historiker Edward Gibbon drückte das so aus: "Es wurde die heiligste Pflicht neuer Konvertiten, bei ihren Freunden und Verwandten den unschätzbaren Segen, den sie empfangen hatten, zu verbreiten, und sie so vor einer Ablehnung zu warnen, die wie ein krimineller Ungehorsam gegenüber dem Willen einer wohlwollenden, doch allmächtigen Gottheit schwer bestraft werden würde."36

Die moderne Christenheit, jetzt "zivilisierter", verläßt sich nicht mehr auf derartig rohe Methoden körperlicher Folter, um Seelen für Gott zu gewinnen. Moderne Methoden der Gewinnung von Proselyten (Neubekehrten) hinterlassen keine sichtbaren Narben, verdrehte Gliedmaßen oder Tote; die Christenheit hat psychologisch sicherere Formen der Folter entdeckt und gelernt, die Massenmedien für diesen Zweck zu beherrschen, mit Genehmigung und Segen des Staates.

Die angeführte Rechtfertigung der christlichen Missionsarbeit ist die Verpflichtung, die gute Nachricht über Jesu Christi Erscheinen auf der Welt, um uns vor allen Folgen unserer Sünden zu erlösen, mit uns zu teilen. Aber es mag noch tiefere psychologische Motive für dieses Verhalten geben. Die wesentlichen Elemente der christlichen Lehre verletzen die natürliche menschliche Intelligenz so sehr, daß Gläubige innerlich gezwungen sind, andere von der Wertigkeit der Lehre zu überzeugen, um ihre eigenen erschreckenden Zweifel zu beruhigen. Guirdham sagt ungefähr dasselbe, wenn er schreibt: "Als die Inquisition Ketzer verfolgte, hat sie das nicht getan, weil sie wußte, daß sie recht hatte, sondern weil sie fürchtete, daß sie unrecht hatte. Gesegnet mit inneren, gefühlten unlogischen Gewißheiten, verfolgen Menschen nicht ... Jeder Christ, der jemals einen Mitmenschen verfolgte, weil er nicht an die Unsterblichkeit der Seele oder die Göttlichkeit Christi glaubte, stimmte seinem Opfer zu."[37]

Erich Fromm hat das Christentum eine *folie à millions* genannt,[38] ein Erweiterung eines in der Psychiatrie benutzten Ausdrucks, *folie à deux*. Dieser wird für ein Phänomen gemeinsamer Verrücktheit von zwei Menschen angewandt, die zusammen in einem verhältnismäßig abgeschiedenen Zustand leben und die durch Blutsbande, Heirat, Freundschaft, Glauben oder durch Notwendigkeit verbunden sind.

Ein Mitglied der Dyade (des Paares) entwickelt Wahnvorstellungen, im allgemeinen, indem es sich verfolgt fühlt, und versucht den anderen dazu zu bringen, seiner Vorstellung zuzustimmen, daß zum Beispiel der Nachbar unbewußte Botschaften über das Fernsehen sendet, oder daß die Brauereien die Milch vergiften, um die Menschen zum Biertrinken zu bewegen. Der "geistig gesunde" Partner hat die Wahl, entweder dem "verrückten" zuzustimmen oder die Richtigkeit seiner Vorstellungen in Frage zu stellen und so einen Konflikt für die Beziehung zu erzeugen.

Unfähig, den Zwiespalt bei der letzteren Möglichkeit zu riskieren, benimmt sich der "geistig gesunde" Partner "verrückt", um die Beziehung nicht zu gefährden. Als Freud in *Die Zukunft einer Illusion* über Religion als Neurose sprach, könnte er eine Fehldiagnose gestellt haben, die meilenweit daneben lag; der Ausdruck Psychose könnte dem näher kommen.

Die meisten Christen würden, ohne einen Augenblick zu zögern, sagen, daß sie die sogenannte Goldene Regel unterschreiben würden, die uns ermahnt: "Was du nicht willst, das man dir tu, das füg auch keinem andern zu." Aber mal ganz ehrlich: Christen können die Goldene Regel nicht unterschreiben und dennoch Christen bleiben. Im Besitz des "Einen Wahren Glaubens" widersetzen sich Christen natürlich mit ihrer Verpflichtung zum Gewinnen von Proselyten jeglichem Druck, ganz gleich von welcher Religion, zu deren Glaubenssätzen zu konvertieren. Im Anbetracht der christlichen Geschichte hinsichtlich der Leute, die das angebotene Opfergeschenk des Gekreuzigten nicht annahmen, gibt es wenig Zweifel, daß Christen lieber kämpfen würden, als sich zu ändern, wenn sie gezwungen würden, irgendeinen anderen Gott anzubeten.

Ein oft übersehener Aspekt der Gewinnung von Proselyten ist, daß es davon abhängt, daß der Bekehrer "über dem steht", der gewonnen werden soll, der gewöhnlich entweder psychologisch, gesellschaftlich oder wirtschaftlich benachteiligt ist, oder sich in einem Zustand militärischer Unterwerfung befindet. Dieser Prozeß läuft niemals zwischen Gleichen ab; es ist immer ein Fall von "schnapp sie, solange sie unten sind". Der selbstgefällige Missionar freut sich diebisch, wenn er eine neue Seele für Christus rettet. Der Fernseh-Evangelist zieht immer mehr spürbaren finanziellen Gewinn aus seinen räuberischen Angriffen auf die Einsamen, die Armen, die Älteren und die Ungebildeten.

Dualismus

Kritiker des modernen Gesundheitswesens und der medizinischen Ausbildung führen viele Probleme auf die Geist/Körper-Dichotomie (Zweiteilung) zurück, die immer noch das medizinische Denken dominiert, trotz einiger Versuche, einen holistischeren Ansatz zu entwickeln. Dieser medizinische Dualismus wird im allgemeinen philosophisch auf René Descartes zurückgeführt, der lehrte, daß der Geist und der Körper im wesentlichen separate Einheiten sind. Indem wir die Schuld für das entmenschlichende Gesundheitswesen auf Descartes abladen, ignorieren wir die offensichtliche Tatsache, daß er das Produkt einer Gesellschaft war, die im großen Maße durch die Lehre der christlichen Kirche durchdrungen war. Von Anfang an hat die Kirche ein strenges dualistisches Konzept vom Menschen gelehrt: Jeder Mann und jede Frau bestand aus "Fleisch" und einem "Geist", und die zwei waren nicht nur nicht dazu bestimmt, sich jemals zu treffen, sondern dazu verdammt, im ewigen Kampf miteinander zu liegen. Es ist sicher, daß Descartes in seinem philosophischen Denken stark von der theologischen Debatte beeinflußt gewesen sein muß, die zu jener Zeit tobte. Vier Jahre nach Descartes Geburt (1596) wurde der italienische Philosoph Giordano Bruno von der Inquisition auf dem Scheiterhaufen verbrannt, weil er lehrte, daß "alle Realität eins in der Substanz ist, eins in der Ursache, eins im Ursprung; und Gott und diese Realität eins sind".[39]

Das Konzept des Dualismus stammt nicht von den Christen, sondern die philosophischen Wurzeln gehen zurück auf Plato und noch weiter.[40] Man kann jedoch ruhig sagen, daß die christliche Version die größten Auswirkungen auf das Leben der Menschen der westlichen Welt hatte. Als Strategie zur Erlangung militärischer und politischer Macht hat "teile und herrsche" immer eine große Popularität besessen, es hat sich genauso effektiv für die Kontrolle des Lebens der einzelnen Christen gezeigt. In George Bernard Shaws Stück *Heartbreak House* traf die Rolle der Ellie Dunn mit diesen Zeilen den Nagel auf den Kopf: "Wir wissen, daß die Seele der Körper ist und der Körper die Seele. Sie sagen uns, diese seien unterschiedlich, weil sie uns davon überzeugen wollen, daß wir unsere Seelen behalten können, wenn sie unsere Körper versklaven."[41]

Unter dem Einfluß des Glaubenssystems, das solche Feindseligkeit und Mißtrauen zwischen zwei "Teilen" eines unteilbaren ganzen Menschen fördert, bedarf es beinahe übermenschlicher Bemühungen eines Individuums, einen Sinn der Einheit oder Ganzheit zu entwickeln. Ohne Integration des ganzen Menschen kann es kein wirkliches Selbst, keine eigene Wertschätzung und keine wahre Eigenbeherrschung geben. Wenn man sich auf das christliche Glaubenssystem einläßt, wird eine derartige Integration unmöglich, und das Individuum wird von der Autorität der Kirche abhängig. Eine solchermaßen geteilte Person hat das lebenslange Schicksal eines nicht zu lösenden Konfliktes zwischen dem potentiellen menschlichen Wesen, das um Integration und Beherrschung kämpft, und dem Christen, der für immer zu Zerbrochenheit und unterwürfiger Kriecherei zu Füßen des Allmächtigen Vaters verurteilt ist.

Andere Strategien

Gewinnung von Proselyten und die Förderung des Dualismus waren nicht die einzigen Strategien, die von den frühen Christen in ihrem Kampf um politische Macht benutzt wurden. Andere Strategien waren genauso effektiv und genauso verheerend für den Zustand des Menschen. Durch die Erlangung und Aufrechterhaltung der Macht über ihre Anhänger förderte die Kirche aktiv deren infantile Abhängigkeit, und mit dem Versprechen des Lebens nach dem Tode ihre infantile Gier; sie beutete normale menschliche Existenzängste aus und stimulierte und manipulierte menschliches Schuldgefühl und menschliche Ambivalenz. Im Bereich der Sexualität und Zeugung entwickelten die frühen Kirchenväter eine

Anzahl von Lehren, die im wesentlichen den weiblichen Uterus zu einer Säuglingsfabrik, zur Erzeugung eines endlosen Vorrats an Christen, machten, Lehren, die noch immer unsagbares Leid verursachen, und welche der Kirche als dem heimtückischsten demographischen Aggressor aller Zeiten das Urteil "schuldig" einbringen sollte.

Bis zu Johannes Gutenbergs Erfindung der beweglichen Lettern in der Mitte des 15. Jahrhunderts mußte die Kirche sich auf ihre Priester und Bischöfe verlassen, daß sie das Wort mündlich unter den überwiegend analphabetischen Massen in Europa verbreiteten. Nachdem die Druckerpresse es für eine steigende Anzahl von Leuten möglich machte, die Bibel selber zu lesen, verließ sich die Kirche mehr und mehr auf eine literarische Indoktrination zur Erreichung ihrer Ziele. Das Buch, das sich hierfür als am geeignetsten erwies (nach der Bibel) war *Das Buch von der Nachfolge Christi* von dem in Deutschland geborenen Thomas von Kempen, der als Priester des Augustiner-Ordens die meisten Jahre seines 92jährigen Lebens in Holland verbrachte. 1427 erschien die erste Manuskriptversion von *Nachfolge Christi*, der viele weitere folgten; insgesamt sind über 700 Manuskriptversionen bekannt. Nachdem Gutenbergs Erfindung die Rolle der Schreiber überflüssig machte, wurde *Das Buch von der Nachfolge Christi* zu einem literarischen Hauptwerkzeug, mit dem die Kirche in die Lage versetzt wurde, ihre Lehre in die westliche Gesellschaft hineinzuweben. Am Ende des 19. Jahrhunderts waren 600 Ausgaben in Latein, 300 in Italienisch, 350 in Deutsch und "ungezählte Ausgaben dieses erwähltesten Devotionalhandbuchs des Mittelalters in Englisch verlegt worden".[42] Paul M. Bechtel, der 1985 die *Moody Classic* Ausgabe herausgab, sagt folgendes in seiner Einführung: "Dieses Buch, gelesen im Geiste der Weihe, hat Generationen von christlichen Gläubigen jeglicher Glaubensrichtung in der ganzen Welt Anleitung gegeben."[43]

Für jemand, der sich für menschliche Gesundheit und Wohlfahrt in diesem letzten Jahrzehnt des 20. Jahrhunderts interessiert, ist

Nachfolge Christi ein furchterregendes Dokument. Absatz für Absatz werden die Christen ermuntert, die Leiden dieser Welt freudig zu ertragen, als einen Weg, dem Herrn zu gefallen. Der arme Pilger wird ermuntert, sich in einer richtigen Orgie des Selbsthasses und der Verunglimpfung zu ergehen und eifrigst jegliche Spur von Selbstachtung oder jeglichen Versuch der Selbstverwirklichung zu vermeiden. Thomas scheint eine absolute Phobie gegenüber Menschen gehabt zu haben, denn Absatz für Absatz rät er seinen Lesern, menschlichen Kontakt zu vermeiden und der Entwicklung von menschlichem Halt abzuschwören. Ein ganzes Kapitel ist der Warnung ergebener Leser vor dem Lernen jeglicher Art, das nicht ihren Glauben an Gott stärkt, gewidmet.

Gott wird zum Sprecher in vielen Absätzen gemacht; er stellt wiederholt Forderungen nach unterwürfiger, absoluter, nicht von Zweifeln angekränkelter Verehrung auf eine Art, wie sie dem bösartigsten weltlichen Potentaten Ehre machen würde: "Frage nicht nach, was für dich schön und gewinnbringend ist, sondern danach, was für mich annehmbar ist und meine Ehre erhöht."[44] Nach Thomas kennt Gottes monomanischer* Eifer keine Grenzen: "Ich werde durch alle meine Heiligen gelobt: Ich soll vor allen anderen gesegnet sein, und in allen anderen geehrt sein, welche ich so glorreich erhöht und vorbestimmt habe, ohne vorhergegangene Verdienste von ihnen."[45]

Es ist ein weitverbreiteter Fehler, dies als mittelalterlichen Blödsinn abzutun, der am Ende des 20. Jahrhunderts keine Bedeutung hat. Wer kümmert sich um die seltsamen Gedanken eines in seiner Klause sitzenden Mönchs des 15. Jahrhunderts? Und trotzdem wurde dieses Buch noch bis in dieses Jahrhundert hinein täglich irgendwo auf diesem Erdball gedruckt, und die darin enthaltenen Ideen sind noch für viele Menschen der westlichen Welt Teil ihrer kulturellen Sphäre. Der Herausgeber der Auflage der *Moody Press*

---

* Monomanie = Einzelwahn, abnormer Zustand des Besessenseins von einer einzigen Idee (Psychologie) beendet seine Einführung mit den Worten: "Man freut sich in dem Wissen, daß die neue Auflage neue Leser zu denen bringen wird, die schon eine belebende Quelle in Thomas von Kempens zeitlosem kleinen Buch gefunden haben."[46] Wir werden später in aller Tiefe die Wirkungen dieser "belebenden Quelle" auf die gesunde Entwicklung eines normalen Menschen hin untersuchen; der Leser wird Gelegenheit haben zu entscheiden, ob darauf "Freude" tatsächlich eine angemessene menschliche Reaktion ist.

Viele Leute, die in strengreligiöse Familien geboren werden, unterwerfen sich ihr Leben lang diesem Glaubenssystem; andere gehen den langen, quallvollen und schmerzlichen Weg vom Gläubigen zum Humanisten. Andere entfernen sich langsam und passiv vom Glauben ihrer Kindertage, um lasche Christen oder Niemande zu werden, ohne sich mit dem, was die religiöse Indoktrination ihnen als Menschen angetan hat, zu konfrontieren.

Viele dieser lauwarmen Christen, die zu dem großen Hauptstrom der Christenheit gehören, werden unter Umständen zum Fundamentalismus verführt, ein Vorgang, der von Edmund D. Cohen in seinem Buch *The Mind of the Bible-Believer*[47] beschrieben worden ist. Obgleich Cohen diesen Vorgang so beschreibt, wie er auf extrem fundmentalistische Bekehrung anwendbar ist, zeigen die sieben schrittweise eingesetzten Tricks, die von fundamentalistischen Gottespropagandisten benutzt werden, die Gewalt, die dem menschlichen Verstand und der Würde durch alle Arten der christlichen Indoktrination angetan wird.

Im ersten Trick "der gütigen reizenden Gestalt der Bibel" werden alle möglichen übertriebenen Behauptungen und Versprechungen vorbehaltlos oder ausdrücklich in der Art eines alten Quacksalbers oder einer modernen Fernsehwerbung gemacht. Als Teil des Programms der christlichen Gehirnwäsche wird das Wort Liebe häufig benutzt; wie wir jedoch sehen werden, entwickelt das Wort eine eigene Bedeutung, wenn die Person erst einmal "dazu gehört". In der christlichen Werbung werden dem Versprechen der Liebe noch Versprechungen von Vergebung der Sünden und ewigem Leben hinzugefügt. Der Ausdruck "Liebesbombardement" ist auf diesen Prozeß angewandt worden, wenn er sich auf moderne Kulte bezieht; Cohen bezeichnet diese Strategie als ein "riesiges Zuckerbrot-und-Peitsche-Verkaufsgespräch".[48] Wenn der einzelne erst einmal "dazu gehört", löst sich der Zuckerüberzug schnell auf, und zurück bleibt die bittere Pille.

Der zweite Trick, "die Welt in Mißkredit bringen," macht Themen notwendig, mit denen man sich von seinen Freunden und Bekannten löst, die nicht den gleichen Glauben haben. Analog finden wir in *Nachfolge Christi* folgende Worte "Vertraue keinen Freunden und Verwandten, verschiebe auch nicht das Wohl deiner Seele auf später; denn Menschen werden dich schneller vergessen, als du es merkst."[49] Da jedoch Gottespropagandisten nicht das menschliche Bedürfnis nach menschlichem Kontakt völlig auslöschen können, wird das Phänomen der christlichen "Genossenschaft" angeregt, um sicherzustellen, daß neue Mitglieder mit gut indoktrinierten Mitchristen zusammen kommen.

Rituale wie Gebete, Singen von Hymnen und Kommunion spielen eine wichtige Rolle, um die Neubekehrten zu ermuntern, sich von ihren vorherigen menschlichen Stützen zurückzuziehen und sich auf Gott und Christus zu konzentrieren.

Ein verheerender Aspekt dieses Tricks ist, daß die Denkfähigkeit des Individuums in Mißkredit gebracht wird. Hierzu sagt Cohen: "Während die Bibel nicht ausdrücklich sagt, daß unabhängiges Denken eine Kardinalsünde ist - wenn man das täte, würde man das Spiel aus der Hand geben -, ist es die Crux jeglicher authentischer biblischer Definition der Sünde, eine, die unverträglich mit der Durchführung des devotionalen Programms ist."[50] Obgleich die Bibel den Gebrauch der menschlichen Vernunft nicht ausdrücklich untersagt haben mag, war es offensichtlich, daß zu der Zeit des Thomas von Kempen dem Weisen mißtraut werden sollte: "Mein Sohn, in vielen Dingen ist es deine Pflicht, unwissend zu sein und dich selbst als tot auf dieser Erde zu erachten, und als einer, dem die ganze Welt gekreuzigt wurde."[51]

Der dritte Trick, "Logozid", verweist auf das Töten von Worten, oder besser gesagt, das Töten der Wortbedeutung. Es ist wie bei der Roten Königin in *Alice im Wunderland*, die sagte, Worte hätten die Bedeutung, die sie ihnen geben würde. Christlicher Logozid konzentriert sich auf Worte wie Leben, Tod, Weisheit und natürlich Liebe, von denen keines die akzeptierte, auf mündlicher Übereinkunft beruhende Bedeutung hat, wenn sie aus dem Munde eines Gottespredigers kommen. Leben und Tod bedeuten Leben in Christus oder Tod für Christus und sind einfach Ausdrücke, die Glauben oder Unglauben an den wiederauferstandenen Herrn bezeichnen. Weisheit hat nichts mit menschlicher Weisheit zu tun, sondern bezieht sich auf den Grad der Verpflichtung auf das christliche Glaubenssystem. Bei dem Wort Liebe, das so großzügig in den Werbesendungen der Gottesprediger benutzt wird, wundert es einen nicht, daß verwirrte, verängstigte Leute ohne Freunde von einer Institution angezogen werden, die Liebe verspricht; so wie sie Liebe verstehen oder sie sich vorstellen, ist sie etwas, was ihnen entzogen wurde, und wonach sie sich ihr Leben lang sehnten. Es wird allerdings sehr bald deutlich, daß die Liebe, nach der sie sich sehnten, nicht die Liebe der Gottesprediger ist; jene Würdenträger benutzen das Wort "Liebe", um einen vorbehaltlosen Gehorsam gegenüber Gott zu bezeichnen, im Gegenzug für das Versprechen des ewigen Lebens. Außerdem wird die Art menschlicher Liebe, die die Anfänger suchten, langsam als minderwertig untergraben, als nicht vertrauenswürdig, nicht zu erwähnen, daß sie ungenügend ist, wenn sie mit der Liebe Gottes verglichen wird. Wie Cohen schreibt: "Christliche Liebe wird biblisch als durch den Heiligen Geist unterstützte Selbstdisziplin bei der Verinnerlichung der christlichen Lehre und bei der Durchführung des Devotionalprogramms definiert."[52]

In Kapitel I haben wir definiert, daß geistige Gesundheit vorliegt, wenn alle Ebenen des individuellen Seins - die perzeptive, die kognitive, die affektive, die biologische, die verhaltensmäßige und die verbale - auf eine mehr oder weniger glatte, harmonische und integrierte Art funktionieren. Dies entspricht dem, was Cohen als Integrität bezeichnet, die er so definiert: "Wir denken vorbehaltlos über einen, der sich selbst gegenüber ehrlich ist, als einen, der Integrität besitzt."[53] Der vierte Trick besteht aus gnadenlosen Angriffen auf diese Integrität. Da das ganze Glaubenssystem, das Christenheit genannt wird, vom Individuum verlangt, diese Lehre zu glauben und den Beweis menschlicher Intelligenz zu leugnen, wenn sie mit dem Glaubenssystem kollidiert, wird Integrität für Christen unmöglich.

Hand in Hand mit dem Angriff auf die Integrität geht der fünfte christliche Trick, wie er von Cohen genannt wird, der der "Loslösungsinduktion". Wenn erst einmal die Integrität des Gläubigen bis zu dem Punkt kompromittiert ist, wo er oder sie "an der Angel hängt", wird es notwendig, den Prozeß der Gehirnwäsche durch den Prozeß der Loslösung zu intensivieren. Eines der Hauptelemente bei dieser Strategie ist es, die Gläubigen in einem ewigen Zustand der Angst leben zu lassen, was mit ihrer menschlichen Natur zusammenhängt. Alle Gemütsbewegungen werden mißbilligt, außer Schuldgefühlen, die zwecks Gemütskontrolle bestärkt werden. Die normale menschliche Emotion des Zorns wird als eine der sieben Todsünden eingeordnet; die unvermeidbare Schuld macht es für den Neubekehrten unmöglich, eine gesunde menschliche Reaktion gegen so eine unmenschliche Indoktrination zu mobilisieren.

Jegliches verbotene Gefühl, das zu weiteren Schuldgefühlen führt, erzeugt weitere Dissoziation. Cohen versichert: "Die angenommene Erneuerung des Gemüts, so daß es nur fromme Gedanken denkt, der alberne Friede und die laue Freude der Person, die euphorische Gelassenheit zeigt, die augenscheinliche Abwesenheit von Spannungen mit anderen Leuten, dieses sind Nebenwirkungen eines dissoziierten Gemütszustandes."[54]

An einem bestimmten Punkt des christlichen Gemütsbeherrschungsprozesses steigt der Druck des Gläubigen, sein Gefühlsleben völlig gegenüber seiner eigenen menschlichen Intelligenz zu verschließen, um sich gegen jeglichen Einfluß zu schützen, der nicht mit der Lehre übereinstimmt (der sechste Trick, der von Cohen "Verbrennen der Brücke" genannt wird). An diesem Punkt ist der Gläubige über das einfache Stadium der Dissoziation hinaus in eine Psychose geraten, in der eine echte Interaktion zwischen dem Individuum und der Wirklichkeit unmöglich ist, da die "reale Welt" allein unter dem Aspekt der christlichen Weltsicht wahrgenommen wird. Dies erklärt, warum es unmöglich ist, mit einem gläubigen Christen einen echten Dialog über existentielle Fragen zu führen, da er oder sie darauf programmiert ist, auf den Ungläubigen mit gedankenverlorener Toleranz zu reagieren, fest in dem "Glauben", daß Gott irgendeinen erhabenen Grund hat, einigen Hirnen gegenüber "die Wahrheit" zu verschließen. Cohen drückt es so aus: "Der Inhalt der Lehre genauso wie die Form des gesellschaftlichen Verhaltens ist so eingerichtet, daß ein psychologischer Wallgraben um die Gläubigen geschaufelt wird."[55]

Das Wesentliche der christlichen Gehirnwäsche ist selbstverständlich Angst (Cohens siebter Trick: "Heiliger Terror"), die erst dann angewandt wird, wenn der Gläubige schon richtig "dazugehört". Die Angst beruht auf der Bestrafung, die Christen erwartet, wenn sie es nicht fertigbringen, ihre menschliche Intelligenz und ihren Willen den Wünschen der Gottesprediger zu unterwerfen.

Cohen versichert, daß die Schreiber des Neuen Testaments "absichtlich die unheilvollen Aussagen über die Schrecken nach dem Tode ersonnen haben, die schlimmsten Möglichkeiten, die sich der Geist - oder zum mindesten der einfache Geist der Massen der Gläubigen - sich vorstellen kann".[56]

Auf den ersten Blick scheint Cohen die Stadien der Bekehrung von rechten Fundamentalisten, evangelikaler Christenheit, besonders von denen aus den elektronischen Medien, und von verschiedenen religiösen Kulten, die sich aus verlorener Jugend sowie aus denen der desillusionierten Hauptgruppe der Christenheit zusammensetzen, zu beschreiben. Es ist leicht, den Fakt aus dem Auge zu verlieren, daß entsprechend der Kernlehre der gleiche Prozeß in den großen Kirchen der Christenheit, obgleich auf eine oberflächlichere, weniger fundamentalistische Art, vor sich geht. Eine Verbindung mit einer der großen Kirchen, besonders wenn sie nur dem Buchstaben nach - nicht hinterfragt - besteht, ist für viele Leute, die sich sonst als geistig anspruchsvoller, intelligenter und moderner betrachten, leichter. Jedoch beweist der halbherzige Versuch von Seiten einiger der großen Kirchen, die Christenheit zu humanisieren, daß dies ihr Untergang ist. Die Mitgliederzahlen in diesen Kirchen gehen zurück, während fundamentalistische Fernseh-Evangelisten große Reichtümer ansammeln.

Die Ausnahme dazu sieht wie folgt aus. Die Kernlehre der christlichen Kirche ist zusammen mit den Strategien, die über Jahrhunderte hin zur Erlangung ihrer heutigen Macht eingesetzt wurden, so gegen den Menschen gerichtet gewesen, daß viele humanistisch orientierte Kirchen und Gottespropagandisten versucht haben, die Botschaft zu mildern, um sie "gebildeten" Gemeinden schmackhafter zu machen. Dies führt zu einem von zwei Ergebnissen. Selbstsichere und intelligente Mitglieder solcher Gemeinden fangen an zu hinterfragen, und so ein Hinterfragen kann sie auf den Weg zum Atheismus oder Humanismus bringen. Viele zögern an verschiedenen Punkten entlang des Weges. Weniger sichere Mitglieder solcher Gemeinden fangen an, sich nach einer Art von Religion umzusehen, die ihrem entschwindenden Glauben kräftige Verstärkung und mehr Schutz vor ihrer eigenen menschlichen Intelligenz bietet. So ziehen die großen christlichen Kirchen Millionen von Leuten heran, damit sie die "Ziele" oder "Dummen" der geldhungrigen Fernseh-Evangelisten sind.

Nachdem wir die verschiedenen Strategien untersucht haben, mit denen die Kirchen die Menschen dazu bringen, ihre Produkte zu kaufen, wenden wir uns den Elementen des christlichen Glaubenssystems zu, die der Entwicklung guter Gesundheit entgegenstehen.

Anmerkungen

1. Alfred Henry Tyrer, *Sex, Marriage and Birth Control* (Toronto: Marriage Welfare Bureau, 1936), S. 227.

2. William James, *The Varieties of Religious Experience* (New York: New American Library, 1958), S. 42.

3. Émile Durkheim, *The Elementary Forms of Religious Life* (London: George Allen und Unwin Ltd., 1915), S. 47.

4. Charles Y. Glock and Rodney Stark, *Religion and Society in Tension* (Chicago: Rand McNally & Company, 1965), S. 4.

5. Erich Fromm, *Psychoanalysis and Religion* (New Haven, Conn.: Yale University Press, 1974), S. 21.

6. C. Daniel Batson and W. Larry Ventis, *The Religious Experience* (New York: Oxford University Press, 1982), S. 7.Seite 44

7. Syes Hussein Alatas, "Problems of Defining Religion," *International Social Science Journal* 29, no 2 (1977): 213-34.

8. J. Milton Yinger, "Pluralism, Religion and Secularism," *Journal for the Scientific Study of Religion* 6 (1967): 18.

9. Glock and Stark, *Religion and Society in Tension*, S. 20.

10. G. W. Allport and J. M. Ross. "Personal Religious Orientation and Prejudice," *Journal of Personality and Social Psychology* 5 (1967): 432-33.

11. Batson and Ventis, *The Religious Experience*, S. 149.

12. Fromm, *Psychoanalysis and Religion*, S. 94.

13. Sigmund Freud, *The Future of an Illusion*, in James Strachey, Übers. und Hg., The Complete Psychological Works of Sigmund Freud (London: Hogarth Press), 21:32.

14. Fromm, *Psychoanalysis and Religion*, S. 37.

15. Paul M. Bechtel in seiner Ausgabe von Thomas von Kempen (Thomas à Kempis), *The Imitation of Christ* (Chicago: Moody Press, 1980), S. 15.

16. ebenda S. 49.

17. ebenda S. 147.

18. Ludwig Feuerbach, *The Essence of Christianity*, Übers. George Eliot (Buffalo, N.Y.: Prometheus Books, 1989), S. 12.

19. ebenda S. 19.
20. ebenda S. 30.
21. Zitiert von Karl Barth in seiner Einführung zu Feuerbach, *The Essence of Christianity*, S. XI.
22. Arthur Guirdham, *Christ and Freud* (London: George Allen and Unwin, Ltd. 1961), S. 16.
23. ebenda, S. 39.
24. Ralph Waldo Emerson, *Miscellanies 1868* (abridged), S. 120, zitiert in James, *The Varieties of a Religious Experience*, S. 43.
25. Hugh J. Schonfield, *After the Cross* (San Diego, Calif.: A. S. Barnes and Company, Inc., 1981).
26. James Breech, *The Silence of Jesus* (Toronto: Doubleday Canada, Ltd., 1982).
27. Ralph Waldo Emerson, "Self Reliance," in *The Essays of Emerson: Essays and Representative Men* (London: Collins Library of Classics), S. 36.
28. Eward Gibbon, *The Decline and Fall of the Roman Empire* (New York: Dell Publishing Co. Inc., 1972), S. 232.
29. R. Joseph Hoffmann, "The Origins of Christianity," *Free Inquiry* 5, no 2. (Spring 1985):50.
30. Bamber Gasciogne, *The Christians* (London: Granada Publishing, 1978), S. 9.
31. Alan Richardson, *Creeds in the Making* (Philadelphia: Fortress Press, 1981), S. 31.
32. Charles W. Sutherland, *Disciples of Destruction: The Religious Origins of War and Terrorism* (Buffalo, N.Y.: Prometheus Books, 1987), S. 111.
33. Dan Cover and Dall Whitney, "Another Look at Christianity," *Freethought Today* 7, no. 3. (April 1990): 10.Seite 45
34. Frances Burke Drohan, *Jesus Who? The Greatest Mystery Never Told* (New York: Philosophical Library, 1985).
35. Hans Conzelmann, *History of Primitive Christianity*, Übers. John E. Steely Nashville, Tenn.: Abingdon Press, 1973), S. 17.

36. Gibbon, *The Decline and Fall of the Roman Empire*, S. 223.

37. Guirdham, *Christ and Freud*, S. 72.

38. Fromm, *Psychoanalysis and Religion*, S. 17.

39. Will Durant, *The Story of Philosophy* (New York: Pocket Books, 1953), S. 150.

40. Vern L. Bullough, *Sexual Variance in Society and History* (Chicago: University of Chicago Press, 1976), S. 163-64.

41. G. B. Shaw, *Heartbreak House, Act 2,* in *Heartbreak House, Great Catherine, and Playlets of War* (London: Constable and Company, Ltd., 1919) S. 77.

42. Thomas à Kempis, *The Imitation of Christ*, S. 15.16.

43. ebenda, S. 21.

44. ebenda, S. 237.

45. ebenda, S. 266.

46. ebenda, S. 21.

47. Edmund D. Cohen, *The Mind of the Bible-Believer* (Buffalo, N.Y.: Promethues Books, 1986).

48. ebenda, S. 171.

49. Thomas à Kempis, *The Imitation of Christ*, S. 74.

50. Cohen, *The Mind of the Bible-Believer*, S. 179.

51. Thomas à Kempis, *The Imitation of Christ*, S. 223.

52. Cohen, *The Mind of the Bible-Believer*, S. 223.

53. ebenda, S. 234.

54. ebenda, S. 261.

55. ebenda, S. 341.

56. ebenda, S. 354.

3
Christentum, Familie und Selbstachtung

Wie können wir die schädlichen Elemente von Familienverhältnissen erforschen und bestimmen, die ein Kind verdaut und während der frühen und verwundbaren Stadien seiner Entwicklung in sein sich entwickelndes Selbst aufnimmt?

Nathan W. Ackerman (1961)[1]

So demütigt euch nun unter die gewaltige Hand Gottes, daß er euch erhöhe zu seiner Zeit.

1 Petrus 5,6

Die Familie spielt eine machtvolle Rolle in der menschlichen Gesellschaft. Zusätzlich zu ihren ernährenden und schützenden Funktionen ist die Familie der Hauptvermittler für die Durchführung des Sozialisierungsprozesses, durch den gesellschaftliche Normen und Werte in die Charakterstruktur des heranwachsenden Kindes aufgenommen werden. Tatsächlich ist die Familie in der menschlichen Gesellschaft so mächtig, daß viele revolutionäre politische Bewegungen in ihren Anfangsphasen versucht haben, ihre Macht zu zerstören, um den Status quo zu erhalten, indem sie sich über die Köpfe ihrer Eltern hinweg direkt an Kinder gewandt haben.

Jesus sagt: "So jemand zu mir kommt und hasset nicht seinen Vater, Mutter, Weib, Kinder, Brüder, Schwestern, auch dazu sein eigen Leben, der kann nicht mein Jünger sein." (Lukas 14, 26) In einem anderen Evangelium wird Jesus wie folgt zitiert: "Denn ich bin gekommen, den Menschen zu erregen wider seinen Vater und die Tochter wider ihre Mutter und die Schwiegertochter wider ihre Schwiegermutter." (Matt. 10, 35). Die Hitler-Jugend-Bewegung war ein Hauptbestandteil der Politik der Nazis, während die Anfangsjahre der kommunistischen Regierung in der ehemaligen

Sowjetunion durch den Versuch, die Jugend direkt anzusprechen, gekennzeichnet waren. Die religiösen Kulte der Jetztzeit sind dafür bekannt, das Verhältnis von Eltern und ihren jugendlichen Kindern zu spalten. Wenn jedoch eine Bewegung ihre revolutionären Ziele erreicht, wie in den Fällen des Christentums und des Kommunismus, dreht sie diese Position um und versucht wieder, die Familie als einen Verbündeten für ihre Machterhaltung und -ausdehnung zu benutzen.

Der einzelne, die Familie und die Gesellschaft wirken auf vielfältige Weise aufeinander ein. Während die Familie die mächtigste Wirkung im Sozialisierungsprozeß des einzelnen ausübt, ist ihre Rolle bei dem Versuch, dem einzelnen dabei zu helfen eine soziale Veränderung herbeizuführen, ganz gering bis nicht vorhanden. Tatsächlich ist es so, daß diejenigen, die in der Gesellschaft etwas verändern wollen, dies gegen ihre Familien tun; solche Leute, die auf die Zukunft hin orientiert sind, wachsen über ihre Familien hinaus, bei denen der Blick mehr auf Vergangenem ruht. Es nimmt nicht Wunder, daß die Familie somit ein Spannungsfeld bleibt, da sie versucht, die Bedürfnisse der Gesellschaft genauso wie die ihrer eigenen Mitglieder zu befriedigen, die sich darum bemühen, ihr ganzes Potential zu entwickeln. Dies ist vor allem deshalb so, weil die Selbstverwirklichung die Individuen in Aktivitäten verwickelt, die dazu angetan sind, echte Veränderungen in der Gesellschaft herbeizuführen, und damit eine veränderte Rolle für die Familie.

Ein alter chinesischer Fluch geht so: "Mögest du in Zeiten des Umbruchs leben." Theoretisch würde die Aufgabe der Familie in einer unveränderten Gesellschaft leichter sein, im Gegensatz zu einer im Zustand der Veränderung. Ob stabile, reibungslos funktionierende Gesellschaften jemals existiert haben, außer als Bilder unserer nostalgischen Einbildungskraft, ist eine Angelegenheit, die man diskutieren muß, aber unsere gehört sicherlich nicht dazu. Tatsächlich läd das Tempo des technologischen und gesellschaftlichen Wandels in der entwickelten Welt eine ungeheuere Last der

Anpassung auf die Familie und den einzelnen. Es wäre jedoch ein Fehler anzunehmen, daß Leute, die in "stabilen" Gesellschaften aufwachsen, geistig gesünder sind als die, die in einer durch Unruhen erschütterten Gesellschaft groß werden.

Auf eine gewisse Art ist der Vorgang der Sozialisation in der Familie einfacher. Eine bekannte Lektion mit der Überschrift "Kinder lernen, was sie leben" beschreibt diesen Prozeß folgendermaßen:

Wenn ein Kind unter Kritik lebt, lernt es zu verdammen. Wenn ein Kind unter Feindseligkeit lebt, lernt es zu kämpfen. Wenn ein Kind unter Spott lebt, lernt es schüchtern zu sein. Wenn ein Kind unter Schande lebt, lernt es sich schuldig zu fühlen. Wenn ein Kind unter Toleranz lebt, lernt es geduldig zu sein. Wenn ein Kind unter Aufmunterung lebt, lernt es Vertrauen. Wenn ein Kind unter Lob lebt, lernt es zu richtig einzuschätzen. Wenn ein Kind unter Redlichkeit lebt, lernt es Gerechtigkeit. Wenn ein Kind unter Sicherheit lebt, lernt es Vertrauen zu haben. Wenn ein Kind unter Wertschätzung lebt, lernt es sich selbst zu mögen. Wenn ein Kind angenommen und in Freundschaft lebt, lernt es Liebe in der Welt zu finden.

Auf einer anderen Ebene ist der Prozeß sehr kompliziert. Zu bestimmten Zeiten sind die Botschaften, die von Eltern an Kinder übermittelt werden, reiflich überlegte Strategien, wie in dem Fall, wenn die Mutter ihr Kind schlägt oder ihm den Mund mit Seife auswäscht, weil es Worte benutzt hat, die die Eltern ablehnen. Zu anderen Zeiten sind die Botschaften feiner, aber trotzdem effektiv. Wenn das Thema der Genitalien und des Geschlechtsverkehrs niemals erwähnt wird, lernt das Kind, daß dies unaussprechliche Themen sind. Wenn der Vater aufhört, seinen Sohn mit sechs Jahren in die Arme zu nehmen, aber weiterhin die Zwillingsschwester drückt, wird eine Botschaft darüber mitgeteilt, wie Männer körperlich miteinander umgehen sollten.

Bezüglich der Auswirkungen des Sozialisationsprozesses auf die geistige Gesundheit ist die Menge an Zweideutigkeiten, die die

Botschaften der Eltern an ihre Kinder enthalten, ein kritischer Faktor. Wenn der Vater sich vor Lachen schüttelt, wenn er seinem kleinen Sohn sagt, daß man keine kleinen Mädchen haut, und er die Angewohnheit hat, betrunken nach Hause zu kommen und die Mutter des Jungen zu schlagen, übermittelt er offensichtlich eine doppeldeutige Botschaft. Eine Mutter, die ihre Kinder zwingt, zur Kirche zu gehen, selber aber nie hingeht, handelt auf eine Art und Weise, die sicherlich Konflikte in den Kindern erzeugt. Im allgemeinen sollte der Sozialisierungsprozeß am glattesten laufen, je größer die Beständigkeit und Übereinstimmung der Botschaften der Eltern sind; und um so wahrscheinlicher ist es, daß die Kinder in geistiger Gesundheit heranwachsen.

Wie Kinder während der ersten wichtigen Jahre ihres Lebens noch nicht die volle verbale Ausdrucksfähigkeit erreicht haben, sind die Versuche der Eltern, ihre Reaktionen und ihr Verhalten zu regeln, oft ebenfalls nonverbal; zum Beispiel, das Kind einfach wegzunehmen, wenn es anfängt, den Hund des Hauses zu schlagen. Jedoch ist ein derartiges nonverbales Verhalten seitens der Eltern oft durch verstärkende Worte begleitet, in einem derartigen Ausmaß, daß die ersten Worte der Kinder aus den Versuchen bestehen, die Verhaltensbefehle, die sie oft von ihren Eltern gehört haben, mündlich auszudrücken. So wird der Sozialisierungsprozeß ein Teil der Sprachentwicklung. "Böser" Junge, "lieber" Junge, "böses" Mädchen, "liebes" Mädchen, sind oft unter den ersten Worte, die ein Kind sagt.

Eltern sind in ihrer Interaktion mit ihren Kindern nicht nur damit beschäftigt, die Diktate der Gesellschaft auszuführen; sie erfüllen auch elterliche Aufgaben, das heißt, sie sind erziehend und unterstützend, oder sie erfüllen Aufgaben im Sinne der Familie oder des Schutzes. Eine Mutter, die die Hand ihres zweijährigen Sohnes von seinem Penis wegdrückt oder ihre dreijährige Tochter ermahnt, nicht so wild zu sein, führt eine Sozialisationshandlung durch, die etwas mit Erziehung, Familienerhalt oder Schutz zu tun hat. Ein Vater, der ein kleines Kind liebkost und tröstet, das ein abgeschürftes Knie hat, ist erziehend; wenn er einen Stuhl vor die Treppe legt, führt er eine Familienerhaltungsaufgabe durch. Jedoch sind die meisten Interventionen der Eltern bei ihren Kindern vermischte Handlungen der Erziehung, Familienerhaltung und Sozialisation. Zum Beispiel der Vater, der ein kleines Kind mit einem abgeschürften Knie tröstet, könnte seinen tröstenden Worten Worte der Ermahnung hinzufügen, daß ein kleines Mädchen nicht so wild spielen sollte, oder daß kleine Jungens lernen sollten, nicht zu weinen, wenn sie sich verletzt haben. Daher handeln Eltern, wenn sie Familienaufgaben wahrnehmen und versuchen, die Anpassungsbedürfnisse ihrer Kinder zu erfüllen, gleichzeitig als Vertreter einer größeren Gesellschaft, indem sie mitteilen, wie Menschen sich unter bestimmten Umständen fühlen, reagieren und verhalten sollten. Wie wir sehen werden, sind diese zwei verschiedenen Zielsetzungen nicht immer komplementär oder noch nicht einmal verträglich, wenn Eltern von Ideen geprägt sind, die der christlichen Lehre entstammen.

Christliche Lehre und Selbstachtung

In ihrem Buch *Current Concepts of Positive Mental Health*[2] bespricht die Psychologin Marie Jahoda alle zur Zeit geläufigen Konzepte positiver geistiger Gesundheit und kam zu sechs Konzeptgruppen, die Einfluß auf diese Frage haben. Diese sind: (1) die Haltung eines Individuums zu sich selbst; (2) geistiges Wachstum, Entwicklung oder Selbstverwirklichung; (3) Integration; (4) Selbständigkeit/Unabhängigkeit; (5) geistige Wahrnehmung der Realität; und (6) Beherrschung des Umfeldes. Es ist bedeutsam, daß es viele Parallelen zwischen Jahodas und meiner Konzeptliste gibt. Die Unterschiede sind gering, doch vielleicht erwähnenswert. In meinem Bezugsrahmen sind Autonomie und Beherrschung des Umfeldes in dem Konzept der Selbstverwirklichung oder Anpassung, und die Konzepte der Integration und geistigen

Wahrnehmung der Realität werden nicht als gesonderte Einheiten behandelt, sondern sind eher in die anderen Themen verwoben. Da der Zweck dieses Buches die Untersuchung positiver Gesundheit bezüglich der Lehren der christlichen Kirche ist, habe ich getrennt einige Fragen betrachtet, die in Jahodas Arbeit in andere Konzepte eingebettet sind. Diese sind Lust und Leid, Schuld, Ambivalenz, Kommunikation sowie Sexualität und Zeugung.

Es ist bemerkenswert, daß der erste Faktor auf beiden Listen etwas mit dem Konzept des Selbst zu tun hat. Während eine Anzahl von "Selbst"-Termini, wie Selbstannahme, hier angemessen hätten benutzt werden können, scheint doch ein Terminus mit einem quantitativen Merkmal, wie Selbstachtung, besser zu sein. Selbstachtung bezieht sich auf den Wert, den jegliches Individuum sich selbst als Person beimißt. Hohe Selbstachtung muß von narzißtischem Glück, manischer Euphorie und konkurrierendem Triumph unterschieden werden, die alle auf eine bestimmte Art Abwehrreaktionen einer geringen Selbstachtung sind. Auch sollte Selbstachtung nicht mit Sichgehenlassen oder Selbstzufriedenheit verwechselt werden. Es bezieht sich nur einfach darauf, bis zu welchem Grad man sich selbst akzeptiert und wieviel man sich selbst mit all seinen Schwächen wert ist.

Obgleich Psychiater und Psychologen dafür bekannt sind, beinahe über alles unterschiedlicher Meinung zu sein, stimmen alle darin überein, daß Selbstachtung, wie sie hier verstanden wird, ein Eckpfeiler guter geistiger Gesundheit ist. Leute, die als geistig gesund angesehen werden, haben einen hohen Grad an Selbstachtung; sie fühlen sich als Menschen verhältnismäßig kompetent und sicher; sie mögen sich im allgemeinen und fühlen sich dazu in der Lage, von anderen gemocht und geliebt zu werden. Darüber hinaus sind sie fähig, echte Sympathie und Liebe für andere zu zeigen. Leute mit hoher Selbstachtung können positiv an den Versuch herangehen, sich ihre Bedürfnisse auf eine nicht manipulative, nicht zerstörerische Art zu erfüllen.

Auf der anderen Seite ist der eine gemeinsame Zug aller psychiatrischen Patienten und vieler chronisch kranker Patienten eine geringe Selbstachtung.

Eine gut funktionierende Familie trägt bei zur Entwicklung der Selbstachtung bei heranwachsenden Kindern durch Versorgung mit ihren biologischen Grundbedürfnissen und durch Sicherstellung eines Umfeldes, in dem sie Selbständigkeit und Unabhängigkeit entwickeln und ihr menschliches Potential verwirklichen können. Es ist jedoch schwer zu verstehen, wie eine Familie überhaupt ihre Aufgabe erfüllen kann, wenn sie bis zu einem gewissen Grade von den Lehren der christlichen Kirche beeinflußt ist, da die Lehren dieser Institution kompromißlos der Entwicklung von Selbstachtung entgegenstehen.

In einem großen Umfang stellt die westliche Gesellschaft ein Wertemosaik dar, in dem einige ihrer ethischen Normen zum gesunden psychologischen und emotionalen Wachstum beitragen, während andere in die entgegengesetzte Richtung gehen. Für jede Familie lautet die Frage: Welche Werte "erwählen" wir, die geduldet und gepflegt werden sollen, und welche verwerfen wir sofort. Nachdem die Familie "gewählt" hat, stellt sich die Frage, wie diese Familie Haltungen und Verhalten fördert, die sie als lohnend erachtet, und wie sie von denen, die sie verworfen hat, abschreckt.

Der Soziologe Jules Henry kam, nachdem er mit Familien mit gestörten Kindern gearbeitet hatte, zu der Überzeugung, daß viele Familien lediglich die allgemeine Pathologie der Kultur zu tödlichen Dosen destillieren.[3] Für die Zwecke unserer Argumentation: Ob die Familie die christliche Pathologie in tödlichen Dosen destilliert oder ob sie die Giftigkeit der christlichen Botschaften, die von der Gesellschaft kommen, neutralisiert, hängt hauptsächlich davon ab, in welchem Ausmaß die Eltern selber über das Bedürfnis nach den Opiaten der christlichen Lehre hinaus gereift sind und sich selbst erfolgreich gegen ihre schädlichen Nebenwirkungen immunisiert haben.

Die negative christliche Haltung in bezug auf Selbstachtung, oft auch Stolz genannt, hat zumindest einige Wurzeln im alten Judaismus. Der Kodex der jüdischen Gesetze führt an: "Stolz ist ein äußerst schlechtes Laster, und dem Menschen ist es verboten, sich daran zu gewöhnen, noch nicht einmal in der leichtesten Weise, aber er sollte sich selbst angewöhnen, im Geiste ergeben zu sein."[4] Für den wahren Christen ist die Lage jedoch viel schlimmer. Von ihm wird verlangt, an die Lehre der Erbsünde und an Christi Opfertod am Kreuz für andere zu glauben, und von ihm wird erwartet, die Gunst Gottes zu erringen durch alle Arten von verbalem Sich-an-die-Brustschlagen, dem Ausfindigmachen von Fehlern und dem Gestehen von Sünden.

Nach christlicher Lehre muß das Selbst gedemütigt und nicht geachtet werden. Die Briefe von Paulus enthalten viele Warnungen gegen Eigenliebe: "Nicht, daß wir tüchtig sind von uns selber, etwas zu denken als von uns selber; sondern daß wir tüchtig sind, ist von Gott," (2 Kor.3,5). "Nichts tut durch Zank oder eitle Ehre; sondern durch Demut achte einer den andern höher denn sich selbst," (Phil. 2,3). "So ziehet nun an, als die Auserwählten Gottes, Heiligen und Geliebten, herzliches Erbarmen, Freundlichkeit, Demut, Sanftmut, Geduld." (Kol. 3,12). In seinem zweiten Brief an Timotheus setzt Paulus "Liebhaber ihres eigenen Selbst" in äußerst unangenehme Gesellschaft mit "Geizigen, Ruhmredigen, Hoffärtigen, Lästerern, den Eltern Ungehorsamen, Undankbaren, Ungeistlichen" (2 Tim. 3,2).

In Thomas von Kempens *Nachfolge Christi* gibt es mindestens 37 Stellen, die den Christen ausdrücklich davor warnen, von sich selbst gut zu denken. Hier sind ein paar Beispiele. "Es ist von großer Weisheit und Vollkommenheit, uns selbst als ein Nichts zu erachten, und immer von anderen gut und hochachtend zu denken."[5] "Erfreue dich nicht an deinen natürlichen Gaben oder deiner Intelligenz, damit du dadurch nicht Gott mißfällst, dem alles Gute, egal was du von Natur aus hast, gehört."[6] "Aber wenn ich mich demütige, mich selbst zu einem Nichts mache, und von aller Selbstachtung lasse, und mich zu Staub mache, wird deine

Gnade mir günstig sein, und dein Licht nahe in meinem Herzen; und alle Selbstachtung, wie klein sie auch sein mag, soll in dem Tal meines Nichts verschluckt sein und für immer untergehen."[7]

In anderen Passagen nötigt der ehrenwerte Mönch seine Leser, sich eine richtige Orgie des Masochismus zu erlauben: "Sei heftig wütend gegen dich selber, und erleide keinen Stolz in dir zu sein; sondern zeige dich selbst so ergeben, und so ganz klein, daß alle über dich hinweg gehen können, und dich wie den Schlamm auf den Straßen niedertreten. Eitler Mann, was hast du zu klagen?"[8] "Schlage mir auf den Rücken und auch ins Genick, damit meine Perversität deinem Willen unterworfen werden kann."[9]

Diese masochistischen Botschaften sind nicht auf die Seiten staubiger mittelalterlicher dicker Bücher beschränkt; sie werden Woche für Woche in den Gottesdiensten der Hauptbekenntnisse der Christenheit wiederholt. In dem Gebet des Heiligen Thomas von Aquin die reuigen Ausrufe: "Ich komme krank zu dem Arzt des Lebens, unrein zu der Quelle der Barmherzigkeit, blind zum Glanze des ewigen Lichts, und arm und bedürftig zum Herrn des Himmels und der Erde." In einem Gebet vor der Beichte wird der Gläubige aufgefordert einzugestehen: "Lieber Jesus, hilf mir eine gute Beichte zu machen, hilf mir meine Sünden zu erkennen, hilf mir sie zu bereuen, hilf mir, daß ich nicht wieder sündige." In einem anglikanischen Kommunionsgebet finden wir diese Worte: "Wir sind es nicht wert, die Brotkrumen unter dem Tisch aufzulesen."

Sich erniedrigen und auf sich selbst rasend wütend zu sein; sich selbst als "krank", "unrein", "blind", "arm und bedürftig", und "nicht wert, die Brotkrumen einzusammeln" zu bezeichnen, als eine Strategie, um eine ferne Gottheit zur Gunst zu verlocken, sind kaum verträglich mit der Entwicklung einer gesunden Selbstachtung. Diejenigen, die es zulassen, daß derartige Botschaften in irgendeinem Ausmaß in ihr Bewußtsein vordringen, werden wahrscheinlich heftige Konflikte zwischen dem Menschen und dem Gläubigen erfahren. Wie wir in Kapitel I gesehen haben, ist ein derartiger Konflikt eine Streßquelle, und heftiger Streß stellt einen auslösenden Faktor vieler Krankheiten dar. Es ist ein Tribut an die Unverwüstlichkeit der Spezies, daß jeder Mensch dieser Art Indoktrination ausgesetzt sein kann und trotzdem mit jeglichem Grad der Selbstakzeptanz aufwachsen könnte, außer Selbstachtung. Gehirnwäsche dieser Intensität hat eine gewaltige Auswirkung. Das negative Bild von sich selbst, das so geformt wird, liegt vielen Gesundheitsproblemen zugrunde. Außerdem wird diese Tendenz zur Selbstbeschädigung von Generation zu Generation weitergegeben - sogar in Familien, die nicht mehr religiös sind. Es drückt sich in den Kontrollstrategien für das Verhalten aus, das in Familien mit kleinen Kindern benutzt wird; Ausdrücke wie "böser Junge" und "böses Mädchen" sind, wenn sie unter den ersten Worten sind, die Kinder sprechen, häufig den Eltern nachgesprochen. Diese benutzen solche Worte, wenn sie versuchen, unangemessenes Benehmen zu korrigieren. In echt christlicher Tradition liegt der Schwerpunkt eher auf der angeborenen Schlechtigkeit des Kindes als auf unangemessenem Verhalten. Viele Eltern können nicht den Unterschied sehen, wenn sie zu dem Kinde sagen, "du bist ein böser, unartiger Junge, weil du das gemacht hast," und der Aussage, daß eine bestimmte Verhaltensweise nicht annehmbar ist und in der Familie nicht toleriert wird.

Christen wird beigebracht, daß es sündig ist, sich selbst als intrinsisch wertvoll zu betrachten; nur Gott kann dem einzelnen Christen durch "Erlösung" von seinen Sünden Wert verleihen. Dadurch, daß sie sich selbst emotional geißeln und ihre intrinsische Wertlosigkeit und Leere proklamieren, versuchen die Christen, Gott zu einem Gefühl des Mitleids zu manipulieren und sie zu "erlösen". Der Lohn für einen derartigen Selbstekel wird in einem anderen Gebet des Heiligen Thomas von Aquin ausgedrückt: "Und ich bete, daß du mich leitest, einen Sünder, leitest zu dem Mahl, wo du, mit deinem Sohn und dem Heiligen Geist, das wahre und volkommene Licht, die völlige Erfüllung, die immer währende Freude, die Fröhlichkeit ohne Ende, und das vollkommene Glück für deine Heiligen bist." Bei einer so "leckeren Karotte", die vor der Nase des leidenden Christen baumelt, ist es kein Wunder, daß Heilige jede Selbstfolter ertragen konnten. Unglücklicherweise ist diese Art des Verkehrs mit der Gottheit nicht nur auf den Mensch-Gott-Verbund beschränkt: Zu häufig schleicht sich eine solche mit Selbstvorwürfen gespickte Erpressung in zwischenmenschliche Beziehungen ein und trägt viel zum Streß zwischen Ehepartnern bei. Jeder Partner, der mit der negativen christlichen Haltung zur Eigenliebe infiziert ist, geht ein Verhältnis mit dem Selbstekel ein, der ein Zeichen der Originalität eines guten Christen ist, und erwartet, daß der Partner ihn oder sie aus dem gleichen Selbstekel heraus liebt, von dem angenommen wird, daß er Gott besonders gut gefällt. Leute mit einer derartig geringen Selbstachtung reden oft glattzüngig darüber, wie sie andere "lieben", während sie sich selbst hassen, auf eine Art, die zweifelsohne dem guten Thomas von Kempen gefallen würde. In der Psychotherapie wird die Situation oft durch Sätze wie diese enthüllt: "Ich mag mich selbst nicht leiden, aber wenn ich 'X' dazu bringen könnte, mich zu lieben, könnte ich vielleicht dahin kommen, mich selbst zu mögen." Jeder hält Ausschau nach schrankenloser Liebe von anderen, und natürlich wird jeder enttäuscht, denn es ist unmöglich, Liebe von jemand anderem zu erkennen, geschweige denn zu akzeptieren, wenn man sich selbst nicht liebt. Wegen dieses tiefverwurzelten Selbstekels wird jeder Versuch des Partners, echte Liebe zu zeigen, falsch ausgelegt oder auch als nicht angemessen oder unecht abgelehnt.

Man hört heutzutage viele, überwiegend negative Kommentare über die sogenannte "Ich"-Generation, die oft mit dem Abfallen von traditionellen religiösen, im allgemeinen christlichen Werten, gleichgesetzt wird. Diese Kommentare kommen meistens von Leuten, die durch christliche Haltungen bezüglich Selbstakzeptanz und Selbstachtung weich gemacht worden sind. Jedoch sollten wir nicht vergessen, daß ein Christ erwartet, für alle seine oder ihre Selbstverleugnung in diesem Leben mit einem ewigen Leben nach dem Tode belohnt zu werden. Jahrhundertelang hat die christliche Kirche mit ihrer Verlockung vom ewigen Leben mit der unersättlichen, infantilen, narzißtischen Gier der Schafe in ihrer Herde gespielt. Aber was könnte gieriger, egoistischer sein, als daß man mehr erwartet als seinen Anteil an der Existenz? Und könnte irgendetwas unmoralischer sein, als auf diese Weise mit der infantilen Gier der Menschen zu spielen? Paul Pruyser drückte es so aus: "Fromme Erniedrigung ist kein Ergeben in die unveränderbaren Grundzüge der Wirklichkeit, sondern die Launen eines erdachten Vater-Schöpfers, der bezaubert werden muß, während man vorgibt, ihm zu gehorchen."[10]

Aus allem kann man schließen, daß Kinder, die in Familien aufwachsen, die verhältnismäßig wenig durch die christliche Idee des Selbstabscheus verdorben sind, wahrscheinlich mehr Selbstachtung entwickeln werden als Kinder aus "guten" christlichen Elternhäusern. Jedoch ist Selbstachtung mehr als nur die Abwesenheit von Selbsthaß. Für ihre Entwicklung benötigen die Kinder ein Umfeld, in dem sie sich geliebt fühlen, und in dem sie fühlen, daß diejenigen, die sie lieben, ihr Recht auf Entwicklung nach ihrem eigenen angeborenen Fahrplan, mit der Welt fertig zu werden, akzeptieren, einschließlich auf ihre eigene Art und Weise ihrer intrapsychischen und zwischenmenschlichen Welt. Aber es gibt viele Lehren der christlichen Kirche, die diese Prozesse, wie wir in den folgenden Kapiteln sehen werden, beinträchtigen.

Anmerkungen

1. Nathan W. Ackerman. "Preventive Implications of Family Research," in Gerald Caplan, Hrg., *Prevention of Mental Disorder in Children: Initial Explorations* (New Nork: Basic Books, 1961), S. 144.

2. Marie Jahoda. *Current Concepts of Positive Mental Health* (New York: Basic Books, 1958), S. 23.

3. Jules Henry, *Pathways to Madness* (London: Jonathan Cape, 1972), S. 374.

4. Solomon Ganzfried, *Code of Jewish Law*, Übers. Hyman E. Goldin (New York: Hebrew Publishing Company, 1927), Bd. I, Kap. 29, S. 92.

5. Thomas à Kempis, *The Imitation of Christ* (Chicago: Moody Press, 1980), S.27.

6. ebenda, S. 35.

7. ebenda, S. 145.

8. ebenda, S. 157.

9. ebenda, S. 244.

10. Paul Pruyser, *Between Belief and Unbelief (New York: Harper and Row, 1974), S. 76.*

4
Abhängigkeit, gegenseitige Abhängigkeit und Selbstverwirklichung

Es sei denn, daß ihr euch umkehrt und werdet wie die Kinder, so werdet ihr nicht ins Himmelreich kommen.

Matt.18,3

Es ist nicht traurig zu sehen, wie Menschen alt werden: Es ist nur traurig zu sehen, wie Menschen alt werden, ohne erwachsen zu werden.

Verfasser unbekannt

Ein Kind, das bei der Geburt in einer Familie willkommen ist, ist schon auf dem Weg zur Gesundheit. Die meisten Beweise für diese Aussage sind empirisch ermittelt und stammen aus der Erfahrung von Therapeuten aus den Gesundheitsdiensten, die mit Familien arbeiten; jedoch haben fundierte Studien in einigen Bereichen gezeigt, daß Kinder, die von Frauen geboren wurden, denen die Abtreibung verweigert wurde, sich nicht so gut entwickeln wie Kinder von Müttern, die die Schwangerschaft nicht abbrechen wollten.[1]

Ob der Säugling freudig begrüßt wird oder nicht, er ist auf alle Fälle bei seinem Erscheinen auf dieser Welt mit einem begrenzten aber effektiven Repertoire an Techniken ausgestattet, um seine Bedürfnisse bekannt zu machen. Sein Schrei ist sein Hauptmittel der Kommunikation. Eine der ersten Aufgaben von neuen Eltern ist es, diese "Sprache" zu lernen, zu wissen, wann der Säugling hungrig oder müde ist, wann er sich wegen nasser Windeln nicht wohlfühlt, oder wann der Schrei eine Bitte um menschlichen Körperkontakt ist. Am Anfang hat der Säugling keine Wahrnehmung von "Mutter" oder "Vater"; eher davon abhängig, wie sein Schrei ausgelegt wird, und wie seine Bedürfnisse befriedigt werden, entwickelt er einen Eindruck von der Welt und schließlich von den Menschen in ihr. Die Interaktionsmuster, die zwischen Eltern und Kleinkind bezüglich der Bedürfnisbefriedigung des letzteren etabliert werden, sind für die Entwicklung des Kindes zu grundlegenden Lebenshaltungen entscheidend. Der Soziologe Jules Henry beschreibt das so:

Um zu erklären, wie empathisch das Baby die Welt wahrnimmt, ist es wahrscheinlich besser, "Eintauchen" als "Lehren" zu benutzen, denn die Vorstellung des mit der Welt in Verbindungtretens durch einen anderen Menschen wird nicht völlig durch die Ausdrücke "lernen" und "lehren" wiedergegeben. Wenn einer auf diese Art eingetaucht ist - so als wenn einem die Sonne, das Wasser und die Zeit durch den Körper eines anderen Menschen gefiltert worden wären - wird es schwierig, seine Empfindungen zu verändern, denn Veränderung wäre eine Art Tod - eine Loslösung von einer Person, durch welche man die Welt in sich aufgenommen hat.[2]

Erik Erikson bezieht sich auf diese Haltung innerhalb des Grades von Grundvertrauen und Mißtrauen. Er sagt hierüber: "Der allgemeine Zustand des Vertrauens beinhaltet darüber hinaus nicht nur, daß einer es gelernt hat, sich auf die Gleichartigkeit und Kontinuität der äußeren Versorger zu verlassen, sondern auch, daß einer sich auf sich selbst verlassen kann, und auf das Vermögen der eigenen Organe, mit dem Trieb umzugehen; daß einer sich selber als vertrauenswürdig genug ansehen kann, daß die Versorger nicht auf der Hut sein oder einen verlassen müssen."[3]

Damit das Kleinkind aus diesem Stadium mit einem verhältnismäßig hohen Grad an Grundvertrauen hervorgehen kann, müssen die Eltern nicht nur lernen, sein Schreien richtig auszulegen und darauf angemessen zu reagieren, sondern dieses auch ohne unnötige Besorgnis über das eigentliche Schreien selber. Zu große Besorgnis der Eltern kann zu dem Versuch führen, die Bedürfnisse des Kleinkindes vorherzusehen, um sein Schreien zu verhindern oder so wenig wie möglich aufkommen zu lassen; für das Kleinkind ist es wichtig zu schreien, um zu einem Verständnis des Zusammenhangs zwischen seinem Schreien und den gefühlten Bedürfnissen zu kommen, und zu seinem Schreien und der Reaktion seines Umfeldes darauf. Wenn seine Bedürfnisse vorausgesehen und befriedigt werden, bevor das Kleinkind sie ausdrücken kann, kann seine Fähigkeit, sich späteren Entwicklungsstadien anzupassen, schwer beeinträchtigt werden.

Umgekehrt, wenn eine Reaktion auf das Schreien des Kleinkindes bis zu seiner Erschöpfung hinausgeschoben wird, bevor es gefüttert, gewindelt oder gehätschelt wird, wird es in der Überzeugung aufwachsen, daß die Befriedigung von Bedürfnissen immer etwas mit Schmerzen zu tun hat. Noch schlechter ist die Situation, wo die elterliche Reaktion auf das Schreien des Kleinkindes zufällig und chaotisch ist, manchmal vorausschauend, manchmal darüber hinweggehend und zu anderen Zeiten das Schreien fehldeutend. Bei einer solchen Elternschaft wird das Kleinkind mit einem tiefen Mißtrauen der Welt gegenüber aufwachsen, einer Haltung, die unvermeidlich den Rest seiner Entwicklung prägen wird.

Wie Eltern mit den biologischen Bedürfnissen des Kleinkindes umgehen, ist sicherlich wichtig; gleichermaßen wichtig ist die Art, in der die Eltern mit seinen emotionalen Bedürfnissen umgehen. Kleinkinder brauchen Blickkontakt genauso wie stimmliche und verbale Stimulation durch fürsorgende Erwachsene; und sie brauchen viel Geknuddel, einschließlich viel Hautkontakt. Hierüber hat Ashley Montague gesagt:

Das Bedürfnis eines Kleinkindes nach Körperkontakt ist zwingend. Wenn dieses Bedürfnis nicht angemessen befriedigt wird, wird es leiden. Weil die Folgen einer mangelhaften Befriedigung von Grundbedürfnissen wie Hunger, Durst, Ruhe, Schlaf, Urinieren und Stuhlgang sowie die Verhütung gefährlicher und schmerzlicher Stimuli ziemlich offensichtlich sind, sind wir uns der Wichtigkeit, sie zu befriedigen, bewußt. Im Falle von körperlichen Kontaktbedürfnissen sind die Folgen, wenn sie nicht befriedigt werden, weit davon entfernt offensichtlich zu sein, und so sind diese Bedürfnisse meistens übersehen worden.[4]

Dies ist vom Gesichtspunkt der Entwicklung einer gesunden Sexualität aus wichtig, wie wir in Kapitel 6 sehen werden.

Während dieses frühen Stadiums eines primären Narzißmus ist das Kleinkind ausschließlich mit seinen eigenen Bedürfnissen beschäftigt. Von diesen frühen Erfahrungen mit Mutter und Vater lernt es jedoch zwischen sich selbst und anderen, die auf ihn reagieren, zu unterscheiden. Die möglichen Ergebnisse dieser Interaktionen sind eine Schablone, auf die alle nachfolgenden Lebenserfahrungen aufbauen. Wenn seine Bedürfnisse mehr oder weniger einfühlsam gestillt werden, hat es ein Gefühl der Omnipotenz, umgekehrt, wenn seine Bedürfnisse auf eine rein zufällige Art gestillt werden, entwickelt es ein Gefühl des Unvermögens oder der Hoffnungslosigkeit.

Während die Wurzeln seiner Selbstachtung in diesen frühen Erfahrungen zu finden sind, setzt die gesunde Entwicklung des Kleinkindes voraus, daß diese narzißtische Omnipotenz durch eine Metamorphose in einen Sinn realistischen Weltvertrauens und einen gesunden Sinn für die Fähigkeit übergeht, in dieser Welt zu wirken. Dieser Übergang kann durch die Eltern auf zweierlei Weise entweder gefördert oder behindert werden: durch die Art, wie sie mit der Behinderung kindlicher Bedürfnisse umgehen, und die Art, wie sie auf seinen Versuch sich selbst zu verwirklichen, ein Gefühl des Könnens zu entwickeln, umgehen, und sich auf die auftretenden Entwicklungsphasen einstellen.

Einige gesellschaftliche Kreise vertreten bedauerlicherweise noch die Ansicht, daß Kinder erwachsen werden, weil sie durch die Anforderungen der realen Welt dazu gezwungen werden; und daß es die Verantwortung der Eltern ist, die kindlichen Forderungen zu enttäuschen, wenn sie, die Eltern, meinen, daß es "Zeit" wird. Eine damit im Widerstreit liegende Ansicht besagt, daß Kinder erwachsen werden, weil sie das gern möchten, daß man keine Kleinkinder dazu nötigen sollte, nicht mehr die Brust oder die Flasche zu nehmen oder zu festen Zeiten zur Toilette zu gehen, und sie es lieber tun zu lassen, wann und wie sie es gern möchten. Die erste Hypothese geht davon aus, daß wir alle zögerlich und unvollständig erwachsen werden, mit einem tiefen inneren Bedürfnis nach Sicherheit, das mit dem Stadium des primären Narzißmus des Kleinkindes an der Brust zusammenfällt. Die eigentliche Existenz der Religion wird manchmal psychologisch auf der Grundlage dieses infantilen Restes angenommen; das Gegenteil könnte jedoch zutreffender sein, nämlich, daß Religionen aktiv die Verewigung des primären Narzißmus im Menschen pflegen.

Wie bei den meisten extremen Positionen liegt die Wahrheit wahrscheinlich dazwischen. Es ist sicherlich richtig, daß die Liebe, die Eltern gezeigt haben, in ihren vielfältigen Handlungen der Versorgung und des liebevollen Spiels, zusammen mit der Empfindsamkeit und Angemessenheit, mit der sie die infantilen Wünsche und Forderungen der Kinder vereitelt haben, eine Hauptrolle dabei spielen, wie Kinder sich selber während ihres ganzen Lebens fühlen. Aber die sich entwickelnden Kinder sind weit davon entfernt, nur Modelliermasse in den Händen ihrer Eltern zu sein.

Die meisten modernen Forscher der Kinderentwicklung glauben, daß Kinder überwiegend deshalb erwachsen werden, weil sie aus innerem Antrieb ihre Innen- und Außenwelt beherrschen wollen. Diese Ansicht behauptet, daß es im individuellen Kind einen immer vorhandenen Druck zur Selbstverwirklichung gibt, sein Anpassungspotential größtmöglich umzusetzen. Von einem sehr frühen Alter an kämpft das Kind darum, das unbelebte und zwischenmenschliche Umfeld zu beherrschen, und zeigt großes, offensichtliches Vergnügen, wenn es erfolgreich ist. Diese Beherrschung ist etwas anderes als Kontrolle. Kontrolle ist der alten infantilen Omnipotenz des narzißtischen Stadiums verwandt, während Beherrschung eine Fähigkeit impliziert, sowohl mit Erfolgen als auch mit Enttäuschungen in einer angemessenen Art umzugehen. Je mehr Erfolge das Kind hat, sein Umfeld zu beherrschen, desto mehr erfährt es ein Gefühl des Könnens,[5] ein subjektiver Zustand, der seine Selbstachtung verstärkt. In der Zeit, in der das Kind zum Jugendlichen heranwächst, wird das zwischenmenschliche Umfeld genauso wichtig wie das gegenständliche Umfeld. Wie das Kind zu einem Jungen "Hallo" sagt oder mit seinen Kameraden im Basketballteam zusammenarbeitet, erlangt die Wichtigkeit, die früher die ausschließliche Beschäftigung des Erlernens des Fahrradfahrens einnahm. Daher wird zwischenmenschliche Kompetenz zu einer Hauptquelle der Erwachsenen-Selbstachtung.

Eltern können keinen dieser aktiven Schritte, die das Kind tut, initiieren, aber sie können diesen Prozeß durch Unkenntnis oder Unempfindlichkeit oder durch beides auf alle möglichen verschiedenen Arten verzögern. Betrachten Sie folgendes Szenario: Ein älteres Kleinkind, das von seiner Mutter mit einem Löffel gefüttert wird, greift nach dem Löffel und versucht allein zu essen. Eine Mutter kann dies als wichtigen Schritt erkennen und gewillt sein, das Gekleckere, die Verzögerung und die Unbequemlichkeit, die entstehen, wenn sie den Wunsch des Kindes erfüllt, zu tolerieren. Eine andere Mutter könnte sich widersetzen und darauf bestehen, daß sie das Kind selber füttert, damit es schneller geht und es sauberer bleibt. In solchen Fällen könnte der Kampf um die Herrschaft vereitelt sein, und die gefühlsmäßigen Reaktionen des Kindes werden von der Mutter falsch aufgefaßt, indem sie denkt, daß es ein undankbares kleines Kind ist. Der Keim für Konflikte ist gelegt.

In einem zweiten Szenario ist ein sechsjähriger Junge emsig damit beschäftigt, ein neues Spielzeugauto, das ihm sein Vater geschenkt hat, zusammenzubauen, er zeigt dabei aber einigen Unmut. Die Mutter des Jungen legt das aber als Bitte um Unterstützung aus und baut ihm das Auto zusammen, ohne zu fragen, ob er ihre Hilfe haben möchte oder nicht. Dieser Eingriff ruft eine heftige Gemütsaufwallung beim Kind hervor, das sofort den Versuch aufgibt, mit der Herausforderung, die das Auto darstellt, fertigzuwerden. Die Mutter ist verwirrt. Wir können über ihre

Beweggründe nur spekulieren. Ihre Neigung überbesorgt zu sein, macht es ihr schwer, irgendeinen Mißerfolg ihres Kindes zu ertragen; sie neigt zu ihres Sohnes Kummer in dieser Sitution dazu, so zu reagieren, wie sie auf sein Geschrei nach Fürsorge als Kleinkind reagierte.

Elterliche Einmischung bei der Selbstverwirklichung eines Kindes kann von der entgegengesetzten Sorge kommen, nämlich der Angst, daß keine Initiative in den Bereichen gezeigt wird, wo und wann die Eltern sie erwarten. Jedes Individuum reift körperlich gemäß seines oder ihres inneren Zeitplanes. Im Bereich der Selbstverwirklichung entwickelt sich jeder einzelne schrittweise auf eine ähnliche Art, und Eltern können diese Entwicklung, durch ein Aufdrängen ihrer Ideen davon, wie der Zeitplan aussehen sollte, schwierig gestalten. Ein junges Mädchen von 15 ist vielleicht noch nicht reif für Verabredungen mit Jungen, obwohl ihre Mutter, die das schon mit 14 tat, denkt, daß ihre Tochter sich schon in diesem Stadium befindet. Auf die unterschiedlichsten Weisen könnte sie nun ihrer Tochter ihre Besorgnis mitteilen, die daraufhin allmählich das Gefühl entwickelt, daß mit ihr irgendetwas nicht stimmt; ihr Selbstwertgefühl wird in Mitleidenschaft gezogen und macht es ihr schwer, diese Phase ihres Lebens gemäß ihres inneren Zeitplanes erst mit 16 zu beginnen.

Die Aufgabe, Eltern zu sein, ist auf vielerlei Weise wie ein Balanceakt im Zirkus. Einerseits sollten die Eltern gefühlsmäßig ihr Bestes geben, um die Bedürfnisse nach Pflege beim heranwachsenden Kind zu befriedigen. Andererseits sollten sie es nicht in seinem Prozeß der Individuation (Herausbildung der Individualität) und Selbstverwirklichung entmutigen, durch den das Kind sich seiner grundlegenden Selbständigkeit gegenüber den Eltern bewußt wird, mit seinen eigenen einmaligen Gefühlen, seinem Streben und seiner Identität. Wo Familien in diesem Balanceakt erfolgreich sind, treten Individuen in das Erwachsenenleben, die das haben, was Helm Stierlin einen hohen Grad an "in Beziehung gesetzte Individuation" nannte. Dieser Ausdruck bezieht sich auf die Fähigkeit, offene Beziehungen eingehen zu können und mit anderen angemessen zu kommunizieren, während die Person selber ein starkes Gefühl des Selbst und einen hohen Grad an Selbstachtung erfährt. Wo Eltern bei diesem Balanceakt versagen, finden wir eine Über-Individuation oder Unter-Individuation. Stierlin und Schüler beschreiben diese zwei Stadien:

Über-Individuation errichtet zu starre und undurchdringliche Grenzen: Unabhängigkeit verwandelt sich in Isolation und Getrenntsein in kalte Einsamkeit; die Kommunikation mit anderen versiegt.

Unter-Individuation bedeutet jedoch, daß die Grenzen nicht effektiv sind - zu schwach, porös, durchlässig und brüchig. Herabgesetzte Individuation könnte zu Verwirrung und Aufnahme in andere, stärkere Organismen führen.[6]

Viele Leute in unserer Gesellschaft scheinen an den Mythos zu glauben, daß Individuation und Selbstverwirklichung ein Stadium beinhalten, in dem man stoisch der Notwendigkeit nach engem Kontakt und der Unterstützung durch andere abschwört. Tatsächlich ist die Wahrheit genau das Gegenteil. Stierlin und Schüler sagen: "Fortschritt bei der Individuation erfordert deshalb immer neue Grade der Kommunikation und der Versöhnung"; für sie drückt der Ausdruck "in Beziehung gesetzte Individuation" ein "allgemeines Prinzip aus, daß ein höherer Grad der Individuation einen höheren Grad der Verwandschaft sowohl erfordert als auch erlaubt".[7]

Christliche Doktrin
und die ihr verwandte Individuation

Von Jesus wird gesagt, daß er predigte: "Wer nun sich selbst erniedrigt wie dieses Kind, der ist der Größte im Himmelreich." (Matt. 18,4) Was Jesus auch immer damit gemeint haben mag, seine Anhänger haben es wörtlich genommen, und als die Zeit kam, um eine irdische Institution zu gründen, haben sie eine Anzahl von Lehren entwickelt, die die infantile Abhängigkeit ihrer Anhänger förderten, genauso, wie sie die Interdependenz der Erwachsenen und reife Selbstsicherheit hemmte. Um zu sehen, wie christliche Doktrin erwachsenenbezogene Individuation hemmt, müssen wir die christliche Antwort auf drei Aspekte des menschlichen Verhaltens untersuchen: Angst, Ambivalenz und menschliche Kommunikation.

Christentum und Angst

Angst kann man als ein schmerzliches Gefühl der Besorgnis, der Furcht oder des Schreckens definieren, immer, wenn die persönliche Integrität bedroht ist und das Individuum sich nicht in der Lage fühlt, mit der Bedrohung umzugehen. Die Bedrohung kann aus dem Inneren kommen, wie zum Beispiel bei erwarteter Bestrafung oder bei Verlust der Zustimmung eines geliebten Menschen, als Antwort auf Gedanken, Gefühle oder Verhalten, die als unannehmbar angesehen werden; die Bedrohung kann von außen kommen, wie die Angst vor realistischen Gefahren oder die existentielle Bedrohung im Zusammenhang mit endgültiger Sterblichkeit. Sie ist bei jeder Person und auch zu verschiedenen Zeiten bei einer einzelnen Person unterschiedlich. Wenn sie sehr intensiv auftritt, als Angstanfall, kann Angst durch physiologische Symptome wie erhöhte Herzfrequenz, schnelle Atmung und andere Zeichen erhöhter Tätigkeit des Sympathikusnervs begleitet sein.

Erik Erikson macht eine wichtige Anmerkung über Angst: "Vieles, was wir der neurotischen Angst zuschreiben, und vieles, was wir der existentiellen Furcht zuschreiben, ist in Wirklichkeit nur eine besondere Form der Angst des Menschen: denn, wie ein Tier mit spezialisierten Sinnen die nähere und weitere Umgebung absucht, um zu überleben, muß der Mensch seine innere und äußere Umwelt nach Hinweisen für erlaubte Tätigkeiten und nach Hoffnung auf Identität kritisch prüfen."[8]

Während neurotische Angst und Existenzangst vergleichbar sein mögen, gibt es dessen ungeachtet viele Unterschiede, die man erkennen muß. Existenzangst, die Angst vor dem Unbekannten, oft hervorgerufen durch die Erfassung der wesentlichen Mysterien des Universums, ist ein Gefühl, das als Anregung zur Festigung der Bindung zwischen den Menschen benutzt werden könnte. Dies ist in unserer christlichen Gesellschaft nicht der Fall, die dazu neigt, das Unbekannte zu anthropomorphisieren, und die ängstliche menschliche Wesen dazu ermuntert, vor ihr auf den Knieen zu rutschen.

Sogenannte neurotische Angst wird häufig in menschlichen Beziehungen erzeugt, und je schwieriger die menschlichen Beziehungen sind, um so schwieriger ist es, Beziehungen zwischen Menschen überhaupt aufzubauen, Beziehungen, die sie in die Lage versetzen würden, auf eine dem Menschen angemessene Art mit den wesentlichen Mysterien des Lebens zu leben. Freud hat es so ausgedrückt:

Wir werden durch Leiden aus drei Richtungen bedroht: von unserem Körper, der zu Verfall und Auflösung verurteilt ist, und der noch nicht einmal ohne Schmerzen und Angst als Warnsignale auskommen kann; von der Außenwelt, die gegen uns mit überwältigenden und gnadenlosen Kräften der Zerstörung anrasen kann; und zum Schluß noch durch unser Verhältnis zu anderen Menschen. Das Leiden aus dieser letzten Quelle ist vielleicht schmerzvoller für uns als alles andere.[9]

Um es zu wiederholen, Individuen werden ängstlich, wenn sie das Gefühl haben, mit einer besonderen Situation nicht fertigzuwerden. Wie jemand auf so eine Situation reagiert, hängt von einer Reihe von Faktoren ab; die häufigsten sind die Art der Bedrohung und die Heftigkeit der Reaktion darauf. Noch wichtiger ist das Schema, nach dem das Individuum auf Herausforderungen zur Anpassung reagiert. Wenn jemand in der Vergangenheit ermuntert wurde, sich vor solchen Herausforderungen zurückzuziehen anstatt menschliche Hilfe zu suchen, um damit fertig zu werden, ist es wahrscheinlich, daß er oder sie sich zurückentwickelt und in selbstbestrafende Zurückgezogenheit begibt oder wirklich körperliche Symptome und Krankheitsverhalten zeigt.

Da Angst ein Zeichen dafür ist, daß die Anpassungsfähigkeit des Individuums herausgefordert wird, kann sie als Stimulus zur Bewältigung dienen und in erhöhtem Selbstwertgefühl resultieren, oder im umgekehrten Falle ein Schlag sein, der Versagen und Verlust der Selbstachtung zur Folge hat. Das letztere wird wahrscheinlich eher passieren, wenn die Angst groß ist, und wenn menschliche Unterstützung fehlt oder unwirksam ist. Unter diesen Umständen zieht sich das Individuum von menschlichen Kontakten in sich selbst zurück und nimmt Regreß auf infantilere Strategien des Umgangs in angstauslösenden Situationen. Je regressiver und isolierter das Individuum wird, je beschädigter seine Selbstachtung, um so wahrscheinlicher geht es den religiösen Rattenfängern, ganz gleich welcher Provenienz, auf den Leim. Wenn das passiert, kommt der einzelne in eine Lage, in der er sich momentan besser fühlt, die es ihm jedoch langfristig unmöglich macht, weitere Fähigkeiten zur Problembewältigung nach Art der Erwachsenen zu entwickeln.

Nach christlicher Lehre und Liturgie werden Herausforderungen zur Anpassung, die mit Angst zu tun haben, nicht dadurch gelöst, daß man sich menschliche Hilfe aus seiner Umwelt holt, um ein größeres Geschick in der Bewältigung zu erlangen. Solche Gefühle sollten unterdrückt werden. Ein christlicher Psychologe, John A. Hammes, sagt es unverblümt: "Es sollten nicht nur unnötige Ängste vermieden werden. Man sollte anderen ungesunden emotionellen Antworten widerstehen. Dies bedeutet Vermeidung von Haß, Zorn, Eifersucht, Neid, Bitterkeit und Depression --- für den Christen zeigt Nachsicht mit derartigen Stimmungen einen Mangel an Vertrauen in die göttliche Vorsehung."[10]

Wenn eine derartige Verneinung unmöglich ist, wird der ängstliche Christ ermutigt, sich in einen abhängigen, symbiotischen Zustand mit dem großen anthropomorphisierten Unbekannten und

Unerfahrbaren zurückzuziehen. Ein Gebet im anglikanischen Gebetbuch mit dem Titel "For those in Anxiety" (für die Ängstlichen) lehrt speziell diese Botschaft: "Allmächtiger Gott, der du betrübt bist durch die Kümmernis deines Volkes; betrachte mit sanfter Liebe die, die in Ängsten und Trübsal; ertrage ihren Kummer und Sorgen; stille ihre vielfältigen Bedürfnisse; und hilf ihnen und uns, unser ganzes Vertrauen und unsere Zuversicht in dich zu setzen; durch Jesus Christ unseren Herrn. Amen." Merken Sie, daß das Gebet Gott nicht bittet, den Ängstlichen und Betrübten zu helfen, ihr menschliches soziales Umfeld zum Höchstmöglichen zu verbessern, damit sie ihre eigenen Lasten ertragen könnten, und dadurch lernen und wachsen könnten? Es sagt nichts darüber aus, Gott zu bitten, die Ängstlichen und Betrübten bezüglich der Quellen ihrer Leiden zu erleuchten, und ihre Fähigkeiten zur Problemlösung durch Anpacken der Schwierigkeiten zu stärken. Es sagt nichts darüber, Gott zu bitten, den Ängstlichen und Betrübten zu helfen, mehr Selbstvertrauen zu entwickeln, stattdessen fordert es den Bittsteller auf, sich nicht zu bemühen, lieber "unser ganzes Vertrauen und unsere Zuversicht" auf Gott zu setzen.

In Phil. 2,13 finden wir die doktrinäre Unterstützung für diesen liturgischen Ansatz: "Denn Gott ist's, der in euch wirkt beides, das Wollen und das Vollbringen, nach seinem Wohlgefallen." Im Vaterunser sagt der Bittsteller "Dein Wille geschehe". Mit dieser doktrinären Aussage befördert die christliche Kirche ausdrücklich die Unter-Individuation, indem sie predigt, daß es für die Menschen falsch ist, ihren eigenen natürlichen Antrieb zur Selbstbeherrschung und Selbstverwirklichung zu nutzen. In Zeiten der Belastung wird vom Christen erwartet, sich mit dem stärkeren Organismus Gott zu vereinen und darin aufzugehen. Durch Förderung dieser Haltung verhält sich die Kirche wie die angsterfüllte Mutter, die ihrem Sohn die Gelegenheit raubte zu lernen, indem sie alles selber machte, als er wegen seines Spielzeugautos frustriert war.

Eine der schwierigsten Anpassungsaufgaben, vor denen wir

Menschen stehen, ist die Konfrontation mit unserer eigenen Sterblichkeit und mit der Tatsache, daß das Leben kurz und oft schmerzvoll ist, häufig beängstigend, und für viele Menschen offensichtlich unfair. Es ist schwierig für Menschen, mit diesen existentiellen Tatsachen fertigzuwerden, ohne von Zorn aufgefressen oder von Hoffnungslosigkeit überwältigt zu werden. Es ist jedoch nicht schwer zu verstehen, wie erfolgreich die christliche Kirche bei der Manipulation der menschlichen, infantilen Gier mit dem Versprechen des Lebens nach dem Tode gewesen ist - indem sie lehrt, daß Leiden einfach Gottes Prüfung für den Gläubigen ist, um zu Gott in die Ewigkeit einzugehen. Nichts zeigt die vollendeten politischen Fähigkeiten der Kirchenväter besser als die von ihnen entwickelten Mythen, die ihren Anhängern "helfen" sollen, existentielle Probleme zu bewältigen. Es kann nicht verwundern, daß sich so viele Menschen weiterhin an diese Mythen klammern, da ja humanistisch orientierte Optionen zur gegenseitigen Unterstützung völlig fehlen.

Die Idee, daß man mehr als seinen Anteil an der Existenz haben kann, ist eine unwiderstehliche Versuchung. In den frühen Jahrhunderten des Bestehens der Kirche mobilisierten die Christen die Hoffnungslosigkeit und Unzufriedenheit der Armen und der gesellschaftlich entrechteten Menschen im ganzen Römischen Reich mit Versprechungen von viel mehr als dem Brot-und-Spiele-Zirkus, der von den Reichen angeboten wurde; sie versprachen das ewige Leben. Indem sie die Massen davon überzeugten, daß dieser Preis ihnen gehören würde, wenn sie das Christentum annähmen, stellten die Kirchenväter den Erfolg der neuen Religion sicher.

In unserer eigenen Zeit sind es nicht nur die Armen, die Einfachen und die Ungebildeten, deren infantiler Glaube durch die Lehre des Lebens nach dem Tode wachgerufen und angeregt wird. Ein Medizinkollege und Freund, ein scheinbar glücklicher Familienvater, erzählte mir einmal während eines Besuches bei ihm, daß er sofort Suizid begehen würde, wenn er davon überzeugt wäre, daß es kein Leben nach dem Tode gäbe. Es schüttelte mich daran zu denken, was für eine Wirkung diese Aussage auf seine Kinder gehabt haben muß, die um ihn herum saßen; man kann nur Mutmaßungen darüber anstellen, was das seinen Kindern vermittelte über ihre eigene Bedeutung und ihren Wert für den Vater.

Vor ein paar Jahren hörte ich in einem Vortrag über Bio-Ethik, daß der Vortragende erklärte, daß der Tod wenig Bedeutung hätte, außer wenn wir glaubten, daß wir Gottes Geschöpfe seien, die eines Tages völlige Glückseligkeit erlangen würden.[10]

Infantile narzißtische Gier ist wohlauf und lebendig und gedeiht in der akademischen medizinischen Welt. Wenige Menschen haben erkannt, daß, während die Kirche Unmäßigkeit zu einer der sieben Todsünden erklärte, sie bei ihren Anhängern Unmäßigkeit mit Versprechen von goldenen Straßen und himmlischen Gefilden heranzieht.

Das Christentum gibt vor, von existentieller Bedrohung zu befreien, mit seiner Behauptung von einem gütigen, liebenden Vater, der den Tod für die Menschen durch die Opferung seines einzigen Sohnes am Kreuz gebannt hat, und der uns ein ewiges Leben garantiert, wenn wir nur das Produkt kaufen, das die Kirche verkauft. Unglücklicherweise neigen viele Elemente dieses Produktes dazu, die Schwierigkeiten, die Menschen beim Verkehr untereinander haben, zu verstärken. Wenn Jesus die wahre Quelle unserer Stärke ist, wie können wir dann überhaupt zwischenmenschliche Beziehungen entwickeln, die eher tragend sind als eine Quelle des Leidens zu sein, die in Freuds Worten "vielleicht für uns schmerzlicher als irgend eine andere" ist?

Christentum und Ambivalenz

Vieles von dem Schmerz in zwischenmenschlichen Beziehungen wird verursacht durch das Vorhandensein von Ambivalenz oder, genauer gesagt, der Art, wie Menschen sozialisiert sind, um mit dem umzugehen, was in einem kürzlich veröffentlichten psychiatrischen Lehrbuch als "das Vorhandensein von starken und oft überwältigenden, gleichzeitigen gegensätzlichen Haltungen, Vorstellungen, Gefühlen und Antrieben auf ein Objekt, eine Person oder ein Ziel zu ist."[11] Während die Fähigkeit eines Kindes, mit derartigen gemischten Gefühlen umzugehen, ziemlich begrenzt ist, ist eine der Hauptcharakteristiken eines gesunden Erwachsenen die Fähigkeit, diese Ambivalenz als einen Teil aller menschlichen Beziehungen zu akzeptieren, und die mit Ambivalenz verbundene Unmenschlichkeit zu dulden, ohne auf unadäquates, unangemessenes Verhalten zurückzugreifen.

Während seines frühen omnipotenten, narzißtischen Entwicklungsstadiums wird das Kind als im vorambivalenten Stadium angesehen, mit wenig Wahrnehmung bezüglich einer Unterscheidung zwischen sich selbst und der Außenwelt, und ohne die Erkenntnis schmerzlicher Gefühle, wenn seine Bedürfnisse auf eine angemessene empfindsame Art gestillt werden. So wie sich die Individuation entwickelt, fängt der omnipotente Narzißmus hoffentlich an, für ein Gefühl der Kompetenz beim Umgang mit der Außenwelt Platz zu machen. Das Kind nimmt nicht nur seine Mitmenschen als von ihm verschiedene Individuen wahr; es beginnt auch, die Tatsache zu mögen, daß es angenehme wie auch unangenehme Gefühle, verbunden mit seinen Kontakten zu anderen, zu unterschiedlichen Zeiten hat, abhängig von der Art der Interaktion mit ihnen. Das Kind hat auch Mühe, in sich selbst zu erkennen, daß es seiner Mutter gegenüber, der es eigentlich warme Gefühle und Liebe entgegenbringt, ein Gefühl ohnmächtigen Zorns hat, wenn sie es behindert. Erik Erikson hat postuliert, daß dieser Bewegung vom vorambivalenten narzißtischen Stadium zur wirklichen Welt der menschlichen Interaktion, wie allmählich sie auch sein mag, einen kosmischen Beigeschmack hat. Erikson bezeichnet dies als einen "psychischen Abfall von der Gnade"[12], was einem die faszinierende Hypothese bezüglich des hebräischen Schöpfungsmythos eingibt. Der Garten Eden mag sowohl eine kosmische Projektion des vorambivalenten Narzißmus darstellen; die Vertreibung aus dem Garten würde dann dem Auszug aus diesem seligen Stadium in die Welt, in der alle mit der Ambivalenz, egal wie wenig erfolgreich, ringen müssen, gleichkommen. Je mehr das Kleinkind erkennt, daß die Mutter, die es behindert, und die Mutter, die seine Wünsche erfüllt, ein und dieselbe Person sind, um so akuter wird die anpassungsmäßige Herausforderung, mit diesen ambivalenten Gefühlen umzugehen. Eine andere potentielle Quelle der Behinderung rührt von dem sich herausbildenden Bedürfnis des Kindes her, Überlegenheit zu entwickeln. Obgleich es darum ringt, durch eigenes Bemühen ein Gefühl der Kompetenz zu entwickeln, läuft dieses Ringen dem Stadium der narzißtischen Seligkeit entgegen, an das es sich noch erinnert. Eine Gruppe von Psychoanalytikern drückte es so aus: "Niemand gibt jedoch zumindest unbewußt sein Sehnen auf, das fabelhafte Vertrauen zu genießen, das auf die Omnipotenz der Mutter übertragen wurde."[13] Je weniger die groben Versuche des Kindes, Überlegenheit zu entwickeln, von den das Kind umsorgenden Erwachsenen unterstützt werden - oder, noch schlechter, behindert werden - , desto mehr Zorn entwickelt es, desto mehr Regression wird unterstützt, und um so schwieriger wird die Auflösung der Ambivalenz.

Ein Hauptfaktor der Erfolgsbestimmung eines Kindes bei der Auflösung von Ambivalenz bezieht sich darauf, wie fürsorgliche Erwachsene auf seine Bemühungen mit negativen Notfallaffekten reagieren. Wenn die Eltern angesichts des vom Kind gezeigten Zorns zu Strafen greifen, mit Liebesentzug drohen, ihm Schuldgefühle einreden oder sogar körperliche Strafen einsetzen, könnten sie ernsthaft sein emotionales Wachstum behindern. Wenn sie dem Verhalten des Kindes angemessene Schranken auferlegen, wenn es unter dem Einfluß seiner negativen Gefühle steht (wie einem Gemütskoller), aber davon absehen ihm mitzuteilen, daß es schlecht ist, derartige Gefühle zu haben, erhöhen sie die Chancen, daß es verhältnismäßig gesunde Techniken zum Umgang mit Zorn und Ambivalenz entwickeln wird.

Die erfolgreiche Auflösung ambivalenter Gefühle gegenüber

geliebten Mitmenschen ist ein wesentlicher Faktor in der Entwicklung der Erwachsenenselbstachtung; das Versäumnis, dies zu tun, ist für alle Arten psychiatrischer Erkrankungen charakteristisch. Im allgemeinen nimmt diese nichterfolgte Auflösung bei den Patienten, sich selbst oder anderen gegenüber, die Form bewußt offen eingestandener, ungetrübter "Liebe" zu, sagen wir, einem Elternteil an, sogar während eines auf Abstand bedachten, passiv-aggressiven oder selbststrafenden Verhaltens. Ich habe niemals aufgehört, mich über die Anzahl junger erwachsener Patienten zu wundern, die behaupten, ihre Eltern sehr zu lieben, sie aber trotzdem niemals besuchen, sogar wenn sie nur ein paar Häuserblocks von ihnen entfernt wohnen. Suizidpatienten, die nichts als Liebe für ihre Eltern bekunden, sind immer schockiert, wenn ihnen gesagt wird, daß wenn sie nicht auch auf ihre Eltern wütend wären, sie wohl kaum versucht hätten, eines der Kinder ihrer Eltern zu töten. In anderen Fällen verkehren sich die ambivalenten Gefühle völlig ins Negative: Der Elternteil ist ganz schlecht und hat absolut keine versöhnlichen Eigenschaften.

Bei der Untersuchung, wie die christliche Lehre die Haltung der Menschen bezüglich der Ambivalenz formt, ist es gut, sich daran zu erinnern, daß das Christentum viele Wurzeln im jüdischen Gesetz hat, in das die Systematisierung der menschlichen Gefühle eingebettet war. "Zorn ist", nach diesem Gesetz, "ein äußerst schlimmes Laster, und es ist richtig, daß man sich davon fernhalten sollte, und man sollte sich daran gewöhnen, nicht zornig zu werden, sogar auf Dinge, die einfach zornig machen."[14] Woanders wird der Mensch daran erinnert, daß er "weder fröhlich noch grämlich oder trübsinnig sein sollte, sondern er sollte glücklich sein".[15] Das jüdische Gesetz hat strenge Regeln bezüglich der Haltung den Eltern gegenüber, die von den Christen verwendet werden: "Sogar wenn sein Vater ruchlos und ein Sünder ist, ist es für ihn (d.h. den Sohn) nichtsdestotrotz richtig, ihn zu ehren und zu fürchten."[16]

Eine Untersuchung der christlichen Lehren überzeugt davon,

daß es sehr schwierig für einen wahren Christen ist, erwachsen genug zu werden, um mit normaler menschlicher Ambivalenz zurechtzukommen. In einer Anzahl von Passagen der Heiligen Schrift werden Christen ausdrücklich davor gewarnt, dies zu versuchen. "Ein Zweifler ist unbeständig in allen seinen Wegen." (Jak.1,8) "Aus einem Munde geht Loben und Fluchen. Es soll nicht, liebe Brüder, also sein." (Jak. 3,10) "Nahet euch zu Gott, so naht er sich zu euch. Reiniget die Hände, ihr Sünder, und machet eure Herzen keusch, ihr Wankelmütigen." (Jak. 4,8)

Zu stark vereinfachende kindische Zweiteilung durchdringt die ganze Struktur des doktrinären Christentums. Tatsächlich kann man sagen, daß die ganze Struktur auf solchen Zweiteilungen beruht: Gott und Teufel, Himmel und Hölle, Sünde und Erlösung. Durch seine ureigene Natur verlangt das Christentum von seinen Anhängern, in Schwarz/Weiß-Kategorien zu denken, niemals in Grautönen, und ganz sicherlich nicht in Farben. Der wahre Christ muß sich immer in einem Zustand der Qual befinden, da er niemals sicher sein kann, daß Gott ihm vergeben hat für seine tief empfundenen negativen Gefühle, trotz des konfessionellen katholischen und fundamentalistischen Tricks des Selbstbetrugs, bekannt als "erlöst sein" oder "wiedergeboren sein". Paulus sagte: "Sie sind allzumal Sünder und mangeln des Ruhmes, den sie bei Gott haben sollten." (Röm.3,23) Bei Jakobus lesen wir: "Denn so jemand das ganze Gesetz hält und sündigt an einem, der ist's ganz schuldig." (Jak. 2,10) Was hat das mit Gerechtigkeit zu tun?

Christliche Doktrin und Kommunikation

Die Wirkungsweise guter Beziehungen zwischen Menschen hängt von gesunder Verhandlungsfähigkeit ab, die durch eine passende Kommunikation erleichtert wird. Dies tritt ein, wenn ein Mensch seinen Gedanken freien Lauf läßt, wenn er seine Gefühle offen, jedoch scharfsinnig und angemessen ausdrückt und sich in Übereinstimmung mit den erklärten Haltungen, Glauben und ausgedrückten Gefühlen verhält. Grob gesagt, kommunizieren wir auf zweierlei Weise, verbal und nonverbal. Nonverbale Kommunikation geschieht über verschiedene Wege: neurophysiologische Reaktionen (seufzen, schreien, usw.); Gesten und Verhalten ("Körpersprache"); und nonverbaler Hörbarmachung (Töne, Mundart, usw.). Nonverbale Kommunikation ist der Natur nach analog und entwicklungsmäßig einfacher. Verbale Kommunikation ist der Natur nach digital[*] und symbolisch, sie benutzt entwickeltere neurologische Strukturen und Bahnen und tritt später in der Entwicklung des Individuums auf.

Die ganze Kommunikation, die zwei Menschen oder eine Gruppe einschließt, geht im Kreis. Eine Botschaft von A wird von B empfangen, der auf diese Botschaft irgendwie reagiert. Sogar ein eisiges Schweigen ist eine Antwort; man kann nicht zwischen zwei Menschen oder innerhalb einer Gruppe nicht kommunizieren. B's Antwort wird die Botschaft für A, dessen Antwort wiederum die zweite Botschaft für B wird, und so weiter. Kommunikation ist übereinstimmend, wenn sich die nonverbalen Botschaften mit den verbalen in Harmonie befinden.Es gibt eine Verbindung zwischen der Art, wie Menschen kommunizieren, und wie sie innerlich funktionieren. Erwachsene Menschen funktionieren in sechs zueinander in Beziehung stehenden Modi: Perzeptiv (sehend, hörend und fühlend); kognitiv (denkend, betrachtend und begrifflich denkend); affektiv (gefühlsmäßig); biologisch (z.B. atmend, schwitzend und verdauend); verhaltensmäßig (ausführend und handelnd); und verbal (sprechend). Wenn alle diese Modi miteinander in Harmonie sind, können wir annehmen, daß die Funktion optimal ist, und daß die Kommunikation mit anderen funktioniert. Unter diesen Bedingungen sagen die Leute nicht nur, was sie denken, drücken verhältnismäßig offen ihre Gefühle aus und verhalten sich gemäß den von ihnen vertretenen Haltungen und

---

[*] Der Ausdruck wird in der neurophysiologischen Literatur benutzt, um den Unterschied zwischen verbaler und nonverbaler Kommunikation zu bezeichnen.

Glauben, sondern auch ihr vegetatives Nervensystem arbeitet auf eine reibungslose und integrierte Art. Wenn wir mit solchen übereinstimmenden Kommunikatoren zu tun haben, neigen wir dazu, sie uns als "offen", "ursprünglich" und als Leute, "die ihre sieben Sinne zusammen haben", vorzustellen.[17]

Das Neugeborene hat große, einfache stimmliche und nonverbale Möglichkeiten, um auf inneres Geschehen zu reagieren. Sowie das Kind heranwächst, entwickelt es eine Wahrnehmung bezüglich seiner Schreie und den elterlichen Reaktionen darauf und lernt so, daß es seine Umwelt auf diese Art beeinflussen kann. Zur gleichen Zeit versucht es, den Botschaften, die es von seinen Eltern empfängt, Sinn zu entlocken: der Klang der Stimme seiner Mutter, ihr Schmollen, oder die Art, wie der Vater des Kindes es anschaut, wenn er es hält. Mit fortschreitender neurologischer Entwicklung entwickelt das Kind auch die Fähigkeit, die Worte der Eltern nachzuahmen, und Sprache kommt zu dem Entwicklungsbild hinzu. So wie die sprachliche Gewandtheit des Kindes zunimmt, lernt es, das in Worten auszudrücken, was ihm in den verschiedenen Modi seines Wirkens passiert: "Ich möchte ins Badezimmer gehen", und "Ich bin böse auf dich, Mama."

Wenn seine Eltern kongruente Kommunikatoren sind, wird die Möglichkeit verstärkt, daß das Kind sich auf eine Art entwickelt, die Harmonie zwischen den Modi in ihm selbst und kongruente Kommunikation mit anderen fördert. Theodore Lidz drückt es so aus: "Hier lernt es (das Kind), wie wirkungsvoll Worte sein werden; ob sie mit nicht gesprochener Kommunikation übereinstimmen; ob die Kommunikation tauglich ist, mit den sie begleitenden Gefühlen übereinzustimmen; ob sie zur Problemlösung dienlich ist oder ob sie genauso oft ein Mittel ist, um das Vorhandensein von Problemen zu verschleiern."[18]

Jedoch ist völlig kongruente Kommunikation für die meisten Menschen der westlichen Welt schwierig. Indem er darauf hinweist, daß nonverbale Kommunikation sich auf innere Vorkommnisse bezieht, während verbale Kommunikation sich auf äußere

Vorkommnisse bezieht, argumentiert Jürgen Reusch für den durchschnittlichen Menschen der westlichen Welt, "daß Vokabeln für Vorkommnisse, die im Organismus auftreten und sich auf körperliche Erfahrung beziehen, rudimentär sind."[19] René Spitz macht die gleiche Feststellung:

Der durchschnittliche westliche Mensch hat sich in seiner Kultur entschieden, differenzierende Perzeption bezüglich der Kommunikation mit anderen und sich selbst zu betonen. Selbstbeobachtung wird als schädlich mißbilligt und wird mit Stirnrunzeln quittiert, so daß wir uns kaum dessen bewußt sind, was in uns vorgeht, außer wir sind krank. Unsere tieferen Gefühle erreichen nicht unsere Wahrnehmung, sie werden für uns nicht bedeutungsvoll; wir ignorieren und unterdrücken ihre Botschaften. Tatsächlich fürchten wir uns vor ihnen, und wir verraten diese Furcht auf vielerlei Art.[20]

Ob es nun irgendwelche entwicklungsmäßigen oder biologischen Gründe für diese Diskrepanz gibt, das Christentum hat eine mächtige Neigung, Menschen bezüglich kongruenter verbaler Kommunikation von Gefühlen krankhaft Angst zu machen. Diese Beobachtung ist von Christen selber gemacht worden. Ein Kleriker schrieb bei dem Versuch zu begreifen, warum Christen "zusammenbrechen": "Es scheint in der Kirche eine Tendenz gegeben zu haben, den Ausdruck echter persönlicher Gefühle zu unterdrücken (zum Beispiel Zorn, Ekstase, Verzweiflung, Trauer) und eine konsequente 'neutrale Freundlichkeit' zu unterstützen, als der richtigen Art, sich auszudrücken."[21]

Weil das Christentum über Vergnügen schmollt und Leiden als ein erwünschtes Mittel fördert, ist es für Christen und diejenigen, die durch christliche Lehren beeinflußt sind, schwierig, die Effekte des Wohlergehens von Freude und Glück auszudrücken. Notfallaffekte wie Zorn (eine der Todsünden) werden ausdrücklich in den Lehren der Christen mißbilligt, "denn des Menschen Zorn tut nicht, was vor Gott recht ist" (Jak. 1,20). Für einige Christen ist der verbale Ausdruck von Zorn eine Beleidigung, die nach körperlicher Gewalt gegen den Schuldigen verlangt. Ein Baptisten-Pastor in Ontario wurde wegen Kindesmißhandlung angeklagt, denn er hatte seinen acht Monate alten Säugling mit einem Holzlöffel wundgeschlagen, weil er "zornig" war. Der Pastor bat seine fundamentalistischen Freunde, zu seinem Beistand zu kommen, da die Autorität der Bibel vor einem weltlichen Gericht in Frage gestellt wurde.[22]

Zorn, obgleich er oft ein unangenehmes Gefühl ist, ist eine normale menschliche Emotion, eine Reaktion auf die eine oder andere Frustration. In der christlichen Tradition besteht die Tendenz, Kinder von frühester Jugend an glauben zu machen, daß nur schlechte, böse Menschen zornig empfinden. Eine derartige Haltung erzeugt starke Konflikte zwischen dem, was das Kind wirklich fühlt, und was es fühlen sollte, um von den erwachsenen Versorgern akzeptiert zu werden. Derartige Konflikte werden noch weiter verschärft, wenn das Kind Zeuge von gewalttätigen Ausbrüchen bei Erwachsenen wird, besonders wenn die Gewalt gegen das Kind selber gerichtet ist. Ein Kind mit einem Holzlöffel zu schlagen, weil es Zorn verbal ausdrückt, überträgt eine sehr gefährliche und verwirrende Botschaft, nämlich, daß es in Ordnung ist, körperliche Gewalt anzuwenden, jedoch nicht, Zorn verbal auszudrücken. Kein Wunder, daß die christliche Vergangenheit so blutig ist.

Konflikte dieser Art erzeugen Angst, eine andere schmerzliche Emotion. Um dieses Gefühl zu verhindern, entwickeln wir Menschen einen sogenannten Abwehrmechanismus, Haltungs- und Verhaltensreaktionen, die angelegt sind, um unannehmbare Gefühle abzuwehren, die Angst erzeugen. Um schmerzliche Angst an der Entstehung zu hindern, könnte das Kind leugnen, daß es auf die Mutter zornig ist, und seinen Zorn an einem jüngeren Geschwister oder am Hund der Familie (als Ersatz) auslassen. Es mag sich alle Mühe geben zu zeigen, daß es nicht zornig auf seine Mutter ist, und zu besorgt und höflich werden (Reaktion-Formation). Oder anders, das Kind könnte seinen Zorn auf seinen Vater übertragen, indem es sich selbst davon überzeugt, daß es sein Vater ist, der auf ihn zornig ist (Projektion, Anmerkung d. Übersetzers: In der Psychoanalyse bezeichnet der Begriff den Vorgang, einem anderen Menschen eigene Fehler oder Wünsche zuzuschreiben.)

Der Schutz mag eine Zeitlang das Individuum vor Angst bewahren, aber er bricht letztendlich zusammen, mit dem Ergebnis, daß die unakzeptablen Gefühle in Wahrnehmung umschlagen. Dieses Umschlagen könnte durch das Auftreten von "Symptomen" begleitet sein, die eine medizinische oder psychiatrische Intervention nötig machen; oder es könnte als Ergebnis zu Disharmonie in den Beziehungen führen, da das betroffene Individuum niemals darin ausgebildet wurde, mit solchen Notfall-Emotionen* in einer Art umzugehen, die nicht zerstörerisch für Beziehungen von Mensch zu Mensch sind. Manchmal kann der Durchbruch von Gefühlen des Zorns die Form von gewalttätigen, asozialen Handlungen annehmen, und dadurch die christliche Idee, daß Zorn an sich böse ist, verstärken. In Wirklichkeit ist es die Lektion, die Menschen in unserer "christlichen" Gesellschaft über Zorn lernen, die den Problemen mit dem Zorn zugrunde liegt.

Eine moderne christliche Beraterin enthüllt die weiterhin eingenommene Haltung hinsichtlich Zorn, wenn sie rät, daß dieser Affekt bei religiösen Patienten am besten durch Psychotherapie behandelt wird, "durch den Gebrauch von Introspektion (Anm. d. Übersetzers: Selbstbeobachtung der eigenen seelischen Vorgänge), Reflektion, Einsicht, Neuordnung der Voraussetzungen und den *Missetätern* Feedback zu geben" (kursiv d. d. Autor gesetzt).[23] Als Methode, mit Zorn umzugehen, rät der christliche Psychologe John Hammes seinen Lesern, die Anspannung durch körperliche

---

* Notfall-Emotionen (Angst, Wut und Schuld) sind diejenigen, die mit Schmerz oder der Erwartung von Schmerz assoziiert sind; Emotionen des Wohlergehens (Liebe, Freude oder Stolz) sind diejenigen, die mit Freude oder der Erwartung von Freude verbunden sind.

Freizeitbeschäftigung abzubauen: "Es ist schwierig, zornig zu sein, nachdem man 50 Meter geschwommen ist, eine Meile gelaufen ist oder dreißig Liegestützen gemacht hat." Hammes sagt jedoch nichts darüber, daß man vielleicht versuchen sollte, sich mit jemandem, mit dem man böse ist, zu konfrontieren, um die Angelegenheit, um die es geht, zu bereinigen; Hammes suggeriert, daß seine "Lösung" für das Gefühl böse zu sein einen dahin bringen würde, "dankbar" zu sein, daß die "Aggression" nicht auf ein menschliches "Ziel" gerichtet wurde.[24] Hammes gibt sich so als Produkt eines Glaubenssystems zu erkennen, das es geschafft hat, den Menschen Angst vor ihren natürlichen Notfall-Affekten zu machen.

Der christliche Einfluß, um die Unterstützung der Menschen untereinander zu untergraben, ist weder indirekt noch subtil. Thomas von Kempens *Nachfolge Christi* enthält mehr als zwanzig ausdrückliche Warnungen bezüglich der Nichtigkeit, anderen Menschen zu trauen, eine Quelle der Hilfe zu sein. Manchmal scheint man zu versuchen, Gottes Zorn dadurch herauszufordern, daß man sich auf einen Mitmenschen stützt: "Du solltest gegenüber solchen Zuneigungen von lieben Freunden so unempfindlich sein, daß, soweit es dich angeht, du wünschen solltest, ohne menschliche Gesellschaft zu sein. Der Mensch nähert sich um so mehr Gott, je mehr er sich von allen irdischen Tröstungen trennt."[25] Bei einer derartigen Indoktrination, die bei guten Christen seit Jahrhunderten gewirkt hat, ist es nicht schwer zu verstehen, warum Menschen in unserer Gesellschaft so großen Ärger haben, miteinander auszukommen.

Gebet

Während Mißtrauen in der Kommunikation und hinsichtlich der Hilfe von Menschen untereinander gefördert wird, fördert die christliche Kirche die Kommunikation von Mensch zu Gott und nennt diese im allgemeinen Gebet.

William James, der das Gebet "die echte Seele und das Wesen der Religion"[26] nennt, besteht darauf, daß das Phänomen des Gebetes wissenschaftlicher Untersuchung nicht offensteht: "Wenn wir das Wort nehmen (Gebet) und in einem breiteren Sinn auffassen als eine Art innerer Kommunikation oder eine Unterhaltung mit der als göttlich anerkannten Macht, können wir leicht sehen, daß es von wissenschaftlicher Kritik unberührt bleibt."[27] James' Aussage stellt sich als prophetisch heraus, da die Psychologie der Religion es bis heute nicht fertiggebracht hat, mit dem Thema des Gebets umzugehen; wie Paul Pruyser anmerkte, wurde die "Neugierde" des Psychologen durch seine "Achtung" gemildert.[28] Jedoch zeigt diese "echte Seele und das Wesen der Religion", wie das Christentum dazu neigt, seine Anhänger in den Zustand herabzusetzen, in dem sie unterwürfig wimmernde, schmeichelnde, bettelnde kleine Kinder sind, ob nun der Gegenstand der einzelnen dringenden Bitte gutes Wetter, Linderung von Schmerzen, das Wohlergehen der Seelen von lieben Verstorbenen oder die Erlangung von Gnade im Himmel ist.

Das Phänomen des Gebetes versetzt uns in die Lage, eine Verbindung des christlichen Konzepts von Gott mit dem der mystischen östlichen Religion herzustellen. Auf den ersten Blick scheint es wenig Gemeinsames zu geben zwischen den festgesetzten Gebeten, in den Hauptbekenntnissen der Christen Woche für Woche wiederholt, und dem Vorgang der Meditation, durch den der Mystiker sich in einer ruhigen, kontemplativen Art zu dem universalen anderen in Beziehung zu setzen sucht. Die mystische religiöse Annäherung an Gott verläßt sich sehr auf einen Verlust des Selbst bei einem Versuch, eine Vereinigung mit dem Unendlichen zu erreichen. Solche Dinge werden in der organisierten Christenheit nicht unterstützt. Wie der GAP-Bericht (Gruppe für die Förderung der Psychiatrie) über Mystizismus sagt: "Die Zwecke der organisierten Religion sind mannigfaltig, aber das Angebot einer unmittelbaren Wahrnehmung des 'göttlichen Milieus' ist untergeordnet, wenn nicht sogar vollkommen fallengelassen worden."²⁹ Die Christen nehmen über diejenigen, die "ausgebildet" sind und die wissen, was die Bibel "bedeutet" und was Gott wirklich "will", mit Gott eine Beziehung auf. In beiden Ansätzen zu dieser Verbindung mit der Gottheit ist die Kommunikation eine Einweg-Kommunikation; ein wirkliches Problem wird für die christliche Kirche aufgeworfen, wenn einer ihrer Anhänger behauptet, daß er eine Kommunikation als Zweiweg-Kommunikation geführt hat. Die Frage in diesen Fällen ist, ob man einen Schrein an dieser Stelle bauen oder ob man die arme Seele in die nächste Nervenheilanstalt bringen sollte.

Der zerstörerische Aspekt von Gebeten und Meditation ist, daß sie von der Entwicklung einer Kommunikationsfähigkeit von Mensch zu Mensch abraten sowie die Bildung von sozialen menschlichen Gruppen für die Hilfe bei lösbaren Problemen und zum Umgang mit den nicht lösbaren existentiellen Problemen hemmen. Wenn der wahre Christ Paulus seinen Anweisungen folgt, mit Gott einen "endlosen" Monolog zu führen, wird es sehr schwer sein zu lernen, wie menschliche Beziehungen funktionieren. Die traditionelle religiöse Lösung für die Schmerzlichkeit der Interaktion von Mensch zu Mensch - Gebet und Meditation - verewigt die Beziehungsmuster, die Menschen dazu ermutigen, ihre Versuche aufzugeben, einen höheren Grad an Geschicklichkeit in zwischenmenschlichen Beziehungen zu entwickeln, und veranlaßt sie, auf religiöse "Lösungen" zurückzugreifen. Es ist letztendlich leichter, mit Gott zu reden, der nicht antwortet, als einen Dialog zu führen mit den Menschen, die uns am nächsten stehen. Wenn die Energie, die jetzt aufgebracht wird, um die Einbahnstraßen-Kommunikation mit Gott zu fördern, in neue Bahnen gelenkt würde, zum Beispiel für Bildungsprogramme, um die Fähigkeit in Zweiweg-Kommunikation zwischen Menschen, bei Verhandlungen und bei gegenseitiger Unterstützung zu erhöhen, könnten wir alle angenehm überrascht sein über die Verbesserung der Verhältnisse zwischen den Menschen.

Die Zerrüttung zwischenmenschlicher Beziehungen, ein Hauptmerkmal aller Formen psychiatrischer Erkrankungen, ist das Thema der gegenwärtigen Huhn-oder-Ei-Debatte. Verursacht die biologisch bestimmte Krankheit den Riß, oder ist der Riß das Ergebnis schlechter Beziehungsfähigkeiten in einer Gesellschaft, in der Menschen mehr Unterstützung darin erhalten, ihr Herz dem Allmächtigen zu zeigen, als mit den Menschen, die ihnen am nächsten stehen, offen umzugehen?

Ein paar Beispiele aus der Klinik werden den Konflikt zwischen Mensch-zu-Mensch- und Mensch-zu-Gott-Kommunikation zeigen.

Eine junge schizophrene Frau sagte in einer Sitzung während einer Familientherapie, daß wenn immer sie zuhause aufgeregt wurde und nicht in der Lage war, mit ihrem Vater zu sprechen, sie zu ihrer Mutter ging. Die Mutter würde dann zu ihrem Vater gehen, der immer so darauf reagierte, daß er die Familie im Wohnzimmer zusammenrief und sie niederknien ließ, während er laut zu Gott betete. Die Patientin sagte, daß sie diese Sitzungen gern hatte, weil, wenn ihr Vater zu Gott betete, er Dinge über sie sagte, die er ihr sonst offensichtlich nicht zu sagen im Stande war. So fand sie heraus, daß er sich um sie sorgte.

In einer anderen Familie war der junge Sohn der ausgemachte Patient; in einer Sitzung, die ich abhielt, begann er zu einem bestimmten Zeitpunkt im Interview zu weinen und guckte immerzu seine Eltern an, um irgendeine menschliche Regung zu entdecken. Der Vater, ein klassisches Beispiel für einen stereotypen Mann, unfähig, seine Gefühle zum Ausdruck zu bringen, starrte geradeaus und sah sehr angespannt aus. Die Mutter schloß ihre Augen und saß ruhig auf ihrem Stuhl. Als ich sie fragte, was in ihr vorginge, antwortete sie, daß sie zu Gott betete, damit er der Familie helfen möge. Die Einweg-Kommunikation der Mutter war offensichtlich nicht das, was der Sohn in diesem Augenblick brauchte.

Die Förderung infantilen Verhaltens durch die Christenheit

Viele psychoanalytische Studien haben allgemein auf die Tendenz der Religionen und besonders des Christentums hingewiesen, daß sie die infantile Abhängigkeit fördern, während sie vernetzte Individuation erschweren, um Stierlins Ausdruck zu benutzen. Edith Weisskopf-Joelson sagt: "In einer Gesellschaft, in der Unabhängigkeit ein hoher Wert ist, können Abhängigkeitsbedürfnisse befriedigt werden, zum Beispiel bei neurotischen Zügen wie Krankheit, bei halbneurotischen wie bei der Erlangung einer übermäßigen Anzahl von Collegeabschlüssen, um die Reife hinauszuzögern, oder hoch angesehenen Wegen wie der Stillung der Abhängigkeitsbedürfnisse von Kindern, und dann stellvertretend Vergnügen aus ihrer Genugtuung zu ziehen. Aber die Hauptstraße zur Abhängigkeit ist religiöser Glaube."[30] Paul Pruyser kommentiert Freuds Ansichten folgendermaßen: "Religion ist ein stilisierter und gesellschaftlich akzeptabler Weg, der natürlichen Forderung nach Erwachsenwerden zu widerstehen."[31] Erik Erikson hat ungefähr das gleiche ausgedrückt: "Allen Religionen ist ein periodisches kindliches Ergeben gegenüber einem ´Fürsorger` oder Fürsorgern gemeinsam, die irdisches Glück genauso wie geistige Gesundheit verleihen; die Demonstration der eigenen Bedeutungslosigkeit und Abhängigkeit durch das Mittel reduzierter Stellung und unterwürfiger Gebärde."[32]

Tatsächlich gehört das Christentum zu den mächtigsten Verursachern von einem Gefühl der Hilflosigkeit und Wertlosigkeit bei Kindern, die dieser Lehre ausgesetzt sind. Martin Seligman hat die Beweise aus der wissenschaftlichen Literatur über die Rolle der erlernten Hilflosigkeit in der Entwicklung von Kindern zusammengefaßt.

Ich bin davon überzeugt, daß bestimmte Dispositionen umweltbedingter Zufälligkeiten ein Kind schaffen werden, das glaubt, daß es hilflos ist - daß es erfolglos sein wird - und, daß andere

Zufälligkeiten ein Kind schaffen werden, das glaubt, daß seine Reaktionen wichtig sind - daß es seine kleine Welt beherrschen kann. Wenn ein Kind glaubt, daß es hilflos ist, wird es sich dumm aufführen, unabhängig von seinem IQ. Wenn ein Kind glaubt, daß es hilflos ist, wird es keine Klaviersonaten schreiben, unabhängig von einem in ihm steckenden Genie. Andererseits, wenn ein Kind glaubt, daß es die Dinge beherrscht, könnte es mehr talentierte Altersgenossen in den Schatten stellen, denen ein derartiger Glaube fehlt.[33]

Keine schwerwiegendere Anschuldigung kann gegen die christliche Kirche gemacht werden, als daß sie aktiv ihre Anhänger in ihren Bemühungen entmutigt, sich zu selbständigen Erwachsenen zu entwickeln; und nirgends gibt es bessere Beweise für diese Anschuldigung als in dem folgenden anglikanischen Gebet, welches jeden Sonntag rezitiert wird: "Allmächtiger und erbarmungsvoller Vater, wir haben uns versündigt und sind von deinem Wege wie verlorene Schafe abgekommen. Wir sind den Eingebungen und dem Verlangen unseres eigenen Herzens gefolgt. Wir haben uns gegen deine heiligen Gesetze versündigt. Wir haben die Dinge, die wir getan haben sollten, nicht getan, und wir haben die Dinge getan, die wir nicht getan haben sollten; und es ist keine Gesundheit in uns. Aber du, oh Herr, habe Erbarmen mit uns armseligen Sündern" usw. Es ist schwer, sich einen Prozeß vorzustellen, der weniger geeignet ist, gesunde Erwachsenenfähigkeiten zu vernetzter Individuation zu entwickeln, als daß jemand Sonntag für Sonntag betet, daß man ihm vergeben möge, daß er den "Eingebungen und Verlangen unseres Herzens" folgt. Wenn es einen Gott gäbe, wäre er nicht für die Saat dieser "Eingebungen und Verlangen" verantwortlich; und wenn sie nicht befolgt werden sollten, warum hätte er sie dann dort gesät? Eine der Hymnen des Anglican/United Church Hymnenbuches lautet: "Wenn ich das wundersame Kreuz genau ansehe, an dem der Prinz der himmlischen Herrlichkeit starb, sehe ich meinen reichsten Gewinn als verloren an und schütte Verachtung über meinen Stolz. Verbiete es, Herr, daß ich prahlen würde, erlöse beim Tode Christi, mein Gott: alle die nichtigen Dinge, die mich am meisten entzücken, ich opfere sie für sein Blut" (Hymne 109). In einer anderen Hymne steht der Satz: "Ich übergebe meine Kräfte deinem Gebot." (Hymne 141).

Erich Fromm hat das Problem gut zusammengefaßt, wenn er sagt: "Richtig realistisch und nüchtern zu verstehen, wie begrenzt unsere Macht ist, ist ein wesentlicher Teil der Weisheit und Reife; es anzubeten, ist masochistisch und selbstzerstörerisch. Das eine ist Bescheidenheit, das andere ist Erniedrigung."[34]

Die Macht der christlichen Lehre, Gewalt über das Leben derer auszuüben, die von ihr beeinflußt sind, liegt nicht nur allein in ihrer Tendenz, vernetzte Individuation zu verhindern und infantile Abhängigkeit zu bestärken. Ihre Haltung gegenüber bekömmlichem Vergnügen und ihr Gebrauch des Ausbeutungspotentials menschlichen Schuldbewußtseins hat dem Christentum mehr Einfluß zur Erlangung seiner Ziele gegeben.

Anmerkungen

1. Wendell W. Watters, *Compulsory Parenthood: The Truth about Abortion* (Toronto: McClelland and Stewart, 1976).

2. Jules Henry, *Pathways to Madness* (London: Jonathan Cape, 1972), S. 60.

3. Erik H. Erikson, "Identity and the Life Cycle," *Psychological Issues* 1, no 1 = Monograph No. 1 (New York: International University Press Inc., 1959) S. 61.

4. Ashley Montague, *Touching: The Human Significance of the Skin*, 2d ed. (New York: Harper and Row 1978), S. 192.

5. Robert W. White, "Ego and Reality in Psychoanalytic Theory," *Psychological Issues* 3, no 3 = Monograph No. 11 (New York: International Universities Press Inc., 1963).

6. Helm Stierlin, Ingeborg Rucker-Emden, Norbert Wetzel, und

Michael Wirsching, *The First Interview with the Family* (New York: Brunner-Mazel, 1980), S. 16.

7. ebd.

8. Erik H. Erickson, *Insight and Responsibility* (New York: W. W. Norton and Company Inc., 1964), S. 103.

9. Sigmund Freud, *Civilization and its Discontents*, in James Strachey, Übersetzer und Herausgeber., *The Complete Psychological Works of Sigmund Freud* (London: Hogarth Press, 1961), 21: 77.

10. John A. Hammes, *Humanistic Psychology: A Christian Interpretation* (New York: Grune and Stratton, 1971), S. 127.

11. Alfred M. Freedman, Harold I. Kaplan, and Benjamin J. Sadock, Herausgeber, *Comprehensive Textbook of Psychiatry*, 2d ed. (Baltimore, Md.: The Williams and Wilkins Company, 1975), 2: 2574.

12. Erickson, *Insight and Responsibility*, S. 120.

13. Abraham Kardiner, Aaron Karush, and Lionel Ovesey, "A Methodological Study of Freudian Theory," *International Journal of Psychiatry* 2, no 5 (September 1966): 513.

14. Solomon Ganzfried, *Code of Jewish Law*, übers. Hyman E. Goldin (New York: Hebrew Publishing Company, 1927), vol 1, chap. 29, S. 92.

15. ebd., S. 93.

16. ebd., vol. 4, chap. 43, S. 2.

17. W. W. Watters, A. Bellissimo, and J. S. Rubenstein, "Teaching Individual Psychotherapy: Learning Objectives in Communication," *Canadian Journal of Psychiatry* 27, no 4 (June 1982): 263-69.

18. Theodore Lidz, *The Person* (New York: Basic Books, Inc, 1968), S. 205-206

19. Jurgen Ruesch, "Communication and Psychiatry," in *Comprehensive Textbook of Psychiatry*, 1: 341.

20. René A. Spitz, *The First Year of Life* (New York: International Universities Press, 1965), S. 136.

21. William A. Miller, *Why Do Christians Break Down* (Minneapolis, Minn.: Augsburg Publishing House, 1973), S. 136.

22. "Preacher Fights Back over Charge of Spanking," *The Globe and Mail* (Toronto), October 23, 1987, S. A3.

23. Carole A. Rayburn, "The Religious Patient's Initial Encounter with Psychotherapy," in E. Mark Stern, ed., *Psychotherapy and the Religiously Committed Patient* (New York: The Haworth Press, 1985), S. 42.

24. Hammes, *Humanistic Psychology: A Christian Interpretation*, S. 127.

25. Thomas à Kempis, *The Imitation of Christ* (Chicago: Moody Press, 1980), S.219-20.

26. William James, *The Varieties of Religious Experience* (New York: New American Library, 1958), S. 352.

27. ebd., S. 352.

28. Paul W. Pruyser, "Some Trends in the Psychology of Religion," in H. Newton Malony, ed., *Current Perspectives in the Psychology of Religion* (Grand Rapids, Mich.: William B. Eerdmans Publishing Company, 1977), S. 68.

29. *Mysticism: Spiritual Quest or Psychic Disorders*, Report of the Group of the Advancement of Psychiatry, Committee on Psychiatry and Religion, vol. 9, no. 97 (November 1976).

30. Edith Weisskopf-Joelson, "The Therapeutic Ingredients in Religion and Political Philosophies," in Paul W. Sharkeys, ed., *Philosophy, Religion and Psychotherapy* (Washington, D.C.: University Press of America, 1982) S. 193.

31. Paul W. Pruyser, *Between Belief and Unbelief* (New York: Harper and Row, 1974), S. 77.

32. Erik H. Erickson, "Identity and the Life Cycle," S. 65.

33. Martin E. P. Seligman, *Helplessness: On Depression, Development and Death* (San Francisco: W. H. Freeman and Company, 1975), S. 136.

34. Erich Fromm, *Psychoanalysis and Religion* (New Haven, Conn.: Yale University Press, 1950), S. 53

5
Freude, Leid und Schuld

Der Zwang, Freude abzutöten, ist jedoch eine nicht diagnostizierte Krankheit, auf die westliche Kultur beschränkt, die jetzt auf eine Art in Erscheinung tritt, dann in einer anderen.

Jules Henry[1]

Leide mit Christus und für Christus, wenn es dich verlangt, mit Christus zu herrschen.

Thomas von Kempen[2]

Das Wort "Freude" hat in der westlichen Gesellschaft eine Nebenbedeutung, die verdächtig ist, als wenn zuviel Freude auf eine unklare Art schädlich wäre. Die Tatsache, daß Freude und ihre Rolle im menschlichen Verhalten größtenteils in der Literatur der Verhaltenswissenschaft ignoriert wird, kann als Maß unserer kollektiven sozialen Phobie vor diesem Thema angesehen werden.

Freude sollte von Unterhaltung differenziert werden. Tatsächlich könnte man argumentieren, daß ein tiefsitzender Konflikt bezüglich echter menschlicher Freude und einer begrenzten Kapazität, sie zu empfinden, zu dem überwältigenden Erfolg der "Unterhaltungsindustrie" beitragen könnte. Leute geben riesige Summen Geldes für das zweifelhafte Privileg aus, das Leben stellvertretend zu erfahren, und machen Schauspieler, Schauspielerinnen und Rockstars dabei reich.

Für Freud stellt die Befriedigung der instinktiven Antriebe nicht nur die Hauptquelle der Freude dar, sondern auch das Rohmaterial, aus dem sich die Persönlichkeit entwickelte. Das "Prinzip Freude" war der einzige Regulator des Verhaltens des Kindes, dieses Verhalten wurde nach und nach in Erwiderung des sogenannten Realitätsprinzips verändert, welches sich immer im direkten Gegensatz zum Prinzip der Freude[3] befand. Die Forderungen der Wirklichkeit führten zu immer größerer Frustration der instinktmäßigen Bedürfnisse, begleitet von einer Anzahl von Notfall-Emotionen wie Wut und Enttäuschung; dieses wiederum rief Konflikte und Angst hervor, an die sich das Kind anpaßte durch herausarbeiten von "Abwehrmechanismen". Die Botschaft, die dieser Formulierung zugrundeliegt, war, daß Kinder nur erwachsen werden, weil sie dazu gezwungen sind, und mit nur wenig Belohnungen dafür, wenn sie diesen Zustand erreichen.

Modernere Formulierungen postulieren, daß Freude ein Gefühl des Wohlergehens ist, das jedoch nicht nur mit der Befriedigung biologischer Bedürfnisse erfahren werden kann, sondern auch als eine Reaktion auf die Bewältigung anpassungsmäßiger Herausforderungen. Freude tritt auf als Teil sozialer Interaktion mit anderen genauso wie bei ästhetischen Erfahrungen. Sandor Rado postuliert, daß die Erfahrung von Freude dem Selbst anzeigt, daß es gut funktioniert; Selbstachtung wird erhöht und verstärkt dadurch die Wahrscheinlichkeit, daß man sich Herausforderungen an die Anpassungsfähigkeit erfolgreich stellen und sie meistern kann. Gesunde Freude wirkt nicht nur als Nahrung für die Entwicklung von Selbstachtung, sondern sie hat eine pufferartige Wirkung: Eine gesunde Toleranz der Freude schützt das Selbst, wenn es durch Schmerz bedroht ist, und verringert die Wahrscheinlichkeit der Desorganisation (des Zerfalls) im Angesicht von Schmerz.[4] George H. Smith hat Freude den "Brennstoff des Lebens"[5] genannt.

Die Freude, die mit Herausforderungen an die Anpassungsfähigkeit assoziiert ist, ist doppelt, nämlich die Freude, die die Aktivität selber begleitet, und die, die mit der Bewältigung einer besonderen Aufgabe verbunden ist. Ein kleines Kind kann beträchtliche Freude aus der einfachen Handlung, einen Ball zu werfen, empfinden; die Freude wird erhöht, wenn es ihm dabei auch noch gelingt, das Ziel zu treffen. Bei der Entwicklung des Kindes sind derartige Freuden gegenüber beträchtlichen Einflüssen von Eltern und sozialen Interaktionen offen. Ein Kind kann dazu gebracht werden, sich anders oder "komisch" zu fühlen, wenn es ein Problem auf eine Art gelöst hat, die von der Art, die andere zur Lösung benutzen, abweicht; seine Freizeit- und Berufsinteressen können von denen seiner Eltern abweichen, die es unabsichtlich von der Verfolgung dieser Interessen abhalten können.

Wie Menschen mit Freude umgehen, scheint wichtige Auswirkungen auf ein breites Spektrum von Gesundheitsproblemen zu haben. Eine allgemeine Hemmung der Freude ist bei allen Paaren vorhanden, bei denen sexuelle Schwierigkeiten und auch viele psychiatrische Probleme vorliegen. Wenn sie gefragt werden, "was machen Sie beide, um zusammen Spaß zu haben?" antwortet ein Paar oft: "Oh, wir können uns keinen Spaß leisten. Wir sind damit beschäftigt, unser Haus abzubezahlen (oder sparen auf ein neues Auto, usw.)." Für Freude muß immer bezahlt werden, wenn sie überhaupt empfunden werden kann. Es ist nicht etwas, was man im täglichen Leben erfahren darf, sondern eher etwas, das man außerhalb des Alltäglichen mit Alkohol, Drogen oder teuren Urlauben findet. "Freude" ist für einige Menschen mit Lebens- oder Gesundheitsrisiko verbunden, als wenn Freude und Bestrafung immer Hand in Hand gingen; Rauchen und Bergsteigen sind zwei vorzügliche Beispiele. Andere "normale" Quellen der Freude werden in Quellen des Schmerzes umgewandelt. Essen ist eine Beschäftigung, die die meisten Menschen als vergnüglich empfinden; für einige ist es jedoch eine Quelle ziemlich großer Konflikte, Schmerzen und Leiden. Selbstaushungerung bei jungen Leuten - ein Mittel, um mit komplexen Familienkonflikten im Bereich der Selbständigkeit umzugehen - ist in den Status einer "Krankheit" erhoben worden und hat den eleganten Namen "Anorexia nervosa" erhalten. Zuviel essen, das entgegengesetzte Problem, hat Beleibtheit zu einem der Hauptgesundheitsprobleme unserer Zeit gemacht. Alkohol, mäßig genossen, kann eine Quelle unschuldiger menschlicher Freude sein; unglücklicherweise hinterläßt er in den Händen vieler Menschen eine Spur des Todes und der Zerstörung. Ein Mensch, der "nicht mit Alkohol umgehen kann", ist jemand, der "nicht mit Freude umgehen kann". Auch zwanghaftes Spielen, das seine Herkunft in dem infantilen narzißtischen Wunsch hat, etwas umsonst zu bekommen, wird oft als "Krankheit" bezeichnet.

Christliche Lehre und Leid

Da das Christentum soviel zu unseren westlichen Vorstellungen über Freude und Leid beigetragen hat, sollten wir die Lehren der Kirche bezüglich der Freude untersuchen. Diese Haltungen sind sauber von George H. Smith zusammengefaßt: "Genauso wie das Christentum erst die Vernunft zerschlagen muß, bevor es den Glauben einführen kann, so muß es das Glück zerstören, bevor es Erlösung einführen kann."[6] Durch seine ganze Geschichte hindurch ist das Christentum nicht nur standhaft gegen Freude gewesen, sondern es befürwortete auch noch das Leiden, ungeachtet des gefräßigen, zügellosen und wollüstigen Verhaltens vieler seiner Päpste und anderer Prälaten. Das puritanische Zeitalter war einfach eine extreme Bekundung dessen, was in einem tiefverwurzelten Mißtrauen gegenüber Freuden jeglicher Art gipfelte. Während sexuelle Freuden die Hauptursache der Verdammung waren, war die Hemmung gegenüber der Freude im Christentum verallgemeinert worden, um sich auf viele andere Bereiche zu beziehen. Diese christliche Voreingenommenheit für das Leid stammt hauptsächlich von den Leiden Christi am Kreuz. Wie es bei Phil. 1,29 heißt: "Denn euch ist gegeben, um Christi willen zu tun, daß ihr nicht allein an ihn glaubet, sondern auch um seinetwillen leidet." In seiner Epistel an die Römer schrieb Paulus: "Ich ermahne euch nun, liebe Brüder, durch die Barmherzigkeit Gottes, daß ihr eure Leiber begebet zum Opfer, das da lebendig, heilig und Gott wohlgefällig sei, welches sei euer vernünftiger Gottesdienst (Röm. 12,1). In seiner zweiten Epistel an die Korinther schrieb

Paulus: "Darum bin ich gutes Muts in Schwachheiten, in Mißhandlungen, in Nöten, in Verfolgungen, in Ängsten, um Christi willen; denn, wenn ich schwach bin, so bin ich stark." (Kor. 12,10)

Ludwig Feuerbach hat darauf hingewiesen, daß unabhängig von den Behauptungen ihrer Anhänger die christliche Religion eine Religion des Leidens ist: "Die Bildnisse des Gekreuzigten, die wir immer noch in allen Kirchen sehen, stellen nicht den Erlöser dar, sondern nur den Gekreuzigten, den leidenden Christus. Sogar die Selbstkreuzigungen bei den Christen sind, psychologisch gesehen, tiefverwurzelte Folgen ihrer religiösen Ansichten. Warum sollte nicht der, der immer das Bild des Gekreuzigten vor seinen Augen hat, langfristig selber den Wunsch entwickeln, sich selbst oder andere zu kreuzigen?"[7] Das anglikanische Gebet für den Karsamstag könnte nicht ausdrücklicher in dieser Hinsicht sein: "Gewähre, oh Herr, daß wir getauft sind im Tode deines gesegneten Sohnes, unseres Erlösers Jesus Christus, damit durch fortwährendes Abtöten unserer verdorbenen Gefühle wir mit ihm begraben werden können; und daß, durch das Grab, und das Tor des Todes, wir zu unserer freudigen Wiederauferstehung gelangen; für seine Verdienste, welcher starb und begraben wurde und für uns wiederauferstand, dein Sohn Jesus Christus, unser Herr, Amen."

In Offenbarungen erfahren wir etwas über die Belohnungen, die die Christen erwarten, die "um Seinetwillen leiden", ihre Körper als "lebendige Opfer" darbringen und "Freude an Gebrechen" haben, fortlaufend ihre "verdorbenen Neigungen" kasteien. Den Christen wird versprochen, daß "Gott ihnen alle ihre Tränen in ihren Augen trocknen wird; und es soll keinen Tod mehr geben, kein Leid auch kein Flehen, auch soll es keine Schmerzen mehr geben; denn diese früheren Dinge gibt es nicht mehr." (Rev. 21:4)

So ein Angebot ist schwer auszuschlagen, und wenn es Woche für Woche wiederholt wird, sollte es einen nicht überraschen zu sehen, daß gutprogrammierte Christen Schwierigkeiten haben, die unschuldigsten Freuden zu genießen. Der Freidenker Robert Ingersoll aus dem 19. Jahrhundert beschreibt die Situation passend:

"Er (der Klerus) muß zeigen, daß Elend für die Guten um des Himmels willen recht ist, während Freude die Schlechten auf die Hölle vorbereitet; daß die Gottlosen alle ihre guten Sachen in diesem Leben bekommen und die Guten all ihre Schlechtigkeit; und daß in dieser Welt Gott die Leute bestraft, die er liebt, und in der nächsten diejenigen, die er haßt; daß Freude uns hier schlecht macht, nicht jedoch im Himmel; daß Qualen uns hier gut machen, jedoch nicht in der Hölle."[8]

Zeitweilig erreicht das, was Christen tun, um sich selbst zu bestrafen und sich selbst Leid zuzufügen, unvorstellbare Ausmaße, um Gunst vom Göttlichen zu erschmeicheln. Der Historiker Rudolph Bell hat kürzlich die Aufsehen erregende Entdeckung gemacht, daß die Mehrzahl der weiblichen Heiligen in der römisch-katholischen Kirche nicht nur magersüchtig waren, sondern sie waren allen möglichen lasterhaften Angriffen auf ihre "sündigen" Körper erlegen. Härene Gewänder und Geißeln gehörten zur normalen Ausrüstung. Katharina von Sienas Geschichte ist ziemlich typisch für die Gruppe, über die ausführliche Berichte existieren. Sie geißelte sich dreimal pro Tag, jede Geißelung dauerte eineinhalb Stunden, wobei ihr das Blut von den Schultern zu den Füßen lief. Sie lebte von Wasser und Brot, hörte mit 25 auf zu essen und starb im Alter von 30 Jahren. Katharina erreichte das, was man als das Niedrigste des Masochismus bezeichnen kann, wenn sie die eiternden krebsartigen Brustwunden einer Frau verband, die sie pflegte; sie sammelte sorgfältig den Eiter in einen großen Schöpflöffel und trank ihn dann. Die Possen der anderen Heiligen, wie sie in Rudolph Bells Buch *Holy Anorexia* berichtet werden, sind nicht weniger bizarr; bei Rollenmustern wie diesen, um die christlichen Frauen durch die Jahrhunderte zu führen, sollten wir nicht überrascht sein, eine Sucht nach Leid in der ganzen westlichen Gesellschaft zu finden.[9]

Wenn jemand dazu ermutigt wurde, in seinem Leben zu leiden, in Erwartung der Freuden des nächsten, wie kann man dann echte Freude erfahren an dem Gesang der Vögel, einer Symphonie von

Brahms oder dem Lachen von Kindern? Das Dilemma, wie es von Feuerbach aufgeworfen wurde, lautet: "Wenn Gott selber für mich litt, wie kann ich da fröhlich sein, wie kann ich mir selber irgendwelche Freuden gestatten, zumindest auf dieser schlechten Welt, die die Bühne seiner Leiden war?"[10]

Menschen mit einer eingebauten Bremse für die Fähigkeit, Freude zu erleben, fühlen sich unvermeidbar in ihrem Leben betrogen, ganz gleich, wie sehr sie auch an die Belohnung erinnert werden, die angeblich nach dem Tode auf sie wartet. Diese tiefverwurzelte Unfähigkeit, durch irgendwelche freudigen Erfahrungen zufriedengestellt zu werden, hält infantilen Neid und narzißtischen Zorn am Leben, was wiederum zu tiefgestörten zwischenmenschlichen Beziehungen und/oder psychosomatischen Krankheiten beiträgt, oder sie werden auf diejenigen abgeladen, die nicht dieses bizarre Glaubenssystem teilen.

Wir leben in einer Gesellschaft, die von einer Religion beherrscht wird, die Leiden als Mittel, um einer narzißtischen, launenhaften Gottheit zu gefallen, fördert. Zur gleichen Zeit sind Regierungen, Steuerzahler und Versicherungsgesellschaften ausschließlich mit den hohen Kosten des Gesundheitswesens beschäftigt. In Kapitel 1 diskutierten wir, daß Symptome einer Krankheit durch das Zusammenspiel biologischer, emotionaler und kognitiver Faktoren bestimmt werden. Wenn ein Mensch den traditionellen christlichen Ansichten über das Leiden (ein kognitiver, haltungsmäßiger Faktor) ausgesetzt gewesen ist, ist es nur natürlich zu erwarten, daß dieser Glaube nicht nur auf die Symptome selbst wirken wird, sondern auch auf das Krankheitsverhalten des Menschen. Die christliche Sucht bezüglich Leiden muß sicherlich zu dem Krankheitsverhalten, das mit allen Arten von Krankheiten verbunden ist, beitragen. Es ist Ironie, daß während die Kosten im Gesundheitswesen steigen, die Institution, die das Leiden um seiner selbst willen verherrlicht, weiterhin die steuerfreien Segnungen des Staates genießt.

Schuld

Schuld ist eine der am wenigsten verstandenen Notfall-Emotionen, aber gleichzeitig eine der zerstörerischsten. Während sie spontan in einem Kind hochkommen kann, hängen ihre Stärke und ihre Auswirkungen auf Verhalten und Selbstachtung überwiegend von der Interaktion mit den Elternfiguren ab.

Freud betrachtete Schuld einfach als Angst des Über-Ichs (locker als Gewissen definiert); er betrachtet sie als eine normale Reaktion auf eine Verbotsübertretung, die dem Über-Ich durch eine geliebte und gefürchtete Elternfigur eingegeben wurde. Einer modernen psychiatrischen Definition zufolge ist Schuld "eine Gemütsbewegung, die mit Selbstvorwurf und dem Bedürfnis nach Strafe assoziiert ist."[11]

Eine der Hauptursachen der Schuld liegt in der Reaktion des Kindes auf seine eigene Wut, wenn seine Bedürfnisse nicht befriedigt werden. Am Anfang ist es unfähig zu verstehen, was passiert und warum es passiert. Bei fortschreitender Individuation fängt es an, sich selbst und seine Eltern als zwei eigenständige Einheiten zu unterscheiden, die "Denk"prozesse des Kindes laufen ungefähr wie folgt ab: "Ich fühle mich schlecht (zornig), sie (Mutter und Vater) müssen mich bestrafen, indem sie mich mich auf diese Art schlecht fühlen lassen; ich kann auf sie nicht zornig sein, weil sie mich gefüttert und sich um mich gekümmert haben, und ich hätte nicht gern, daß sie mich noch mehr strafen. Ich muß ein 'schlechter' Mensch für sie sein, daß sie mich auf diese Weise strafen möchten."

Wenn ein Kind heranwächst, sind viele Faktoren wirksam, die bestimmen, was mit seiner Neigung geschieht, sich selbst Vorwürfe zu machen, das heißt Schuldgefühle wegen seines Zorns anderen gegenüber zu empfinden. Unglücklicherweise fördert die Haltung unserer Gesellschaft gegenüber Zornausbrüchen elterliche Reaktionen, die auf den Zorn-Schuld-Zyklus des Kindes verstärkend wirken. Wegen ihrer eigenen Sozialisation können Eltern sich nicht der potentiellen Gefahr bewußt werden, die in der Verstärkung der Schuldgefühle liegt. Idealerweise sollten Eltern alles tun, was sie können, um das Kind daran zu hindern, sich schuldig zu fühlen, wenn es zornig ist; stattdessen reagieren sie allzu oft mit einer Kombination körperlicher Bestrafung und das Schuldgefühl verstärkenden Reaktionen wie "gute kleine Jungen werden nicht auf ihre Mutter böse" oder "nur böse kleine Mädchen schreien so".

Für Christen ist Schuld ein wünschenswertes Gefühl, da es bedeutet, Menschen zu Jesus zu bringen durch Umkehrung, Eingestehen von Sünden und Geben von Almosen. George H. Smith drückt es so aus: "Schuld, nicht Liebe ist das grundlegende Gefühl, das das Christentum zu induzieren versucht - und dies ist symptomatisch für eine Boshaftigkeit im Christentum, die nur wenige Leute zu erkennen bemüht sind."[12]

Diese vorherrschende gesellschaftliche Haltung gegenüber Schuld in der westlichen Welt hat die Theoriebildung in der Verhaltenswissenschaft bis zu dem Punkt gefärbt, daß Schuld in einigen Kreisen als ein positiver Ansporn für gesundes psychologisches Wachstum angesehen wurde. Carroll Izard sagte zum Beispiel: "Schuld ist ein Gefühl, das sehr wesentlich für die Entwicklung der affektiven kognitiven Strukturen des Gewissens und das affektiv-kognitive-Handlungsmuster des moralischen Verhaltens ist." Er fügt hinzu, daß Schuld ein "Hemmnis für mutwillige Verschwendung und ein Hemmnis für sexuelle und aggressive Ausbeutung ist".[13] Diese Ansicht, daß Menschen rasende Bestien sind, denen Einhalt geboten werden muß, indem man sie sich wegen ihrer Triebe schuldig fühlen läßt, ist von christlichen Kanzeln aus oft gepredigt worden, es wundert einen da nicht, daß das auch Leute beeinflußt hat, die das Verhalten der Menschen wissenschaftlich betrachten. Die Wahrheit ist, daß Menschen ihre Triebe selber steuern möchten auf eine Art und Weise, die für die Gruppe in jedem Lebensabschnitt angemessen ist, und so eine Bewältigung beinhaltet eine Erhöhung des Selbstwertgefühls. Da Schuld niemals mit einer Erhöhung des Selbstwertgefühls verbunden ist, ist es schwierig zu begreifen, wie es zu einer gesunden psychologischen Entwicklung beitragen kann.

Wenn Schuld keine Rolle bei der Förderung psychologischen Wachstums zu spielen hat, wird das durch ihre zerstörerische Rolle bei weitem überwogen, ein Punkt, der von Franz Alexander wiederholt wird: "Es ist keine Übertreibung zu sagen, daß es keine anderen emotionalen Reaktionen gibt, die so eine beständige und zentrale Rolle in den dynamischen Erklärungen psychopathologischer Phänomene spielen wie Schuld- und Minderwertigkeitsgefühle."[14]

Andere Psychologen haben auf die zerstörerische Wucht von Schuldinduktion hingewiesen. Erik Erikson sagt, wenn er über den Übergang von Scham zu Schuld spricht, folgendes:

Das Kind fühlt sich nicht nur beschämt, wenn etwas herausgefunden wird, sondern es befürchtet auch, daß etwas herausgefunden wird. Es hört jetzt, so wie es ist, Gottes Stimme, ohne Gott zu sehen. Darüber hinaus fängt es automatisch an, sich schuldig zu fühlen, sogar für böse Gedanken und für Handlungen, die niemand gesehen hat. Dies ist der Prüfstein der Moral in einem individuellen Sinne. Aber vom Gesichtspunkt der geistigen Gesundheit aus müssen wir darauf hinweisen, daß wenn diese große Errungenschaft durch allzu emsige Erwachsene überbelastet wird, das für den Geist und die Moral selbst schlecht sein kann.[15]

Wie dieser Vorgang abläuft, wird von Sandor Rado beschrieben. "Das Kind wird so gezwungen, mit unnötiger Eile von gewöhnlicher Angst vor Bestrafung zu Gewissensangst überzugehen, das heißt, Angst vor unausweichlicher Bestrafung und dann zu Schuldangst und dem Wiedergutmachungsverhalten sühnender Selbstbestrafung."[16] Melanie Klein, deren Vorteil es ist, mit Kindern analytisch gearbeitet zu haben, hat darauf hingewiesen, wie Schuld einem die, die man liebt, entfremdet: "Gefühle der Schuld und der Antrieb, diese zu verbessern, sind eng mit dem Gefühl der Liebe verbunden. Wenn jedoch der frühere Konflikt zwischen

Liebe und Haß nicht zufriedenstellend behandelt wurde, oder wenn die Schuld zu stark ist, kann dies zu einem sich Abwenden von geliebten Menschen führen oder sogar zu einem Verstoßen derselben."[17]

Schuld kann, statt zu einem Verhaltenswechsel zu einer Verstärkung der schlechtangepaßten Verhaltensmuster führen. Eltern, die die Schuld induzierende "Böser Junge, böses Mädchen"-Reaktion gebrauchen, könnten das unannehmbare Verhalten stoppen. Öfter jedoch könnten sie den gegenteiligen Effekt erzielen: Das Kind denkt letztendlich: "Da ich böse bin, werde ich weitermachen, bis ich genug dafür bestraft werde, daß ich so böse bin." Viele Verhaltenswissenschaftler und Kriminologen sehen die psychopathische Persönlichkeit als ein Individuum, das kein Fassungsvermögen dafür hat, sich schuldig zu fühlen. Dies beruht auf der fälschlichen Ansicht, daß Schuld zu einem echt angepaßten Verhalten führt, und nicht einfach zu aufwallender Konformität. Tatsächlich macht die entgegengesetzte Hypothese mehr Sinn, nämlich, daß der Hang unserer christlichen Gesellschaft, den Schuld-Bestrafungs-Zyklus in Individuen zu fördern, so groß ist, daß einige Menschen süchtig nach Bestrafung werden. Dieser Vorgang bildet den Hintergrund für das Phänomen des Sündenbocks in der Familie, wo ein Mitglied, im allgemeinen ein um seine Autonomie ringendes Kind, für den Ärger in der Familie angegriffen und beschuldigt wird und anfängt, sich offen gemäß seiner ihm zugedachten Rolle zu verhalten. So ein Kind wird dann zu dem "ausgemachten Patienten", um andere Mitglieder der Familie, besonders die Eltern, davor zu schützen, sich mit ihren Rollen beim Hervorrufen des Familienunglücks auseinanderzusetzen.

Das Individuum, das genug selbstvorwurfsvolles Verhalten an den Tag legt, kann unter Umständen die Wut seiner Familienmitglieder in Sympathie verwandeln. Der reuige Alkoholiker, der zwanghafte Spieler oder Schläger, der seine Frau prügelt, hat sein zerstörerisches unangepaßtes Verhalten zu dem Status einer Krankheit erhöht, mit der Folge, daß das Gesundheitswesen mit einbezogen wird, um sein Verhalten zu verändern, das er kaum verändern möchte. Über diesen Punkt sagt Frieda Fromm-Reichmann:

In dieser Beziehung zur Autorität können die selbststrafenden Handlungen und die Erfahrung von Schuld als Sinnbild für die Versöhnung des unpersönlichen Tyrannen aufgefaßt werden. Die Schuld, die von dem Depressiven zum Ausdruck gebracht wird, wird nicht zu irgendwelchen echten Gefühlen des Bedauerns oder zu Bemühungen, das Verhalten zu verändern. Es ist einfach nur Mittel zum Zweck. Vom bloßen Erleiden von Schuldgefühlen wird erwartet, ausreichend zu sein, um wieder Billigung zu erlangen. Auf der anderen Seite kann man auch sehen, daß die Erlangung einer ständigen, festen menschlichen Beziehung zu der Autorität als hoffnungslos betrachtet wird. Deshalb wird nichts unternommen, um die Beziehung zu verändern oder sich auf einem besseren Verhaltensniveau einzuordnen, und der Patient greift nur auf das magische Ausstoßen von Schuldschreien zurück, um die Autorität zu versöhnen.[18]

Leo Salzmann kommt zu dem gleichen Schluß: "Die so ausgedrückten Schuldgefühle sind oft Einfälle, um Verantwortung zu verhindern und um Zustimmung durch mündlichen Ausdruck statt durch Taten zu erlangen."[19]

In unserer westlichen Gesellschaft ist die Stelle, die am meisten für die Stimulierung und Manipulation menschlicher Schuld verantwortlich ist, die christliche Kirche. Hierzu bemerkt Guirdham: "Während viele Psychiater damit beschäftigt sind zu versuchen, Patienten von Schuldgefühlen zu befreien, ist eine viel größere Anzahl von Priestern und Pastören damit beschäftigt, diese nach Kräften hervorzurufen."[20] Dieser Punkt wird noch viel kraftvoller durch den Philosophen Roger J. Sullivan vertreten: "Ein wesentlicher Teil der Predigten zielt darauf ab, den Gemeindemitgliedern zu verdeutlichen, daß sie Sünder sind, die wohl nicht so sehr empfinden, daß sie sündig sind, als sie das sollten."[21]

Mit den Lehren von der Erbsünde und dem Tod Christi am

Kreuz, um uns von den Folgen unserer Sünden zu erlösen, bekam die christliche Kirche die Herzen und Köpfe ihrer Anhänger ganz fest in den Griff. Um sich vorstellen zu können, wie so etwas möglich ist, ist es nötig, etwas über Schuld als zwischenmenschliche und politische Strategie zu wissen. Wenn A die Macht hat, daß B sich schuldig fühlt, kann A das Verhalten von B durch Anordnung nur der Verhaltensweisen bei B, die A anerkennt, beherrschen. Beim Christentum war es nicht nur das Verhalten, das durch Stimulierung und Manipulation von Schuld beherrscht wurde, sondern es waren auch die Gedanken und die Phantasie. Unsaubere Gedanken waren genauso schlecht wie die Taten an sich; es gibt häufig Bezüge in Paulus' Briefen darauf, die Herzen rein zu halten, was heißt, daß man nicht einmal an verbotene Handlungen denken soll. In der Sexualtherapie ist es eine der wichtigsten Aufgaben, Menschen zu helfen, ihre Schuldgefühle bezüglich sexueller Phantasien abzulegen, um sie in die Lage zu versetzen, ihre Sexualität vollkommener zu erleben. Diese Angst vor Schuldgefühlen kann auf die christlichen Lehren über sexuelle Gedanken zurückgeführt werden.

Die christliche Kirche, das Haus, das die Schuld erst geschaffen hat, verhält sich wie die Firmen, die Seifen und Deodorants herstellen. Die berühmten "Lifebuoy" (Markenname)-Seifenwerbungen der 30er Jahre warnten samt und sonders vor den Gefahren von "B.O." (Body Odor = Körpergeruch). Im Radio, in Zeitungen und Illustrierten und sogar auf Reklametafeln an Landstraßen suggerierte man uns, daß unsere besten Freunde alle möglichen geheimen Gedanken über unsere übelriechenden Körper hegten. Wie es eine Anzeige ausdrückte: "Sogar deine besten Freunde werden es dir nicht sagen." Jedoch könnten wir uns gegen diese gesellschaftliche Sünde durch den Gebrauch von Lifebuoy-Seife wappnen, und danach durch die Benutzung einer ganzen Reihe von Deodorants, Körpersprays und Pudern. Da die meisten dieser Produkte auf Frauen abgestellt sind, können wir nur annehmen, daß die Seifenindustrie Frauen als übelriechender als Männer ansieht, genauso wie die christliche Kirche die Frauen ab Eva im Garten Eden über Malleus Malleficarum[22] und die Hexen von Salem als die Hauptquelle der Versuchung für die Männer betrachtet hat. Die Seifenindustrie hat buchstäblich ein Bedürfnis geschaffen und ist dann dazu übergegangen, dieses Bedürfnis zu stillen und ihre Tresore gleichzeitig zu füllen.

Die christliche Kirche kreierte ein Bedürfnis für ihr Produkt dadurch, daß sie die Leute davon überzeugte, daß sie von grundauf schlecht und zur Hölle verurteilt wären, wenn sie nicht die christliche Sicht der Welt teilten. Die Verwendung menschlicher Opfer, um zornige Götter zu besänftigen, war ein Zug vieler primitiver Religionen, und in einigen Fällen wurden erstgeborene Söhne zum Sterben auserwählt. In der christlichen Mythologie ist die Situation vollkommen umgekehrt. Hier hat Gott, um uns seine "Liebe" zu beweisen, seinen "eingeborenen Sohn" den Tod am Kreuz erleiden lassen, um uns arme sündige Wichte aus den Klauen des Teufels zu befreien. Wie ein "liebender" Vater so etwas seinem Sohn antun konnte, egal aus welchem Grunde, hat mich als kleines Kind verwirrt; heute, als Vater und Großvater, bin ich erstaunt, daß irgendein mit Sinnen begabter Mensch mit von der Partie sein könnte, so einen unmenschlichen Mythos zu verewigen.

Eins ist jedoch sicher. Wenn du tatsächlich glaubtest, daß dir jemand einen Gefallen dieser unglaublichen Größe getan hat (ungeachtet der Tatsache, daß du ihn nicht darum gebeten hast): Deine Schuld, den armen Burschen dazu gebracht zu haben, so einen äußersten Schritt zu tun, würde in dir sicherlich das Gefühl erzeugen, immer in seiner Schuld zu sein. So wurden die Menschen zu Schachfiguren für diejenigen, die behaupten, daß sie im Namen Gottes sprächen.

Jesus' Tod am Kreuz stellt ein wunderbares Geschenk an die gesamte Menschheit von Gott, seinem Vater, dar. Die Mehrheit der Juden in Israel hat sich jedoch geweigert, dieses freundliche Angebot anzunehmen, und es vorgezogen, auf ihren eigenen Messias zu warten. Weil sie so undankbar waren, wurden sie als die ausgemacht, die für den Tod Jesu verantwortlich waren, und während der ganzen Geschichte der Christenheit sind sie die Objekte der Verfolgung durch die Christen gewesen, mit dem Höhepunkt (aber nicht dem Ende) im Holocaust. Im Gefolge dieser Dezimierung der europäischen Juden durch die Nazis erklärte Papst Pius XII., daß die Juden nicht mehr als die Christus-Mörder angesehen werden sollten. Es ist bei Christen sogar Mode geworden, die bizarre Phrase "jüdisch-christliche Ethik" zu gebrauchen, als einen Versuch, die blutige Geschichte christlicher Ungerechtigkeit gegenüber den Juden reinzuwaschen.

Wenn jedoch Jesus' Opfer am Kreuz ein wahrer Akt erlösender Liebe durch Gott war, warum sollten die Juden dann dafür verfolgt werden, selbst wenn sie dafür verantwortlich gewesen wären? Sollten sie nicht dafür als Vertreter für den Willen solch eines liebenden Gottes respektiert werden? Man kann nur daraus schließen, daß durch die Zeitalter die Schuld, die in den Christen durch das Opfer Christi am Kreuz hervorgerufen wurde, zusammen mit dem von der Lehre der Erbsünde herrührenden Selbstekel, so viel innere Wut hervorgerufen wurde, daß sie an jedem, der nicht ihre Ansichten teilte, ausgelassen werden mußte. Und die Juden waren die offensichtlichsten Ziele.

Christliche Selbstaufopferung

Die christliche Lehre hat immer behauptet, daß Jesus einige Gelegenheiten hatte, sich vor dem Tod zu retten, es jedoch vorzog, absichtlich am Kreuz zu sterben. Der Ruhm des freiwilligen Martyriums haftet dem Leben der frühen Christen sichtbar an. In seinem Brief an die Römer schreibt Paulus: "Sind wir aber in Christo gestorben, so glauben wir, daß wir auch mit ihm leben werden." (Röm. 6,8) W. H. C. Frend schreibt in seiner gelehrten Studie des Märtyriums in der frühen christlichen Kirche: "Nur der Tod allein für den Glauben machte aus einem Christen einen

Märtyrer. ... Die zweite Bestätigung konnte nicht vollkommen sein ohne des gläubigen Leidtragenden Opferung durch Tod. Aber durch den Tod, 'für den Ruhm Christi' war der Märtyrer 'für immer in der Gesellschaft des lebenden Gottes.'"[23]

A. Alvarez' Buch *The Savage God*[24] weist darauf hin, daß entgegen volkstümlicher Mythen darüber, daß Christen den Löwen vorgeworfen wurden, die Christen oft selber von sich aus ein öffentliches Ärgernis darstellten, indem sie absichtlich in die Arena sprangen, in der Hoffnung, sofort mit Jesus vereint zu werden. Aber da die Kirche begann, sich ausschließlich mit der Aufgabe der Gründung einer irdischen Institution zu beschäftigen, reagierte sie auf diese unbesonnenen christlichen Selbstmorde mit einer Reihe von Edikten. Der Höhepunkt war das Verbot derselben im Jahre 693 auf dem Konzil von Toledo. Daher ist das "traditionelle" Verbot von Suizid überhaupt nicht traditionell, sondern eine Reaktion auf die doktrinär gestützte, tiefverwurzelte suizidale Veranlagung, begründet im Märtyrium Christi. Was sich in Jonestown, Guyana, am 18. November 1978 abspielte, war einfach eine Wiederholung dessen, was in Rom während der ersten paar Jahrhunderte christlicher Ära passierte.

Kenneth Woodens Buch *The Children of Jonestown*[25] weist darauf hin, daß trotz der Tatsache, daß 276 Kinder in diesem "Massenselbstmord" eingeschlossen waren, keine offizielle Untersuchung durch Präsident Carter in Gang gesetzt wurde. Wooden führt aus, daß die Freunde von Jim Jones in hohen politischen Ämtern jegliche Untersuchung dieser Barbarei unterdrückten, die nur sechs Wochen vor Beginn des "Jahres des Kindes" geschah. Ein zusätzlicher Grund könnte sein, daß sowohl Präsident Carter als auch der Gouverneur von Californien, Jerry Brown, - Leute, die am ehesten eine derartige Untersuchung anordnen sollten, - Christen sind. Könnten sie geahnt haben, daß so eine Untersuchung sie und das amerikanische Volk als ganzes gezwungen hätten, in die trüben Tiefen des Glaubens zu sehen, von dem sie behaupten, daß er sie trägt?

Wir müssen hier anerkennen, daß es verschiedene Arten von Suiziden gibt. Ein 65jähriger Mann, der vor einem langsamen Tod durch unheilbaren Krebs steht, könnte sich eine Überdosis einer Droge injizieren, um sich selbst und seiner Familie unnötiges Leiden zu ersparen. Dieser Fall ist völlig anders gelagert als der eines 18jährigen Mädchens, das eine Überdosis von Tranquilizern ihrer Mutter schluckt, weil sie deprimiert darüber ist, daß ihr Freund sie verlassen hat. Die meisten dieser sogenannten dyadischen Suizide, wo jemand einen anderen dadurch bestrafen will, daß er sich sein, oder sie sich ihr Leben nimmt, kann zu einem großen Teil auf doktrinären christlichen Einfluß zurückgeführt werden. Genauso wie die Kirche ihre Anhänger mit dem Opfertod Jesu erpreßt, versuchen Suizidpatienten, die von ihnen Geliebten in einem Stadium der Schuld zu erpressen, gemeine Reue für das Leiden, das sie über die Suizidopfer "gebracht" haben.

Schlußfolgerung

Wir haben in diesem Kapitel gezeigt, daß der wahre Christ einer Gehirnwäsche unterzogen wurde, die ihn glauben machen sollte, daß er schlecht zur Welt gekommen ist, daß er wie Christus leiden sollte, um Gott zu gefallen, und daß er einen menschlich unmöglichen Grad der Vervollkommnung anstreben sollte. Der wahre Christ sollte nicht gut von sich denken, auch sollte er nicht versuchen, gute, tragende menschliche Beziehungen zu entwickeln, sondern er sollte sein ganzes Vertrauen auf Gott richten. Die Kirche vermittelt den Menschen im wesentlichen ein Schuldgefühl dafür, daß sie leben, und erklärt dann, sie vor dem Tier im Menschen, das in uns allen steckt, zu schützen.

Aber im Bereich der menschlichen Sexualität und der Zeugung treffen wir die Kirche in ihrer machiavellistischsten Höchstleistung an. Das ist das Thema der folgenden zwei Kapitel.

Anmerkungen

1. Jules Henry, *Pathways to Madness* (London: Jonathan Cape, 1972), S. 405.

2. Thomas à Kempis, *The Imitation of Christ* (Chicago: Moody Press, 1980), S. 91.

3. Sigmund Freud, *Beyond the Pleasure Principle*, in James Strachey, Übersetzer u. Herausgeber, *The Complete Psychological Works of Sigmund Freud* (London: Hogarth Press, 1955), 18: 7-64.

4. Sandor Rado, *Adaptational Pschychodynamics* (New York: Science House, 1969), S. 252.

5. George H. Smith. *Atheism: The Case against God* (Buffalo, N.Y.: Prometheus Books, 1979), S. 304.

6. ebenda, S. 308.

7. Ludwig Feuerbach, *The Essence of Christianity*, Übersetzung George Eliot (New York: Harper Torchbooks, 1957), S. 62.

8. Robert G. Ingersoll, "Some Mistakes of Moses," in Gordon Stein, Herausgeber, *An Anthology of Atheism and Rationalism* (Buffalo, Prometheus Books, N.Y.: 1980), S. 148.

9. Rudolph M. Bell, *Holy Anorexia* (Chicago: University of Chicago Press, 1985).

10. Feuerbach, *The Essence of Christianity*, S. 62

11. "Glossary of Pschychiatric Terminology," in Alfred M. Freedman, Harold I. Kaplan, und Benjamin J. Sadock, Hrsg., *Comprehensive Textbook of Psychiatry*, 2. Auflage. (Baltimore, Md.: The Williams and Wilkins Company, 1975), S. 2588.

12. Smith, *Atheism: The Case ageinst God*, S. 304.

13. Carroll Izard, *Human Emotions* (New York: Plenum Press, 1977): Seiten 421-25.

14. Franz Alexander, *The Scope of Psychoanalysis* (New York: Basic Books, 1961), S. 129.

15. Erik H. Erikson, "Identity and the Life Cycle," *Psychological Issues* 1, no 1 = Monograph No. 1 (New York: International Universities Press, Inc., 1959), S. 80.

16. Rado, *Adaptational Psychodynamics*, S. 229.

17. Melanie Klein, "Love, Guilt, and Reparation," in John Rickman, Herausgeber, *Love, Hate and Reparation. Psychoanalytical Epitomes*, No. 2 (London: Hogarth Press and the Institute of Psychoanalysis), S. 83.

18. Frieda Fromm-Reichmann, *Psychoanalysis and Psychotherapy* (Chicago: University of Chicago Press, 1959), S. 257.

19. Leon Salzman, "Guilt", *Mental Health and Society* 1 (1974): 318.

20. Arthur Guirdham, *Christ and Freud* (London: Geoge Allen and Unwin, Ltd., 1959, S. 97.

21. Roger J. Sullivan, "Psychotherapy: Whatever Became of Original Sin?" in Paul W. Sharky, Herausgeber, *Philosophy, Religion and Psychotherapy* (Washington, D.C.: University Press of America, 1982), S. 174.

22. Heinrich Kramer and James Sprenger, *The Malleus Maleficarum* (New York: Dover Publications, 1971).

23. W. H. C. Frend, *Martydom and Persecution in the Early Church* (Oxford: Basil Blackwell, 1965), S. 14-15.

24. A. Alvarez, *The Savage God: A Study of Suicide* (New York: Random House, 1972), S. 71.

25. Kenneth Wooden, *The Children of Jonestown* (New York: McGraw-Hill, 1981).

6
Christen, Sexualität und traditionelle Geschlechtsrollen

Der Sexualtrieb selber gab der organisierten Religion eine Gelegenheit, das anzuhäufen, was unzweifelhaft die größte Macht war, die je in die Hände von Menschen gelegt wurde.

Rabbi Abraham Feinberg[1]

Offensichtlich werden religiöse Lehren in die Gebräuche und Haltungen der Gesellschaft mit eingeschlossen; schließlich bestimmen sie sowohl die Haupttendenz von Verhalten als auch die Erwartung dessen, was Menschen sexuell machen.

C. A. Tripp[2]

Sexualität ist für viele Menschen in der westlichen Gesellschaft die Quelle großer Probleme. Streitfragen wie sexuelle Funktionsstörungen, Pornographie, Vergewaltigung, Kindesmißbrauch, unerwünschte Schwangerschaft, Geschlechtskrankheiten, Sorgen wegen der sexuellen Orientierung und AIDS sind ständige Beschäftigung für die Medien, das Gesundheits- und Rechtswesen. Die wenigen im Gesundheitswesen Arbeitenden, die nicht selber eine krankhafte Angst vor der Liebe haben, berichten, daß sexuelle Leiden in der einen oder anderen Form bei vielen Patienten oder Klienten gefunden werden können. Hinter der Scheidungsrate (annähernd jede dritte Ehe) lauert eine tödliche Kombination von Sexual- und Beziehungsproblemen. Während die meisten Menschen zustimmen, daß es Probleme mit der Sexualität gibt, zögern sie, den Ursprung der tiefverwurzelten Haltungen, die diesen Problemen zugrunde liegen, zu untersuchen. Aber solange wir es vermeiden, diese Haltungen auf ihre Wurzeln zurückzuführen, werden unsere Lösungen für diese Probleme immer nur Notlösungen sein.

Wie in anderen Bereichen menschlicher Existenz sind unsere Haltungen bezüglich Sexualität und Sexualrollen überwiegend durch die Lektionen bestimmt, die wir früher in unserem Leben gelernt haben. Die meisten Erwachsenen im englischen Sprachraum würden behaupten, daß sie ohne Sexualerziehung aufgewachsen sind; die Wahrheit ist, daß wir alle mit sehr viel Sexualerziehung aufgewachsen sind, jedoch mit sehr wenig Sexualaufklärung.

Bildung bezüglich Sexualität ist etwas, dem Kinder ständig ausgesetzt sind, mit den Lektionen, die gewöhnlich in feinen, aber ständigen Botschaften enthalten sind. Tatsächlich wird oft gesagt, daß ein Vater oder eine Mutter, ein Lehrer oder ein Arzt nicht darum herumkommen, Sexualausbilder zu sein. Eine mächtige "Lektion" wird dem Kind beigebracht, wenn Vater oder Mutter ihm die Hand aus dem Genitalbereich wegnehmen oder darauf bestehen, die Genitalien als "Muschi" oder "Pimmel" oder "da unten" zu bezeichnen, während sie insistieren, für alle anderen Körperteile den richtigen anatomischen Namen zu lernen. Eine andere mächtige Lektion wird gelernt, wenn ein offensichtlich verlegener Vater seinem Sohn oder seiner Tochter sagt, er oder sie solle zur Mutter gehen, um zu fragen, wenn das Kind den ersten mutigen Versuch macht, sexuelle Aufklärung zu suchen. Sexuelle Aufklärung findet statt, wenn eine Mutter, die es versäumt hat, ihre Tochter auf die erste Menstruation vorzubereiten, ihr einfach sagt, "hole eine Binde aus dem Badezimmer," wenn das entsetzte Mädchen mit plötzlichem, unerklärlichem Bluten zu seiner Mutter kommt. Unterricht in der Grundschule über den menschlichen Körper kann seltsamerweise die Erwähnung der Genitalien ausschließen; Ärzte können, wenn sie Patienten untersuchen, Fragen bezüglich der Blase, Lunge und Därme stellen, es jedoch versäumen, sich nach Sexualfunktionen zu erkundigen.

Die negativen Lektionen, die Kinder lernen, sorgen nicht nur dafür, daß sie sexuell unwissend bleiben, sondern, noch schlimmer, sie sind voll mit einer Anzahl schädlicher sexueller Mythen.

Sie werden von ihrer sexuellen Natur entfremdet, und zwar in einem Grad, der es für sie schwierig macht, sexuell ansprechbar und verantwortlich heranzuwachsen. Christliche Lehren über Sexualität machen Menschen gegenüber allen möglichen sexuellen Ausbeutungen verwundbar: zwischenmenschlich, demographisch und kommerziell.

Meine Kollegen und ich, an der McMaster Universität in Hamilton, Ontario, haben uns lange mit den Ursprüngen dieser sexuellen Haltung befaßt. Im Jahre 1981 haben wir in einem Papier postuliert, daß derartige Haltungen auf einen Sexualkodex zurückgeführt werden könnten, der vom Ansatz her grundlegend autoritär und offenkundig pronatalistisch war und ist.[3] Der Ausdruck "Pronatalismus" bezieht sich auf "alle Haltungen oder alle Politik, die für das Gebären eintreten, die Zeugung ermuntern, die die Rolle der Elternschaft ideologisch überhöhen".[4] Dieser Kodex ist auch autoritär, dadurch, daß Sexualverhalten größtenteils durch das kirchliche und/oder weltliche politische Establishment diktiert wird. Oft würde man diese Pro-Leben-Politik der Regierung und religiöser Institutionen (so wie Edikte gegen Schwangerschaftskontrolle und Abtreibung) treffender als Politik demographischer Aggression bezeichnen, da das Motiv offensichtlich ist, daß die "dazugehörige Gruppe" die "nicht dazugehörige Gruppe" rein zahlenmäßig erdrückt. Der Erfolg der christlichen Politik der demographischen Aggression wird durch die Tatsache bezeugt, daß diese Religion jetzt die zahlenmäßig größte auf der Welt ist.

Pro-Leben-Haltungen haben die westliche Gesellschaft bis zu einem Punkt durchdrungen und geformt, daß das Wachstum der Bevölkerung für alle auf diesem Planeten eine Quelle der Sorge ist oder sein sollte. Derartige Haltungen haben auch die Psyche der Menschen der westlichen Welt durchdrungen, und zwar in einem Maße, daß sie einen tiefen Einfluß auf alle Aspekte der Sexualität und Zeugung haben.[5]

Dieser autoritäre Pro-Leben Sexualkodex wird durch folgendes gekennzeichnet: (1) Duldung, wenn nicht gar Förderung, sexuellen Unwissens; (2) Ächtung sexueller Erkenntnis während der Kindheit und während des Jugendlichenalters; (3) ängstliche Haltungen gegenüber sinnlichen Freuden; (4) Verbot sexueller Freuden, die über den Zeugungsakt hinausgehen; (5) Verbot sexuellen Verhaltens, das nicht zur Empfängnis führt (Masturbation, oraler Sexualverkehr oder Homosexualität); (6) Verwerfen individueller Rechte bei der Zeugungsgesetzgebung; (7) Verwerfung individueller Rechte bei der Wahl der Elternschaft; (8) Herabsetzung individueller sexueller Verantwortung zugunsten einer strengen Befolgung religiös verordneter Gesetze; und (9) Festlegung auf stereotype Geschlechterrollen.

Pro-Leben stammt aus einer Übergangsphase zwischen der Jäger/Sammler-Phase und der Landbau-Phase der gesellschaftlichen Evolution während der sogenannten neolithischen Revolution. Jäger/Sammler-Gruppen waren durch die Art ihres Lebens tatkräftig in ihrer Begrenzung der Familiengröße, was überwiegend durch Kindestötung geschah. Wie jedermann, der jemals mit kleinen Kindern gewandert ist, nachvollziehen kann, war zuviel Nachwuchs ein Handicap für eine Nomadenfamilie während des Paläolithikums. Im Gegensatz dazu verleiht eine Wirtschaft, die auf Landbau gründet, sogar kleinen Kindern einen hohen wirtschaftlichen Wert, denen beigebracht werden kann, Getreide einzusammeln, Unkraut auszurupfen, Rinder zu hüten, Essen zur Erntearbeit zu bringen usw. Primitive Ackerbauvölker, die mit Jäger/Sammler-Gefühlen bezüglich der Familiengröße funktionierten, veränderten ihre Haltungen nicht so schnell, und es dauerte lange, bis sie erkannten, daß viele Kinder jetzt ein Gewinn und keine Bürde mehr waren. Die Veränderung der Haltung bezüglich der Familienplanung während des Neolithikums wurde mit Hilfe primitiver Religionen erreicht, größtenteils durch Abhalten von Fruchtbarkeitskulten, was eine wahrhaft beeindruckende Aufgabe der gesellschaftlichen Anpassung war.

Jedoch - und dieser Punkt ist entscheidend - zur Zeit der sogenannten modernen Religionen (Judaismus, Hinduismus, Christentum und Islam) gab es für große Familien aus wirtschaftlichen Gründen keine Notwendigkeit mehr. Die Motivation dazu wurde jetzt rein politisch; moderne religiöse Lehren wurden nicht vor dem Hintergrund des Wohlergehens und des Glücks des Individuums konzipiert.

Die Rolle des Christentums bei der Erfindung des autoritären Pro-Leben-Sexualkodexes

Strategien für die Förderung großer Familien sind von einer Religion zur anderen unterschiedlich. Die Brahmanen-Braut wird mit folgendem Segen begrüßt: "Mögest du acht Söhne haben, und möge dein Gatte lange leben." Im Islam sind die Ausübung der Polygamie und das ausdrückliche Koran-Gebot, zu heiraten und zu zeugen, zwei weitere Beispiele für die ausschließliche Beschäftigung der Religion mit der Zeugung. Dieses könnte man positive Pro-Leben-Strategien nennen.

Die negativen Strategien, die durch die christliche Kirche entwickelt wurden, haben einige ihrer Wurzeln im jüdischen Gesetz. Nach ihrer Rückkehr aus dem babylonischen Exil erließen die Hebräer Gesetze, die den heterosexuellen Geschlechtsverkehr als die einzig legale Form der Sexualität erklärten. Regeln darüber, wie der Sexualverkehr ausgeführt werden sollte, waren ziemlich genau: "Er sollte Geschlechtsverkehr auf eine möglichst sittsame Art haben; er unten und sie oben wird als unzüchtig angesehen." Der Gatte sollte nicht "im Geist des Leichtsinns mit seiner Frau kohabitieren", und "wenn man Geschlechtsverkehr hat, sollte man an die Torah oder andere heilige Sachen denken".[6]

Die jüdischen Reinheitsgesetze, die die Verdammung des Geschlechtsverkehrs während der Menstruationsperiode beinhalten, sind auf die Tatsache zurückzuführen, daß eine Frau zu dem Zeitpunkt in ihrem Zyklus nicht schwanger werden kann. Psalm 127 gibt die hebräische Prägung des Pronatalismus: "Wie Pfeile sind in der Hand eines mächtigen Mannes, so sind Kinder von der Jugend. Glücklich ist der Mann, der seinen Köcher mit ihnen voll hat: Sie sollen sich nicht schämen, sondern sie sollen mit den Feinden in der Gerichtsstätte sprechen." Entsprechend dem Kodex des jüdischen Gesetzes ist "ein Mann verpflichtet, eine Frau zu nehmen, um die Regel der Fortpflanzung zu erfüllen". Jedoch wurde angenommen, daß der Gatte seine Pflicht erfüllt hatte, wenn er einen Sohn und eine Tochter zeugte, "vorausgesetzt, daß der Sohn kein Eunuch und die Tochter nicht unfähig zu empfangen ist".[7] Diese religiöse Verpflichtung ruhte auf den Schultern des Mannes, obgleich die Braut mit diesen Worten gesegnet war: "Unsere Schwester sei eine Mutter von zehntausenden."[8]

Während es Ähnlichkeiten zwischen jüdischen und christlichen Haltungen bezüglich der Sexualität gibt, so sind doch die Unterschiede gravierend. Trotz des Drucks zur Zeugung im jüdischen Gesetz wurden die Juden ermuntert, Sexualität als eine gesunde, natürliche Sache, die von Mann und Frau genossen werden kann, anzusehen. Im Christentum wurde Geschlechtsverkehr als ein notwendiges Übel betrachtet. Sankt Paulus erinnert uns, daß wegen der Schlechtigkeit Evas, und wahrscheinlich wegen der Verführung Adams, und weil sie diese Begegnung genossen hat, Frauen für alle Ewigkeit verdammt worden waren: "Und Adam ward nicht verführt; das Weib aber ward verführt und hat die Übertretung eingeführt. Sie wird aber selig werden durch Kinderzeugen, so sie bleiben im Glauben und in der Liebe und in der Heiligung samt der Zucht." (1 Tim. 2,14 u. 15) Ein jüdischer Mann sollte nicht mit seiner Frau schlafen, "außer es war mit ihrer Zustimmung" und "es ist bestimmt verboten, sie zu zwingen."[9] Von der christlichen Frau wurde erwartet, daß sie einwilligt und ihre heilige Pflicht erfüllt, und zwar in einem solchen Ausmaße, daß erst in jüngster Vergangenheit säkulare Gerichte im christlichen Westen das Konzept der Vergewaltigung in der Ehe als ein legitimes Thema der Besorgnis in Betracht gezogen haben.

Während die jüdische Tradition der christlichen bezüglich der

Ablehnung anderer Methoden sexueller Verwirklichung als der des Beischlafs ähnlich ist, war sie weniger heftig in ihrer Verdammung dieses Verhaltens. Geburtenkontrolle wurde in dem Kodex nicht erwähnt, obwohl nächtlicher Samenerguß sicherlich beanstandet und als auf "böse Gedanken"[10] zurückzuführen angesehen wurde. Der jüdische Kodex forderte von einem Paar nur, daß es zwei Kinder haben sollte, vorausgesetzt, jedes Kind war selber fähig zu zeugen/zu gebären. Christliche Tradition ermunterte zu großen Familien, obgleich, wie John T. Noonan jun. bemerkte, dies kein ausdrücklicher Aspekt der Lehre war.[11] Die christliche Kirche, auf ihren jüdischen Fundamenten gebaut, übernahm freizügig von anderen Religionen, entwickelte viele ihrer eigenen Lehren, und machte sich die Sexualität ihrer Anhänger unerbittlich nutzbar, um ihrer Politik der demographischen Aggression zu dienen. Sie mußte ihre Ziele nicht ausdrücklich betonen.

Bemerkenswert bezüglich der christlichen Haltung im Hinblick auf Sexualität und Gebären ist das völlige Fehlen eines Bezuges darauf in den Lehren von Jesus, die uns übermittelt wurden. Es ist schon möglich, daß Jesus, wenn man den Tenor der anderen Lehren, die ihm zugeschrieben werden, sieht, zu diesem wichtigen Aspekt des menschlichen Lebens etwas gesagt hat. Es kann sogar sein, daß Jesus' Worte aus diesem Bericht getilgt wurden, ganz einfach, weil seine Vorstellungen nicht mit den durch die frühen Kirchenväter so energisch verbreiteten Lehren übereinstimmten. Reay Tannahill drückt es so aus: "Es ist unzweifelhaft ein Beitrag (wenn auch ein zweideutiger) von solchen Männern wie dem Heiligen Jeremias und Heiligen Augustin, daß das, was die moderne Welt unter Sünde versteht, nicht aus den Lehren des Jesus von Nazareth stammt, oder von den Schrifttafeln vom Berg Sinai, sondern von dem frühen sexuellen Wandel einer Handvoll Männer, die während der Tage der Dämmerung des imperialen Roms lebten."[12]

In den Jahrzehnten nach dem Tod Jesu und der "Wiederauferstehung" waren seine Anhänger nicht mit solchen weltlichen

Angelegenheiten beschäftigt wie den Regeln des Sexual- und Zeugungsverhaltens, da sie auf das Wiedererscheinen ihres Meisters warteten. Aber als Jesus' Jünger merkten, daß die zweite Wiederkehr nicht unmittelbar bevorstand, widmeten sie sich der Aufgabe, eine irdische Institution in seinem Namen zu entwickeln. Um noch einmal Tannahill zu zitieren: "Fortpflanzung der Gläubigen war eine nützliche Hilfe für die Fortpflanzung des Glaubens, und die Kirche gab sich damit zufrieden, ihre Herde regelmäßig durch neue Lämmer zu vergrößern."[13]

Eine Tradition der Askese, die von den langen Jahren des Wartens herrührt, bildete die Grundlage, auf welcher die Sexualphilosophie aufgebaut war. Man könnte sagen, daß die Verehrung der Keuschheit der frühen Kirche, die immer noch (theoretisch) bei den Klerikern und in den religiösen Orden der römisch-katholischen Kirche erhalten ist, langsam einer zögerlichen Billigung des Geschlechtsverkehrs in der Ehe Platz machte, während gleichzeitig alle anderen Formen der Sexualität, die nicht zur Empfängnis führen konnten, verboten wurden. In den frühen Jahren der Kirche hat eine Anzahl institutionalisierter Haltungen bezüglich Geschlechtsverkehr und Gebären die Entwicklung der christlichen Lehre, positiv und negativ, beeinflußt. Die Gnostiker glaubten an einen strikten Dualismus und sahen den wahren Gläubigen als jemanden, der die böse materielle Welt völlig verwarf, um das heilige Reich des Spirituellen zu umfassen. Die meisten Gnostiker lebten ein asketisches Leben, lehnten die Zeugung ab, wenn nicht gar die Sexualität an sich. Der Gnostizismus war ein mächtiger Teil der christlichen Gemeinschaft, die Jesu Rückkehr erwartete; als es offensichtlich wurde, daß es notwendig war, sich auf der Erde einzurichten, mußten die gnostischen Ansichten über die Zeugung verdrängt werden. Der Gnostizismus wurde im wesentlichen eine der ersten Ketzereien, die durch die christliche Kirche niedergeschlagen werden mußte; aber durch das Niederschlagen des Gnostizismus, wie Vern Bullough feststellte, "wurde die frühe christliche Kirche durch ihn stark beeinflußt, und auf Dauer gesehen scheint ihre Haltung gegenüber dem Geschlechtsverkehr mehr durch die asketischen Gnostiker als die noch früheren Juden beeinflußt zu sein".[14]

In seinem Buch *Contraception* (Empfängnisverhütung) führt John T. Noonan einige Ursprünge der Lehren der Kirche bezüglich Sexualität und Zeugung auf stoische Philosophen zurück, "deren Ideen quasi in der Luft lagen, die die zum Christentum Bekehrten atmeten," und die "einen gewaltigen geistigen Einfluß auf viele der fähigsten Christen ausübten".[15] Der stoische Ansatz zur Sexualität befaßte sich mit der Beherrschung jedes körperlichen Verlangens, die Losungen sind "Natur, Tugend, Anstand und die Freiheit von Unmäßigkeit". Der Stoiker tadelt Leidenschaft in jeder Form, sogar im Ehebett; Geschlechtsverkehr war nur zur Zeugung da. Die Stoiker waren auch eingenommen für "vernunftmäßige Unabhängigkeit", ein Ziel, wie Noonan anmerkte, das das Understatement des Jahrhunderts gewesen sein muß, das die christlichen Intellektuellen nicht annahmen.

Die christliche Doktrin, daß Geschlechtsverkehr nur der Zeugung dient, erhielt einen starken Auftrieb durch die Lehren des Heiligen Augustinus. Er gehörte der häretischen Sekte der Manichäer an, die Anhänger des Propheten Mani aus dem 3. Jahrhundert waren. Manichäismus hatte eine starke Ähnlichkeit mit dem asketischen Gnostizismus des 1. und 2. Jahrhunderts, besonders bezüglich seiner Ablehnung der Zeugung. In seinen elf Jahren als Jünger Manis gelang es Augustinus wegen seines starken sexuellen Drangs nicht, zum höchsten Rang des Ordens aufzusteigen. Als er ein Konvertit des orthodoxen Christentums wurde, gelang es Augustinus, diesen Trieb im Zaum zu halten; seine danach folgenden Lehren trugen jahrhundertelang zur Stärkung des eisernen Griffs der Kirche auf den Uterus der Christinnen bei.

1600 Jahre der Indoktrination durch die christliche Lehre im Hinblick auf Sexualität und Zeugung bilden die Grundlage für den autoritären Pro-Leben-Sexualkodex, der das Sexual- und Zeugungsleben so vieler Menschen der westlichen Welt verwüstet hat.

Geschmiedet während der Kindheitstage der Christenheit, nur damit beschäftigt, immer mehr Christen im Kampf gegen die Nichtchristen zu produzieren, ist dieser Kodex durch viele säkulare Staaten gebraucht und manipuliert worden, um die Politik militärischer Aggression, wirtschaftlichen Fortschritts und kolonialer Expansion zu befördern.

Christliche Apologeten haben immer in Abrede gestellt, daß die Lehren der Kirche über Geschlechtsverkehr und Zeugung eine Strategie darstellen, um andere Religionen durch die reine Macht der Anzahl zu erdrücken. Aber im Jahre 1984 ließ Papst Johannes Paul II. die Katze aus dem Sack. Kurz vor seiner triumphalen Reise nach Kanada kritisierte er die Katholiken für die Art und Weise, wie sie die durch die Kirche genehmigten "natürlichen" Methoden der Familienplanung benutzten. Dies ist die Technik, die umgangssprachlich als "vatikanisches Roulette" bezeichnet wird, womit die Enthaltung vom Geschlechtsverkehr während der fruchtbaren Periode von der Kirche als Mittel zur Empfängnisverhütung angesehen wird. Ein Versuch einiger römisch-katholischer Ärzte, diese Methode mit medizinischer Verantwortung zu ummänteln und die Körpertemperatur der Frau als Anzeichen für die Bestimmung des sicheren Zeitraumes zu benutzen, hat zum Gebrauch der seltsamen Wortneubildung "symptothermische" Methode der Geburtenkontrolle geführt.

Der Papst beschwerte sich bei den paar Katholiken, die noch treu zum Geiste der Humanae Vitae standen und die Zyklusmethode anwendeten: "Der Gebrauch der unfruchtbaren Perioden im Eheleben kann eine Quelle des Mißbrauchs werden, wenn das Paar auf solche Art versucht, die Zeugung *ohne echte Gründe* zu verhüten, und so die Zeugung unter das *moralisch richtige Niveau der Geburten* für ihre Familie senkt (kursiv durch den Autor)."[16] Diese demographische Paranoia von Seiten Johannes Pauls erinnert befremdend an die Worte von Adolph Hitler in *Mein Kampf:* "Jeder, der den Fortbestand des deutschen Volkes durch Selbstbeschränkung in der Zeugung sichern will, raubt ihm seine Zukunft."[17] Hitler war genauso gegen Empfängnisverhütung wie es Johannes Paul II. ist. Durch seine Aussage machte der Papst klar, daß Moral nicht etwas mit der Art der Geburtenkontrolle, sondern mit der durch sie verhüteten Anzahl der Geburten zu tun hat. Trotz der Sorge des Papstes ist es gut bekannt, daß die "natürliche" Art der Geburtenkontrolle keine effektive Methode der Verhütung ist, nicht einmal in den Händen hochmotivierter, ergebener katholischer Paare. Daher werden Paare, die sich auf diese Methode verlassen, wahrscheinlich mehr Kinder haben als die, die effektivere Methoden benutzen, die durch die Humanae Vitae verboten sind. Die Kirche zerbricht sich nicht darüber den Kopf, ob derartige Babys den Eltern willkommen sind.

Es ist sinnvoll, sich mit den Elementen des Pro-Leben-Sexualkodexes auseinanderzusetzen, um zu zeigen, wie jedes von ihnen funktioniert, um die Anzahl der Geburten zu maximieren.

Duldung - wenn nicht gar Förderung - der sexuellen Unwissenheit

Ein Pro-Leben Sexualkodex begünstigt sexuelle Unwissenheit aus einem sehr offensichtlichen Grunde: Je mehr Leute in bezug auf Sexualität und Zeugung unwissend sind, desto weniger Macht haben sie darauf, die Zeugung zu beeinflussen. Die Natur nimmt ihren eigenen Lauf.

Die Rolle des Christentums bei diesem Zustand sollte jedem offensichtlich sein, selbst bei dem rudimentären Wissensstand der Sexualerziehung in unserer Gesellschaft. Christliche Kleriker und militante Laien sind ganz vorn in der Opposition gegen die Durchführung von Sexualerziehung in den Schulen. Ihr Argument ist, daß das Wissen über Sexualität die jungen Leute zu sexuellen Handlungen anregen wird, bevor sie verheiratet sind, ungeachtet der Tatsache, daß das Wissen über Ernährung und den Magen- und Darmtrakt nicht zu plötzlichem Essen anregt. Tatsächlich ist das Gegenteil wahrscheinlicher der Fall. Ein großer Teil der sexuellen Handlungen der Heranwachsenden kann darauf zurückgeführt werden, daß die Jugendlichen dadurch versuchen zu lernen, oft mit verheerenden Folgen. Die zur Verfügung stehenden wissenschaftlichen Beweise zeigen, daß sexuelle Aufklärung häufig dazu führt, daß Jugendliche viel später in den Sexualverkehr einwilligen als nicht aufgeklärte Jugendliche, obgleich die ersteren in anderes sexuelles Verhalten involviert sein können. Wenn die Leidenschaft die Auswirkungen des Predigens ausschaltet, ist der unaufgeklärte Jugendliche, erfüllt vom Pro-Leben-Mythos, daß Sex gleich Geschlechtsverkehr ist, so programmiert, daß nichtgeschlechtsverkehrsmäßige sexuelle Handlungen zu Gunsten eines ungeschützten Koitus verworfen werden.

Die australischen Forscher Ronald und Juliette Goldman versuchten das Ausmaß des Sexualwissens im Kindesalter durch das Studieren von über 800 Kindern im Alter von fünf, sieben, neun, elf und 15 Jahren in vier verschiedenen Gegenden der Welt festzustellen: Schweden, England, Australien und Nordamerika (genauer gesagt im Gebiet von Buffalo im Staate New York und in St. Catherines im angrenzenden Ontario, Kanada)[18] Die Goldmans stellten den Kindern eine Anzahl altersspezifischer Fragen, die auf der Entwicklungstheorie von Jean Piaget und Lawrence Kohlberg basierten. Sie entdeckten, daß die schwedischen Kinder ein viel früheres Verständnis über die Herkunft der Säuglinge und die biologische Rolle der Eltern hatten als die Kinder in allen englischsprachigen Ländern. Zwanzig Prozent aller englischsprechenden Eltern verweigerten die Genehmigung für die Einbeziehung ihrer Kinder in die Studie, verglichen mit nur fünf Prozent der schwedischen Eltern. Eine Erklärung dafür ist, daß, obwohl bis vor kurzem die lutherische Kirche die Staatskirche in Schweden war, das Christentum spät nach Skandinavien kam und die Lehre die schwedische Gesellschaft und die schwedische Persönlichkeit weniger durchdrang als das in der englischsprachigen Welt geschah. Schweden hat wahrscheinlich bis jetzt die besten

Sexualerziehungslehrpläne der Welt entwickelt. Nach der Goldman-Studie haben die nordamerikanischen Kinder die geringste und am längsten verzögerte Sexualerziehung der vier untersuchten Gebiete.

Der Sozialisierungsprozeß, der als Ergebnis so viel Unwissen hat, neigt auch dazu, im Hinblick auf Fragen der Erotik Haltungen zu produzieren, die krankhaft ängstlich sind. William Fisher und seine Kollegen, die einen erotophobisch/erotophilischen Maßstab, also einen "erosfeindlich/erosfreundlichen Maßstab" entwickelten, haben gezeigt, daß negative Haltungen gegenüber der Sexualität es den Menschen schwer machen, Informationen über diesen Aspekt des Lebens aufzunehmen. Dieser Forschungsbereich hat auch gezeigt, daß erosfeindliche Menschen dazu neigen, sehr autoritär in ihrer Auffassung zu sein, und sehr traditionellen Geschlechts- oder Sexualrollen anhängen. Erosfeindlichkeit bei Männern und Frauen geht mit mangelhaftem Gebrauch von Verhütungsmitteln einher, und wie zu erwarten mit beträchtlichen sexuellen Störungen.[19]

Ein allgemeines Argument, das von Ärzten und anderen Mitarbeitern des Gesundheitsdienstes gebraucht wird, um ihre Umgehung des Themas Sexualität bei Patienten und Kunden zu rechtfertigen, ist die Angst, einem verwundbaren Individuum spezielle Vorstellungen aufzuzwingen. Sie sehen nicht, daß sie durch genau diese Unterlassung ganz klar ein Glaubenssytem fördern, das gezeigt hat, daß es großes menschliches Leid verursacht hat.

Das Verbot sexuellen Bewußtseins in der Kindheit und bei Halbwüchsigen

Hand in Hand mit der Förderung sexueller Unwissenheit bei Kindern durch die Gesellschaft geht der Versuch, Kinder an der Erkenntnis zu hindern, daß sie selber sexuelle Wesen sind, und daß sie Gefühle und körperliche Reaktionen haben, die die Anfänge der Sexualität von Erwachsenen ausmachen. Daß Kinder Schaden erleiden, wenn sie sich ihrer eigenen und der Sexualität anderer bewußt werden, ist ein in unserer Gesellschaft tief verwurzelter Glaube. Kinder werden immer noch für Masturbation und die angenehme Entdeckung ihres Körpers bestraft, genau wie dafür, sich auf Sexualspiele mit einem Freund oder einer Freundin einzulassen.

In seinen *Three Essays on the Theory of Sexuality*, veröffentlicht 1908, legte sich Sigmund Freud mit dem Pro-Leben-Sexualkodex an, indem er versicherte, daß Kinder in Wahrheit sexuelle Wesen seien. Die Reaktion auf diese Essays wird durch den Biographen Freuds, Ernest Jones, beschrieben: "Das Buch hat ihm sicherlich mehr Tadel eingebracht als jedes andere seiner Werke. *The Interpretation of Dreams* wurde als fantastisch und lächerlich gefeiert, aber die drei Essays waren schockierend boshaft. Freud war ein Mann mit einem schlechten und obszönen Geist ... Dieser Angriff auf die ursprüngliche Unschuld der Kindheit war unverzeihlich."[20]

Ein besonders zerstörerischer Mythos ist, daß wir dadurch, daß wir Kinder absichtlich über Sexualität unwissend halten, sie vor etwas "schützen". Die Wahrheit ist das genaue Gegenteil. Es sind genau diese Unwissenheit und das gesellschaftlich abgesegnete Unverständnis, die dazu führen, daß Kinder sexuell zu Opfern von Erwachsenen werden. Wenn die natürliche Neugier eines Kindes durch die Eltern und Lehrer zunichte gemacht wird, sollten wir uns nicht wundern, daß diese nicht befriedigte Neugier den Ausschlag dafür gibt, sich dem Lieblingsonkel, Vater oder Freund des Hauses nicht zu entziehen, wenn dieser Annäherungsversuche unternimmt. Stevi Jacksons *Childhood and Sexuality* gibt diese Gefühle wieder: "Wir machen mehr kaputt als gut, wenn wir sexuelle Unwissenheit bei Kindern erzwingen. Bei dem Versuch, Kinder vor Sex zu schützen, setzen wir sie Gefahren aus; beim Versuch, ihre Unschuld zu erhalten, setzen wir sie der Schuld aus."[21]

Krankhafte Einstellung zur Sinnesfreude

Ein Paar hatte Zwillinge, einen Jungen und ein Mädchen. Bei Besuchen bei der Familie des Ehemannes, als die Kinder erst ein paar Monate alt waren, drückte und küßte der Vater beide gleichermaßen. Seine baptistischen Verwandten waren durch sein Verhalten dem kleinen Jungen gegenüber alarmiert und warnten davor, daß der Junge ein Schwuler werden könnte, wenn sein Vater fortfahren würde, ihn liebevoll zu tätscheln und zu drücken. Shere Hite fand in ihrem Bericht über männliche Sexualität heraus, daß die meisten der befragten Männer gern ein gutes, offenes und ehrliches Verhältnis zu ihren Vätern gehabt hätten, es jedoch nicht hatten, vor allem jedoch eins, das auch körperlich herzlich war. Ihre Ansichten wurden durch einen Mann zum Ausdruck gebracht, der sagte: "Wenn ich nur einen herzlichen, liebenden, körperliche Nähe gebenden Mann als Vater gehabt hätte. Ein Vater sollte keine Angst davor haben, seinen Sohn zu berühren und an sich zu drücken."[22]

Es ist eine weitverbreitete Tatsache, daß bei Paaren mit Sexualproblemen der Mann nicht gefühlvoll mit seiner Partnerin umgeht. Streicheln und Liebkosen gehören nicht zu seinem Repertoire (zum Verdruß der Frau), ganz einfach nur weil er meint, das "nicht zu brauchen". Hiermit meint er, daß er zur Erektion für den Geschlechtsverkehr in der Lage ist, und bei der Fixierung auf den Koitus, der zur sexuellen Sozialisation von Männern gehört, ist er nicht fähig, die Notwendigkeit für weitere Sinnesfreuden zu sehen. Solche Männer verstehen es nicht, wenn ihre Frauen ihnen sagen, daß diese Art sexueller Freude für sie wichtig ist, sie sind so sehr auf den Koitus und dabei ihr eigenes Vermögen fixiert. Während Männer in unserer Gesellschaft dazu neigen, ihre Bedürfnisse nach Sinnlichkeit in ihrer Sexualbeziehung zu verleugnen, bestehen sie dennoch. Ein schlagender Beweis dafür sind Massagesalons, wo Männer sich sinnlichem Vergnügen hingeben können, völlig losgelöst von ihren sexuellen Beziehungen; derartiges Vergnügen kann nicht nur anonym genossen werden, sondern auch mit einem Grad an Passivität, den auszuhandeln in ihren sexuellen Beziehungen mit ihren Partnern undenkbar wäre.

In Kapitel 4 wurde die Wichtigkeit von Hautkontakt für die gesunde Entwicklung des Säuglings betont. Ziemlich überzeugende Beweise bestehen für eine Korrelation zwischen dem körperlichen Gefühlsentzug bei Säuglingen und der Vorliebe für Gewalt. In seiner Studie möglicher Beziehungen zwischen diesen zwei Faktoren[23] hat der Neuropsychologe James W. Prescott die Duldung einer Kultur der Gewalt oder der Neigung zur Gewalt und ihre Haltung gegenüber körperlichen Gefühlen von Kleinkindern sowie gegenüber vorehelichen sexuellen Handlungen verglichen. Die am wenigsten gewalttätigen Gesellschaften waren die, die einen großen Anteil an körperlicher Gefühlszuwendung bei Kleinkindern gaben und einen großen Duldungsgrad für sexuelle Handlungen im Jugendalter zeigten. Die gewalttätigsten Gesellschaften waren die, die ihre Kleinkinder nur mit geringer körperlicher Zuwendung bedachten und die keinen Sex bei Jugendlichen duldeten. Prescott stellte auch fest, daß die Gesellschaften, die viel körperliche Zuwendung gaben, auch durch niedrige Diebstahlsraten, geringe körperliche Bestrafung für Kinder und wenig religiöse Aktivitäten gekennzeichnet waren.

Prescotts Vergleichsstudie zeigt auch, daß einige Kulturen mit einem hohen Grad körperlicher Zuwendung und Stimulation bei Kleinkindern auch eine sehr strafende Haltung bezüglich vorehelicher sexueller Handlungen bei Jugendlichen haben; diese Kulturen neigten dazu, gewalttätiger als die zu sein, die gegenüber dem vorehelichen Sexualverhalten von Jugendlichen tolerant waren, unabhängig davon, ob die Kleinkinder viel körperliche Gefühlsanregung bekamen oder nicht. Prescott: "Die schädlichen Effekte durch Fehlen körperlicher Zuwendung bei Kleinkindern scheinen später im Leben während des Jugendlichenalters durch sexuelle körperliche Erfahrungen kompensiert zu werden."[24]

Die Angst vor Sinnlichkeit dient den Zielen des Pronatalismus, indem alle diese potentiellen kleinen angenehmen sexuellen Nebenvergnügen blockiert werden, auf dem Wege zur "richtigen Sache" - dem Koitus. Die christliche Ablehnung von Freude, die unsere Gesellschaft durchzieht, verbunden mit der fanatisch erzwungenen Heterosexualität im Christentum, verstärkt diese Phobie. Prescotts Studie zeigt, daß so eine Ansammlung von Haltungen eine Gesellschaft zur Gewalttätigkeit prädisponiert. Und wenn es zur Gewalttätigkeit kommt, ist unsere christliche westliche Gesellschaft immer mit bei den Anführern der Meute. Vorwärts, Soldaten Gottes.

Das Verbot von sexueller Freude, die über das Kinderzeugen hinausgeht

In der christlichen Grunddoktrin hinsichtlich der Sexualität ist kein Platz für Lust. Paulus faßt es zusammen, wenn er sagt: "So sie aber sich nicht mögen enthalten, so laß sie freien; es ist besser zu freien denn Brunst zu leiden." (1 Kor. 7:9) Die Botschaft, die die christliche Doktrin vermittelt, ist, daß es besser wäre, wenn die Leute ohne Geschlechtsverkehr auskommen würden, außer, daß dieses der einzige Weg ist, mehr Christen zu erzeugen, um das Ziel der Kirche zu erfüllen, die anderen Nichtchristen demographisch zu überfluten, die sich weigern, zu dem einen wahren Glauben zu konvertieren.

Männer sind als einzige dazu ausersehen, körperlichen Genuß aus ihrer Sexualität zu ziehen, jedoch nur soviel, daß sie ihre Pflicht des Geschlechtsverkehrs "erfüllen" können; sexuelle Lust als Selbstzweck (nicht im Dienste der Zeugung) wurde getadelt. Von Frauen wird nicht erwartet, daß sie Lust empfinden, außer in dem Wissen, daß sie ihren Gatten in der Mutterrolle gefielen.

Paradoxerweise wurde Frauen beigebracht, obwohl sie den Liebesakt nicht genießen sollten, daß sie für die Erregung der Sexualität des Mannes verantwortlich seien, bei denen wiederum für die kleine Lust, die sie beim Geschlechtsverkehr empfanden, ein Schuldgefühl geweckt wurde, so daß sie die Schuld auf die Frauen zu projizieren hatten. Der schreckliche *Malleus Maleficarum* (Der Hexenhammer), der von den Dominikanern Jakob Sprenger und Heinrich Institoris[25] geschrieben und 1486 veröffentlicht wurde, lud die Schuld für "fleischliches" Verlangen voll den Frauen auf die Schultern, die oft auf den Scheiterhaufen verbrannt wurden, wenn sie auch nur offen Anzeichen für sexuelle Regungen zeigten: "Die ganze Hexerei kommt von der Fleischeslust, die in Frauen unersättlich ist."[26] Das Buch wurde von der Kirche völlig gutgeheißen, in jedem Lande Europas akzeptiert, und in den folgenden 250 Jahren über dreißigmal verlegt.[27] Es wundert einen nicht, daß die Frauen noch einmal 200 Jahre brauchten, bevor sie anfingen sich sicher zu fühlen und sich von der Bedrohung zu erholen, auf dem Scheiterhaufen verbrannt zu werden, wenn sie sexuelle Gefühle offen eingestanden.

Ein weitverbreitete Legende ist, daß Frauen öfter sexuelle Probleme haben als Männer, und tatsächlich gibt es in Kliniken für Sexualtherapie mehr weibliche als männliche Patienten. Jedoch gehören zu dem Problem vieler dieser gestörten Frauen Männer, die, obwohl bei ihnen alles gemäß dem Pro-Leben-Sexualkodex klappt, in Wirklichkeit große Beschränkungen in ihrer Fähigkeit haben, Lust zu erleben. Diese Männer waren oft völlig unfähig, die Nähe und Intimität ihrer Partnerinnen zu ertragen, was die Quelle der Lust in einer gesunden Sexualbeziehung ist.

Eine andere weitverbreitete Legende bezüglich männlicher Sexualität ist die, daß der Mann "es immer will" oder "daß er es jede Nacht oder dreimal am Tage haben muß," daß er ein Wesen mit einem großen Sexualtrieb ist. Und in diesen Fällen ist es oft die Partnerin des Mannes, die sich "krankhaft" über "einen Mangel an sexuellem Verlangen" zeigt oder einer Unfähigkeit, einen Orgasmus zu erlangen. In Wahrheit ist der Mann oft ein sexueller Krüppel, mit einem so begrenzten Sexualvermögen, daß er nur häufige körperliche Orgasmen, die koital hervorgerufen werden, tolerieren kann. Nicht in der Lage, eine vollkommen befriedigende sexuelle Erfahrung mit einer Partnerin zu genießen, benutzt er die Vagina seiner Partnerin als Ersatz für seine Hand, um die körperliche Spannung zu entladen, wie einer, der bei einem großen Festmahl nur nascht. Es ist üblich für so einen Partner einer sexuell "gestörten" Frau, daß er nach einer Therapie, in der "ihr" Problem beseitigt werden sollte, sagt, daß er nicht wußte, wieviel ihm entgangen war.

Das Verbot sexuellen Verhaltens, das nicht zur Empfängnis führt

Masturbation

Durch die Erfindung eines Kodexes für Sexualverhalten, der das Überleben der Kirche garantieren würde, ließen die frühen Kircheväter nichts aus in ihrer Entschlossenheit, die Gebärmutter in eine Fabrik zur Erzeugung christlicher Babys umzuwandeln. Da Masturbation die einfachste Form der Befriedigung und dazu kein Partner nötig ist, wurde ihr besondere Verdammung vorbehalten. Gemäß Tannahill ist die westliche christliche Gesellschaft die einzige, in der Masturbation völlig geächtet war.[28]

In Matt. 5:30 sagt Jesus: "Ärgert dich deine rechte Hand, so haue sie ab und wirf sie von dir. Es ist dir besser, daß eins deiner Glieder verderbe, und nicht der ganze Leib in die Hölle geworfen werde." Ob Jesus sich auf genitale Selbststimulation bezog, ist das Thema zahlreicher Debatten gewesen. Bei der Suche nach der Berufung auf die Schrift für ihre Lehren bezüglich Masturbation hat sich die Kirche jedoch stark auf die Geschichte von Onan gestützt, dessen "Sünde" nicht Masturbation, sondern coitus interruptus war. In der Geschichte der Genesis, Er, der Sohn Juda, heiratete Tamar und beleidigte Gott kurz danach und wurde sofort getötet. Nach den Bedingungen der hebräischen Leviratsehe (Heirat des Schwagers) wurde von Onan, dem Bruder Ers, erwartet, Tamar zu heiraten und zu schwängern, damit sein toter Bruder Nachkommen haben würde. Onan nahm es übel, daß Kinder, denen er Vater sein sollte, nicht seine wären, "er verschüttete seinen Samen auf den Boden" und nicht in den Leib seiner neuen Frau. Das Wort Onanie, auf Masturbation angewandt,wurde zum erstenmal im 18. Jahrhundert gebraucht. Im Jahre 1710 veröffentlichte ein ehemaliger Geistlicher, aus dem ein Quacksalber geworden war, das Buch *Onania, or the heinous sin of self-pollution and all its frightful consequences in both sexes, considered with physical and spiritual advice* (Onanie, oder die fürchterliche Sünde der Selbstbefleckung und alle ihre fürchterlichen Folgen für beide Geschlechter, betrachtet mit körperlichem und geistigemRat).Der Autor, der Bekker hieß, führte durch das Mißverständnis der Geschichte Onans diesen Ausdruck in die Sprache ein, in der er für zwei Jahrhunderte blieb. Sein Buch wurde achtzigmal aufgelegt und in mehrere Sprachen übersetzt.[29] Im Jahre 1760 veröffentlichte Tussot, ein ehrbarer Schweizer Arzt, *Onanism, or a treatise upon the disorders produced by masturbation* (Onanie, oder eine Abhandlung über die Krankheiten, die durch Masturbation hervorgerufen werden), wo er behauptete, daß Masturbation nicht nur eine Sünde und ein Verbrechen sei, sondern direkt für eine Anzahl von Leiden von "Schwindsucht" bis zum "Wahnsinn" verantwortlich sei. Benjamin Rush, der Vater der amerikanischen Psychiatrie, und Henry Maudsley, der britische Psychiater aus dem 19. Jahrhundert, der seinen Namen dem weltberühmten Psychiatrie-Institut in London gab, unterstützte durch das Gewicht seiner Autorität die irrationale Angst wegen Masturbation. "Wahnsinn", hervorgerufen durch Masturbation, war nach Maudsley gekennzeichnet durch "eine äußerste Perversion der Gefühle und eine entsprechende Geistesverwirrung in den Frühstadien und später, durch ein Versagen der Intelligenz, nächtliche Halluzinationen und Neigung zu Selbstmord und Mord".[30] Ermahnungen des 20. Jahrhunderts bezüglich nachlassender Sehkraft und Haaren an den Handinnenflächen sind im Vergleich verhältnismäßig zahm.

Selbstbefriedigung verstößt gegen mehr als eine Lehre des Christentums. Erstens, der oder die einzelne ist mit sich selbst beschäftigt, und das an sich läuft schon der kirchlichen Lehre zuwider. Zweitens, er oder sie beschäftigt sich mit Freude, und alle irdischen Freuden sind verdächtig. Drittens, er oder sie ist mit "fleischlichen" Freuden beschäftigt, welche von den Zeiten des Paulus an verdammt wurden, der ständig seine Anhänger in der Kirche warnte, "enthaltet euch von fleischlichen Lüsten, welche wider die Seele streiten" (Petr. 2:11). Und letztendlich ist Masturbation eine Sexualhandlung, die nicht der Zeugung dient. Es kann nicht verwundern, daß die christlichen Lehren über die Masturbation soviel zum menschlichen Leiden beitrugen und noch beitragen. 1975 bestätigte der Vatikan noch einmal, daß Masturbation eine "intrinsische und ernsthaft gestörte Handlung" sei, und gleichzeitig erkannte er an, daß moderne physiologische und soziologische Beweise zeigten, daß es sich um einen normalen Aspekt der menschlichen Sexualentwicklung und des Verhaltens handelt.[31] Behellige mich nicht mit Tatsachen, ich habe mich entschieden!

Eins der enthüllendsten "Ergebnisse" der Goldman und Goldman Studie, die weiter oben zitiert wurde, war gar kein Ergebnis, sondern etwas, was durch die Art und Weise, wie die Studie konzipiert wurde, erlangt wurde. Bei der Vorauswahl des Sexualvokabulars, das im Fragebogen benutzt werden sollte, eliminierten die Autoren einige Worte, die nach ihrer Meinung "über das hinausgingen, was Eltern akzeptieren würden". Bei diesen Worten waren solche, die sich auf Homosexualität und Masturbation bezogen, das letztere verursachte so viel Verlegenheit in den Versuchsinterviews, daß sie ausgeschlossen werden mußten. Die Autoren haben dies richtigerweise als "ein trauriges Anzeichen an sich über den Zustand der Kommunikation über Sexualität"[32] angesehen.

Homosexualität

Das Wort "homosexuell", das der Psychologe Havelock Ellis im Jahre 1897[33] vom Deutschen her ins Englische einführte, hat schon immer beträchtliche Verwirrung gestiftet; handelt es sich nun um ein Adjektiv, das sich auf den Sexualakt von zwei Menschen gleichen Geschlechts bezieht, oder ist es ein Substantiv, das sich auf ein Individuum bezieht, das sich nur solcher Sexualakte befleißigt? Wenn es ein Substantiv ist, auf welchen Punkt auf der Kinsey-Skala der Homosexualität bezieht es sich? Etwas von der semantischen Verwirrung wurde durch das Wort "Gay" (Schwuler/schwul) beseitigt, um Leute zu bezeichnen, die nur homosexuell in ihrer sexuellen Orientierung und ihrem Verhalten sind, und das Adjektiv "homosexuell" nur für Sexualakte vorzubehalten.*

Frühere Fruchtbarkeitskulte, vielleicht sogar sehr alte Volksstämme im Altertum in Israel, hatten in ihre religiösen Zeremonien verschiedene ritualisierte Sexualhandlungen eingebaut, die Priester, Priesterinnen und Anbeter einbezogen. Orale Befriedigung von Mann zu Mann war nur eine dieser ritualisierten Handlungen, eine, die noch in mindestens einer primitiven Kultur überlebt.[34] Diese Praktik starb lagsam aus, zweifelsohne wegen einer steigenden Sorge bezüglich aller Arten von Sexualverhalten in Ackerbaugesellschaften, die nicht zur Zeugung dienten, und wurde schließlich auf bestimmte Gebiete beschränkt, mit Grenzen, die gegen Eindringlinge geschützt werden mußten.

Die Verdammung homosexuellen Verhaltens ist im 3. Mose 18,22 ganz klar: "Du sollst nicht beim Knaben liegen wie beim Weibe; denn es ist ein Greuel." Im 3. Mose 20,13 wird das Verbot noch schärfer ausgesprochen: "Wenn jemand beim Knaben schläft wie beim Weibe, die haben ein Greuel getan und sollen beide des Todes sterben; ihr Blut sei auf ihnen." Philo, ein hebräischer Philosoph, der zur Zeit Jesu schrieb, gebraucht eine ackerbauliche

---

* Anmerkung des Übersetzers: diese Problematik kommt in der deutschen Sprache nicht zum Tragen.

Metapher, um seinen Widerwillen gegenüber der Homosexualität auszudrücken. "Wie ein schlechter Bauer verwendet der Homosexuelle seine Kraft Nacht und Tag auf einem Boden, von dem kein Wachstum erwartet werden kann."[35]

Obgleich Jesus nichts in den Evangelien sagt, um seine Ansichten für oder gegen die Homosexualität anzuzeigen, machte Paulus keinen Hehl daraus, wie er darüber dachte. In Röm. 1,27 sagt er, "Desgleichen auch die Männer haben verlassen den natürlichen Brauch des Weibes und sind aneinander erhitzt in ihren Lüsten und haben Mann mit Mann Schande getrieben und den Lohn ihres Irrtums (wie es denn sein sollte) an sich selbst empfangen." In Kor. 6,9 warnt Paulus wieder, daß "... die Knabenschänder" nicht das Reich Gottes erben werden.

Im Rom des 3. Jahrhunderts wurden, bevor das Christentum zur Staatsreligion avancierte, Gesetze erlassen, die Homosexualität mit der Todesstrafe belegten. Zu jener Zeit war der römische Staat wegen der sinkenden Geburtenrate sehr nervös und zweifelsohne durch das Aufkommen des Christentums beeinflußt worden, dessen Haltung bezüglich der Zeugung so offenkundig für das Leben war. Als das Christentum im Westen politisch an die Macht kam, war das Los der Homosexuellen kein glückliches.

Noch im 16. Jahrhundert erließ man in England Gesetze, die homosexuelle Handlungen mit der Todesstrafe belegten. Im England des 19. Jahrhunderts, mit seiner Pro-Leben-Einstellung wie jeder andere x-beliebige Staat in der Geschichte, sah man die berühmte Verfolgung Oscar Wildes wegen "der Sünde, deren Namen man nicht auszusprechen wagte". In Nazi-Deutschland wurden Schwule verfolgt und getötet, aus genau den gleichen Gründen, aus denen man sie im 19. Jahrhundert in England verfolgte: Schwule können keine Engländer oder Deutschen zeugen.

Der Historiker John Boswell hat die Dokumente der kirchlichen Lehren noch einmal bezüglich Homosexualität und Homosexuellen untersucht.[36] Während er zugibt, daß das christliche Establishment Homosexuelle schlecht behandelte, versucht er die doktrinäre Grundlage eines derartigen Verhaltens wegzudeuten, indem er darauf besteht, daß die Verfolgung Homosexueller auf etwas anderem als der kirchlichen Lehre beruht. Um seine Ansichten zu untermauern, zitiert Boswell zahlreiche Fälle aus der Geschichte der Kirche, in der Homosexualität zwischen Männern öffentlich geduldet wurde, sogar zwischen Priestern und Mönchen. Jedoch ist seine Argumentation bezüglich der fehlenden Unterstützung auf doktrinärer Basis nicht sehr überzeugend.

Die Widersprüchlichkeit der Reaktionen seitens des weltlichen und klerikalen christlichen Establishments hinsichtlich der Homosexualität und anderen Formen der nicht zur Zeugung führenden Sexualität, ist für Erklärungen geeigneter, die mit dem Zustand der demographischen "Gesundheit" dieses Establishments zu tun haben. Es existieren demographische Ängste, wenn es bei volkreichen Nachbarstaaten Anzeichen dafür gibt, daß sie unfreundlicher werden; in diesen Zeiten sehen wir wahrscheinlich negative Reaktionen auf die Formen der Sexualität, die nicht zur Zeugung führen, und auf Abtreibung. In Anbetracht der politischen Zustände, mit denen die Juden vor Christi Geburt konfrontiert waren, wundert es einen nicht, daß sie in sexueller Hinsicht Pro-Leben-Haltungen entwickelten. Ähnlich war die frühe christliche Kirche darauf bedacht zu expandieren und verfaßte daher ablehnende Lehren bezüglich Masturbation, Homosexualität, Geburtenkontrolle und Abtreibung, die die Leute zur Zeugung nötigten. Bis zu der Zeit, als die Kirche den Zustand erreichte, der "der Zenith des mittelalterlichen Papsttums" genannt wurde, um 1100, und sie das Gefühl hatte, daß ihre Macht gefestigt war, ließ sie mit ihrem harten Pro-Leben-Druck nach. Die Position zur Abtreibung wurde gemildert, als die Doktrin der verzögerten Beseelung (die Lehre der sofortigen und verzögerten Beseelung wird unter der Überschrift Abtreibung diskutiert werden) weiter in den Vordergrund trat und es ermöglichte, frühe Abtreibungen legal durchzuführen.[38] Boswell weist darauf hin, daß dies eine Zeit der "außergewöhnlichen Blüte der homosexuellen Liebe" war, besonders bei den Klerikern jener Tage, obgleich es andere in der Kirche gab, die auf strengste Sanktionen gegen schwule Priester drängten.[39]

Geburtenkontrolle

Die lebhafteste Erinnerung aus meiner psychiatrischen Ausbildung ist auch eine traurige. Sie betrifft den Besuch einer Kinderkrippe* in einem katholischen Krankenhaus in Montreal im Jahre 1960. Durch das Glas sahen wir etwas, das aussah wie ein See aus weißen Kinderbettchen mit kleinen Gestalten darin. Einige schliefen, aber die meisten saßen aufrecht, völlig regungslos und starrten uns mit leeren, leblosen Augen durch das Glas an. Es gab eine Ausnahme. Dicht beim Schwesternzimmer war ein pummeliges schwarzes Baby, ungefähr zehn Monate alt, das in seinem Bettchen stand, es lächelte und bewegte sich spielerisch. Als wir uns ihm näherten, sah er uns an und versuchte offensichtlich, uns zu irgendeiner Interaktion mit ihm durch das Glas hindurch zu bewegen. Wir waren alle über den starken Unterschied zwischen diesem offensichtlich gesunden, vibrierenden kleinen Jungen und den beinahe marastischen Kindern (Marasmus = geistig-körperlicher Kräfteverfall) um ihn herum verwundert.

Wir mußten nicht lange über diese Frage nachdenken. Bald wurde es Zeit für den Schichtwechsel bei den Schwestern, und sowie jede Schwester den Saal verließ, ging sie an dem kleinen schwarzen Jungen vorbei und sagte ihm Aufwiedersehen, einige drückten ihn, andere tätschelten ihn unter dem Kinn und lachten mit ihm. Sobald die neuen Schwestern den Dienst antraten, wiederholte sich der Vorgang. Die anderen Kinder wurden alle ignoriert. Die Schwestern, alles Weiße, hatten sich das schwarze Kind in der Krippe als eine Art Maskottchen ausgesucht, und es bekam ihm gut. In diesem Fall war es gut, schwarz zu sein. Diese

---

* Der Ort für die Aufbewahrung unerwünschter Säuglinge, die auf die Adoption warten, oder bis sie alt genug sind, um in ein Waisenhaus verlegt zu werden.

Erfahrung überzeugte mich von zwei Dingen. Das erste war der erschreckende Effekt des Mutterentzuges. Zweitens, wenn ich alle die unerwünschten Kinder sah, wurde ich davon überzeugt, daß die Lehren der christlichen Kirche über Verhütung und Abtreibung, zu der Zeit in der Gesetzgebung des Landes reflektiert, zweifelsohne unmoralisch waren. Diese Erfahrung machte ich beinahe zehn Jahre bevor das kanadische Strafrecht verändert wurde (gegen laute Einwendungen von vielen christlichen Klerikern), um den Verkauf von Verhütungsmitteln gesetzlich zu gestatten und um Abtreibung unter bestimmten Umständen zu legalisieren.

Obgleich der Schöpfungsgeschichte zufolge "Gott" seinen Kreaturen rät: "Seid fruchtbar und mehret euch und füllet die Erde und machet sie euch untertan und herrschet ..."(1 Mose 1,27-28), gibt es keinen Beweis für eine strenge Ächtung der Benutzung von Verhütungsmitteln in der jüdischen religiösen Tradition. Die Förderung von Geburten ruhte mehr auf der Ermahnung als auf strikter Reglementierung des Sexuallebens, die Teil der christlichen Lehre wurde. Nach jüdischem Gesetz waren "eheliche Pflichten" für den Mann eine Empfehlung auf der Grundlage des Berufes: für finanziell unabhängige Männer einmal am Tage; für Arbeiter zweimal die Woche; und für Seeleute einmal in sechs Monaten.[40] Zu Beginn des christlichen Zeitalters wurde die lockerere jüdische Haltung zur Sexualität durch etwas, was sich mehr den orthodoxen christlichen Vorstellungen annäherte, ersetzt. Philo förderte die Vorstellung, daß Geschlechtsverkehr nur der Zeugung zu dienen habe, und deutete an, daß Gott diejenigen, die Geschlechtsverkehr zur Lust hatten, strafen wird.[41]

Während das Neue Testament viele Passagen enthält, besonders in den Briefen des Paulus, die speziell auf die Zeugungsrolle einer Sexualbeziehung hinweisen, sagt es nichts Spezifisches über die Verhütung selbst. Spätere Kirchenlehren über Verhütung wurden als Teil einer Gesamtstrategie entwickelt, die Christen fortwährend zeugen zu lassen.

In seinen Texten über Sex und Ehe faßt der Heilige Augustinus, der Wüstling, der sich in einen Asketen verwandelte, den Ansatz zusammen, der sich während der ersten 400 Jahre der Kirche allmählich entwickelt hatte: "Was unerlaubte Speise für die Gier des Leibes und Schlundes, das ist lustvoller Sexualverkehr, der keine Nachkommen will."[42] Dieses ausdrückliche Gebot wurde durch den Bischof von Arles noch stärker im 6. Jahrhundert ausgedrückt:

Wer ist er, daß er nicht davor warnen kann, daß keine Frau einen Arzneitrank nehmen sollte, um nicht empfangen zu können oder in sich selbst eine Natur verdammt, die Gott wollte, daß sie fruchtbar ist. So oft wie sie hätte empfangen oder Leben hätte geben können, so oft wird sie des Mordes für schuldig befunden werden, außer sie unterzieht sich einer angemessenen Buße, wird sie verdammt sein zum ewigen Tod in der Hölle.[43]

Im 15. Jahrhundert drückte es der *Malleus Maleficarum* ähnlich aus: "Und wisse außerdem, daß der Kanon von ledigen Liebhabern spricht, die, um ihre Geliebten vor Schande zu bewahren, Verhütungsmittel benutzen, wie Arzneitränke, oder Kräuter, die zur Natur im Widerspruch stehen, ohne irgendeine Hilfe durch Teufel. Und derartige Büßer sind wie Mörder zu bestrafen."[44]

Die Lehren der christlichen Kirche im Hinblick auf Geburtenkontrolle wurden tief im gesellschaftlichen und politischen Wesen der westlichen Welt verankert. Weil durch christliche Doktrin die Basis gelegt war, hatten säkulare Staaten keine Schwierigkeiten, Gesetze gegen Geburtenkontrolle zu erlassen und ihre Pro-Leben-Ambitionen zu befriedigen oder ihre demographischen Ängste zu beruhigen. Allzu oft wurde Gottes Name beschworen, um derartige Gesetze im England des 19. Jahrhunderts zu rechtfertigen, und im 20. Jahrhundert in den Vereinigten Staaten und in Nazi-Deutschland. Und genauso wie Politiker in der Lage waren, ihre aggressiven Absichten hinter christlicher Lehre zu verbergen, so waren Ärzte in der Lage, ihre inhumane Behandlung der Frauen hinter den gleichen Lehren zu verstecken. Noch eine relativ lange

Zeit in diesem Jahrhundert predigten viele Ärzte gegen Geburtenkontrolle auf der Grundlage, daß das schlecht für die Gesundheit der Frauen sei, sowie gegen die göttlichen Gesetze - die gleichen Argumente werden heute von einigen Ärzten im Zusammenhang mit Abtreibung gebraucht, ohne auch nur den geringsten wissenschaftlichen Beweis. Die Schlacht um die Geburtenkontrolle wurde ursprünglich von Leuten - darunter vielen Frauen - geführt, die keine Mediziner waren; besonders von Margaret Sanger in den Vereinigten Staaten und Marie Stopes in England. Und es ist kein Zufall, daß das erste Buch über medizinische Aspekte der Empfängnisverhütung in diesem Jahrhundert nicht von einem Arzt, sondern einem Soziologen geschrieben wurde.[45]

Die meisten Menschen sind sich nicht bewußt, wie jung die Bewegung für Geburtenkontrolle wirklich ist. Im Jahre 1912 forderte der Präsident der American Medical Association die Ärzte auf, sich um die Frage der Geburtenkontrolle zu kümmern, eine Anregung, die viele Kontroversen auslöste, innerhalb und außerhalb des Berufsstandes. Und nicht vor 1932 gab die Church of England eine sehr vorsichtige Zustimmung zur künstlichen Geburtenkontrolle, welche auch eine Menge medizinischer Verurteilungen hervorbrachte.

Unter Bruch des kanadischen Strafrechts eröffnete Dorothea Palmer Anfang der 30er Jahre ein Zentrum für Geburtenregelung in Ottawa und verteilte Schriften über Geburtenregelung. Im Jahre 1936 wurde sie angeklagt und vor Gericht gestellt, nachdem sie auf eine Bitte einer katholischen Mutter hin Verhütungsratschläge erteilt hatte. Bei ihrem Verfahren in Eastview bei Ottawa wurde die Palmer freigesprochen und die Berufung der "Krone" wurde durch den Appelationsgerichtshof abgewiesen. Die Straftrechtsvorschriften, nach denen sie angeklagt worden war, wurden jedoch bis 1969 nicht geändert.[46]

Obwohl die meisten der protestantischen Bekenntnisse jetzt nicht mehr aktiv den Gebrauch von Verhütungsmitteln verbieten, tut die katholische Kirche das noch offiziell, trotz der Tatsache, daß der Bericht der Kommission für Geburtenregelung in den 60er Jahren einen Wechsel in der Haltung der Kirche empfahl. Die fortschrittlichen Stimmen im Vatikan wurden in den späten 70er Jahren nach dem zur falschen Zeit eingetretenen Tod des Papstes Johannes Paul I. zum Schweigen gebracht, er trat für künstliche Formen der Geburtenregelung ein.[47]

Abtreibung

Ganz in Übereinstimmung mit ihrer Entschlossenheit, eine strenge Kontrolle über die Zeugungsorgane ihrer Anhänger auszuüben, machten vom 2. Jahrhundert an die frühen Kirchenväter Abtreibung zu einer genauso schweren Sünde wie Kindesmord. Die Grundlage des Verbots war die Lehre der sofortigen Beseelung, die besagte, daß, da die Seele direkt bei der Zeugung in den Körper kam, dem ungetauften Fötus nicht das Leben genommen werden durfte. Taufe war der Schlüssel. Aber während Abtreibung von beseelten Föten eine Sünde war, war es offensichtlich viele Jahrhunderte später in Ordnung, daß Spanier Säuglinge von Indianern in Mittelamerika tauften, und ihnen dann den Kopf einschlugen, so daß sie in den Himmel konnten, bevor sie Gelegenheit zum Sündigen hatten.[48] Die damit im Widerstreit stehende Lehre der verzögerten Beseelung behauptete, daß die Seele nach acht Tagen in den weiblichen und nach 40 Tagen in den männlichen Embryo eintrat. Der Geschlechtsunterschied hatte etwas mit dem phallischen Knötchen (Tuberkel) im Embryo zu tun, dem Vorläufer des Penis, der nach 40 Tagen Schwangerschaft sichtbar wird. Wenn kein Tuberkel nach 80 Tagen Schwangerschaft da war, hatte Gott dem Embryo wahrscheinlich eine weibliche Seele gegeben.

Die Doktrin der sofortigen Beseelung herrschte während der ersten Jahrhunderte der Kirche vor, als sie um ihre Dominanz in Europa kämpfte; im Mittelalter, als die Kirche sich sicher fühlte, war die Doktrin der verzögerten Beseelung vorherrschend. Im 13. Jahrhundert schrieb Papst Innozenz III. einen Brief an einen

Mönch, der seine Geliebte geschwängert hatte, in dem der Papst ihm riet, daß es nicht "regelwidrig" sei, den Fötus abzutreiben, wenn er noch nicht belebt sei, d.h. beseelt.[49] In der katholischen Kirche hielt diese entspannte Haltung mehr oder weniger bis 1869 an, als Papst Pius IX. in der *Konstitution Apostolicae Sedis* erklärte, daß der Unterschied zwischen dem geformten (beseelten) und dem ungeformten Fötus nicht mehr gültig sei; die Seele trat bei der Empfängnis in den Körper ein. Von nun an konnte Abtreibung in jedem Stadium der Schwangerschaft zur Exkommunikation führen.

Diese Kehrtwendung kann mit den gleichen demographischen Faktoren erklärt werden, die andere Aspekte der doktrinären Behandlung der Sexualität und Zeugung begründen. Im Jahre 1869 war der Vatikan in einen militärischen Kampf auf Leben und Tod mit den Verbänden des italienischen Nationalismus verwickelt. Die Heere Pius' hatten die Kontrolle über den Staat des Papstes verloren, der 1848 ein Drittel der italienischen Halbinsel ausmachte. 1869 war dem Papst das übrig geblieben, was heute die Vatikan-Stadt ist. Der Papst wurde beinahe über Nacht von einem Liberalen zu einem enttäuschten Reaktionär; nachdem er soviel weltliche Macht verloren hatte, ging er daran, seine geistliche Kontrolle über die Katholiken überall zu verstärken. Pius folgte dem Edikt gegen Abtreibung mit der Einberufung des Ersten vatikanischen Konzils im Jahre 1870, auf welchem das Dogma der päpstlichen Unfehlbarkeit erklärt wurde, sehr zur Bestürzung für viele der anwesenden Bischöfe.

Ähnliche demographisch-politische Faktoren liegen der gesetzlichen Verankerung jedes weltlichen Antiabtreibungsgesetzes zugrunde. Das erste englische Gesetz gegen Abtreibung bekam 1803 Gesetzeskraft, das Gewohnheitsrecht (Common Law) vor dieser Zeit ging davon aus, daß Abtreibung, bevor die Frau fötale Bewegung spürte, nicht ungesetzlich sei. Im Jahre 1801 wurde in England die erste Volkszählung durchgeführt, und man erkannte, daß die Bevölkerung nur halb so groß war wie die Frankreichs, mit dem es seit 1793 mit Unterbrechungen im Krieg lag, und mit dem es bis zur Schlacht von Waterloo 1815 weitere Kämpfe austrug. In der kurzen Ruhepause bei den Feindseligkeiten im Jahre 1803 war Britannien in einer verwundbaren Lage, ähnlich der, vor der es 1940 in Bezug auf Nazi-Deutschland stand. In jenem Klima, erzeugt in Englands unsicherer militärischer Situation, wurde das erste Antiabtreibungsgesetz verabschiedet. Diesem folgten strengere Antiabtreibungsgesetze in den Jahren 1828, 1837 und 1861, als die Briten versuchten, die Franzosen demographisch in Kanada und die Iren in Irland zu überfluten, und ein endloses Arbeitsheer für ihre Fabriken zu Hause und Soldaten für die Verteidigung ihres wachsenden Empires in Übersee zur Verfügung zu haben. In den Vereinigten Staaten wurde das erste Antiabtreibungsgesetz in Connecticut im Jahre 1822 erlassen, die Sorge hier war der ständige Verlust der Bevölkerung durch den Zug nach Westen. Andere Staaten folgten nach, als die Migration nach Westen zunahm und die einheimische Bevölkerung durch Immigranten aus Europa ersetzt wurde, deren höhere Geburtenrate Anlaß zu ernsten Sorgen bei den einheimischen Politikern und Bürgern gab.

Im Deutschland der frühen 30er Jahren wurde eine Kampagne, um die Abtreibungsgesetzgebung zu liberalisieren, im Keime erstickt, als die Nazis an die Macht kamen; diese Ehrenmänner stempelten Abtreibung zu einem Verbrechen ab, auf das die Todesstrafe stand. In den frühen 20er Jahren hatten die Russen ihre Abtreibungsgesetze liberalisiert, hauptsächlich, um Frauen für das Arbeitsheer freizusetzen.

Aber 1936, beeinflußt durch die Ereignisse in Deutschland, kehrte die Sowjetregierung ihre Haltung um und erklärte Abtreibung als illegal. Dieses Beispiel demographischer Angst stellte sich letzten Endes mehr als eine Behinderung denn als Hilfe heraus, als Hitler 1941 in Rußland einfiel; die Kinder, die in der Zwischenzeit geboren worden waren, von Frauen, die eventuell eine Abtreibung vorgenommen hätten, waren alle unter vier Jahre alt. Die Abtreibungsgesetzgebung wurde 1955 wieder liberalisiert.

Ich habe den Kampf, der die Frauen von der Last der erzwungenen Schwangerschaften befreien sollte, in einer früheren Publikation dokumentiert: *Compulsory Parenthood*; im Interesse der Vollständigkeit werde ich diesen Kampf hier zusammengefaßt schildern.

Schweden, zusammen mit anderen skandinavischen Ländern, war führend in der Liberalisierung der Abtreibungsgesetzgebung; dieses Land verabschiedete ein Gesetz, das die Entscheidung während der ersten zwölf Wochen zu einer reinen Angelegenheit der Frau machte, und legte die Beweislast für die Verweigerung einer Abtreibung auf die Schulter des Arztes. In den Vereinigten Staaten führten Jahrzehnte des Kampfes gegen die alten Anti-Abtreibungsgesetze durch feministische Gruppen und andere, die gegen Zwangsschwangerschaft antraten, zu der berühmten Entscheidung des Obersten Bundesgerichts in Sachen Roe gegen Wade im Jahre 1973, welche alle derartigen Gesetze im Lande außer Kraft setzte, und Abtreibung auf Wunsch für amerikanische Frauen zur Realität werden ließ, abhängig von der Verfügbarkeit entsprechender Einrichtungen. Jedoch sind viele Kliniken, die im Zuge dieser historischen Entscheidung eröffnet wurden, mit Bomben oder Brandanschlägen durch christliche Selbstschutzgruppen angegriffen worden. Und im Zuge von erst kürzlich vorgenommenen Ernennungen zum Obersten Bundesgericht und bei einem zunehmend konservativen und intoleranten politischen Klima ist die Wahlfreiheit bezüglich Schwangerschaftsabbruch in den Vereinigten Staaten vielleicht gefährdet.

Im Jahre 1969 ist Kanadas altes Abtreibungsrecht, das direkt von Gesetzen aus dem England des 19. Jahrhunderts abstammt, geändert worden, um Abtreibungen in "als berechtigt anerkannten und zugelassenen Krankenhäusern" zu gestatten, wenn "die Fortdauer der Schwangerschaft die Gesundheit oder das Leben (der Mutter) gefährdet oder gefährden würde, vorausgesetzt, ihr Antrag war durch ein therapeutisches Abtreibungskomitee genehmigt worden. Wenige Krankenhäuser richteten derartige Komitees ein, daher waren viele kanadische Frauen gezwungen, in die Vereinigten Staaten zu fahren oder sich an Dr. Henry Morgentaler zu wenden, der in den frühen 70er Jahren in Montreal eine Klinik einrichtete. Er wurde dann von der liberalen Regierung der Provinz Quebec in einem Anfall demographischer Angst arrestiert, als man merkte, daß die dortige Geburtenrate die niedrigste in Kanada war.

Morgentaler wurde bei seinem Prozeß freigesprochen, aber das Appellationsgericht der Provinz Quebec kassierte das Urteil und schickte ihn ins Gefängnis. Dieses Urteil ging vor dem Obersten Bundesgericht Kanadas in Berufung, wo die Mehrheitsentscheidung das Urteil des Appellationsgerichts von Quebec bestätigte. Dr. Morgentaler war zehn Monate im Gefängnis. Der Abschnitt des Strafgesetzbuches, der Appellationsgerichten eine derartige Macht gibt, wurde noch niemals vorher in der kanadischen Geschichte angewandt; die Furore, die als Reaktion auf eine derartige Verletzung von grundlegenden Menschenrechten ausgelöst wurde, führte dazu, daß dieser Abschnitt des Strafgesetzbuches durch das kanadische Parlament aufgehoben wurde.

Aber im Jahre 1989 brachte die kanadische Bundesregierung den Gesetzentwurf C-43 ein, der Abtreibung wieder ins Straftgesetzbuch gebracht hätte, und Abtreibung nur legalisiert hätte, wenn der Arzt der Patientin sicher war, daß die Fortsetzung der Schwangerschaft eine Gefahr für die "Gesundheit" der Frau darstellt. Die Abtreibungskomitees der Krankenhäuser existierten nicht mehr; Ärzte, die das Gesetz "brachen", konnten haftbar gemacht werden und für zwei Jahre ins Gefängnis gehen, wahrscheinlich für die Durchführung einer Abtreibung bei einer Frau, bei der die Gesundheit nicht durch eine Fortsetzung der Schwangerschaft gefährdet war. Da die Fähigkeit auf einer Fall-zu-Fall-Basis beruhte und es fast unmöglich ist, Vorhersagen zu treffen, wie eine Frau reagiert, wenn sie gezwungen ist schwanger zu bleiben, wurde das Gesetz im wesentlichen ein Freibrief für Kreuzzügler, die gegen die Wahlmöglichkeit waren, um Ärzte damit zu plagen, was sie auch zu tun versprachen. Die Gesetzesvorlage C-43 passierte das Unterhaus. Sie hatte jedoch ein interessantes Schicksal im nichtgewählten Senat, wo sie an einem knappen Abstimmungsergebnis scheiterte. Gegen die Gesetzesvorlage bestand ein besorgtes "Bündnis" von Kräften für und gegen Selbstbestimmung bei Schwangerschaft, jede Seite war aus völlig entgegengesetzten Gründen dagegen; Politik bringt tatsächlich die seltsamsten Bettgenossen hervor.

Die religiöse Fraktion gegen die Selbstbestimmung in der Abtreibungsdebatte (die selbsternannten Pro-Leben-Aktivisten) kämpft gegen den Trend für ein liberaleres Gesetz. Obwohl einige der gemäßigteren christlichen Bekenntnisse die Haltung für die Selbstbestimmung unterstützen, stellen die Katholiken und die Fundamentalisten große Mittel für die gegen die Selbstbestimmung gerichtete Bewegung zur Verfügung, Mittel, ohne die sie nicht funktionieren könnten. Große Teilnehmerzahlen bei den Versammlungen gegen Abtreibung sind immer das Ergebnis, wenn von den Kanzeln aus Druck gemacht wird.

Trotz der Unterstützung der Sache gegen die Selbstbestimmung nehmen Katholiken Abtreibungen vor, die prozentual ihrem Anteil an der Gesamtbevölkerung entsprechen. Die Kirche, in dem Wissen, daß sie die Macht über ihre Herde verliert, schlägt wie ein sterbender Drache mit seinem Schwanz um sich und unterstützt Politiker darin, weltliche Gesetze einzusetzen, um ihre schwindende Kraft der "freundlichen" Überredung zu unterstützen.

Es wäre tollkühn, bezüglich des etwaigen Ergebnisses der Abtreibungsdebatte in der westlichen Welt hoffnungsvoll zu sein. Das Pendel kann sich sehr leicht zur restriktiven Seite der Gesetzgebung bewegen, wie das in Rumänien im Jahre 1966 geschah. 1957 wurde in diesem Lande ein liberales Abtreibungsgesetz verabschiedet; als Konsequenz sank die Geburtenrate dramatisch (von 22,9 pro tausend der Bevölkerung im Jahre 1957 auf 14,3 im

Jahre 1966). In einem Anfall von demographischer Angst, verabschiedete die Regierung plötzlich ein sehr restriktives Gesetz, das es beinahe unmöglich machte, in Rumänien eine Schwangerschaft legal abzubrechen. Die Auswirkung auf die Geburtenrate war überwältigend, sie stieg auf 27,3 pro tausend der Bevölkerung im Jahre 1967. Zusammen mit der Zunahme der Geburten - was den Politikern zweifelsohne gefiel - kam eine Zunahme der Säuglings- und Müttersterblichkeit und Krankheitsanfälligkeit, die in der Überlastung des Gesundheitswesens und der Zunahme illegaler Abtreibungen begründet lag.

Die Leute, die gegen Eigenverantwortung bei der Schwangerschaft sind, sollten erkennen, daß es in ihrem eigenen Interesse ist, mit den Gruppen, die sich für Eigenverantwortung einsetzen, zusammenzuarbeiten, um den Staat dahin zu bringen, die Abtreibungsgesetzgebung nicht als ein demographisches Sicherheitsventil zu benutzen. Die Annahme, daß der Staat diese Frage schon gesetzlich auf seine Art regeln wird, ist eine zweischneidige Angelegenheit. Während viele gute Christen dafür arbeiten, daß der Staat ein Gesetz erläßt, das Abtreibungen verbietet, sehen sie nicht, daß die gleiche Regierung unter anderen demographischen Bedingungen Gesetze erlassen könnte, die Frauen zwingen, gegen ihren Willen Abtreibungen durchzuführen. Was jetzt in China geschieht, könnte auch hier vorkommen.

Sozialisation der Geschlechtsrolle

Menschen sind die Urheber von Gesellschaften, die wiederum Haltungen und Verhalten pflegen und begünstigen, die sich als zweckmäßig für die Aufgabe der Gesellschaftsgestaltung herausstellen. Unglücklicherweise sind die Charakteristiken, die angemessen für die Aufgabe sind, eine Gesellschaft zu bilden, nicht notwendigerweise die, die in späteren Stadien der gesellschaftlichen Entwicklung richtig sind. Die nordamerikanische Gesellschaft des 20. Jahrhunderts ist ein Produkt des europäischen Expansionsdrangs des 19. Jahrhunderts, eines Prozesses, der durch die erbarmungslose Pro-Leben-Haltung und -Politik angeheizt wurde; diese demographische Aggression führte zu militärischer Aggression, die wiederum dazu führte, daß der Kontinent mit weißen Europäern bevölkert war, bevor sich das Jahrhundert dem Ende näherte.

In einer Gesellschaft, die einer solchen Expansion verhaftet ist, hat man bestimmte Erwartungen an die Individuen, das heißt, von ihnen wird erwartet, daß sie bestimmte Rollen spielen, viele davon stehen in direktem Zusammenhang mit ihrem Geschlecht. Geschlechtsrollen können sehr starr festgelegt sein, mit festen Grenzen zwischen denen, die Männern und denen, die Frauen zugeordnet sind; je starrer die Grenzen, um so mehr Druck wird auf die Individuen ausgeübt, sich entsprechend ihren Rollen zu verhalten. Dies war die Situation während der Aufbauphase von Nordamerika; erst in der zweiten Hälfte des 20. Jahrhunderts haben wir gesehen, daß sich die Geschlechtsrollen für Frauen und Männer verändern. Larry Feldman, ein Forscher für Familienstudien, hat die Literatur auf traditionelle Geschlechtsrollen und ihre Auswirkung auf die Familien hin untersucht.[50] Ihm zufolge erwartet man von Frauen in unserer Gesellschaft, daß sie folgendermaßen sind: (1) Auf das Haus und Kinder hin orientiert; (2) herzlich, liebevoll, sanft und zart; (3) der Gefühle anderer bewußt, rücksichtsvoll, taktvoll und mitleidend; (4) launisch, sensibel, temperamentvoll, erregbar, emotional, subjektiv und unlogisch; (5) klagend und nörgelnd; (6) schwach, hilflos, zerbrechlich und emotional leicht verletzbar; (7) unterwürfig, nachgiebig und abhängig.

Männer waren im Gegensatz dazu: (1) ehrgeizig, konkurrierend, unternehmend und weltmännisch; (2) ruhig, gefestigt, unemotional, realistisch und logisch; (3) stark, zäh und kraftvoll; (4) aggressiv, kraftvoll, entschlossen und dominant; (5) unabhängig und voll Selbstvertrauen; (6) hart, streng, finster und grausam; (7) autokratisch, unbeugsam und arrogant.

Es ist offensichtlich, daß die den Frauen zugeschriebenen Charakteristiken diejenigen sind, die für die Aufgaben des Kindergebärens, des Haushaltens und für die emotionale Seite der Mann/Frau-Beziehung richtig sind; während den Männern solche Eigenschaften zugeordnet sind, die man braucht, um Kriege zu führen, jemanden auf dem Marktplatz umzubringen, nach Hause zurückzukehren, um sich von der fürsorglichen Partnerin die Wunden behandeln zu lassen und sie bei jedem Besuch zu schwängern. Dies sind die angemessenen Geschlechtsrollen in einer den einzelnen zu einem bestimmten Verhalten nötigenden menschlichen Gesellschaft mit einer Pro-Leben-Haltung.

Diese traditionellen Rollen sind als Hauptfaktoren für ehelichen Streß aufgezeigt worden. Feldman kam nach seiner Auswertung der Fachliteratur zu folgender Schlußfolgerung: "Die Konditionierung der Geschlechtsrollen erzeugt eine Anzahl von zu Funktionsstörungen führenden Einflüssen auf das Ehe- und Familienleben; und diese männlichen und weiblichen Geschlechtsrollen beeinflussen sich in einer sich gegenseitig verstärkenden Art, welche die psychologische Entwicklung jedes Familienmitgliedes behindert."[51]

Wir müssen hier untersuchen, wie die Sozialisation der Geschlechtsrollen zu Problemen bei Paaren beiträgt. Wie wir in Kapitel 3 sahen, kommt Selbstachtung aus zwei Quellen: Der Art und Menge der liebevollen Zuwendung, die ein Kind in den ersten Lebensjahren erhält, und der Art, wie versorgende Erwachsene die Versuche des Kindes erleichtern, selbständig zu werden. Wir wiesen darauf hin, daß letzteres durch die christliche Doktrin aktiv entmutigt wird; uns wird gelehrt, unser Vertrauen in Gott zu setzen, nicht auf unsere eigenen Fähigkeiten und auf die von anderen Menschen zu bauen. Wenn einem Kind das Gefühl der Selbständigkeit erleichtert wird, wird er oder sie aufwachsen und ständig die Männern und Frauen zugeordneten Geschlechtsrollen bewerten, ihnen entsprechen, wo sie für die Selbstentwicklung relevant sind, aber die Aspekte verwerfen, die der Entwicklung des Gefühls der Kompetenz und der Selbstachtung entgegenlaufen. Wenn gesellschaftliche und religiöse Einflüsse aktiv diesen Prozeß beeinträchtigen, wird die Entwicklung des Egos behindert und das Kind fällt unvermeidlich auf die vorgeschriebenen Geschlechtsrollen zurück.

Wenn die Zeit herankommt, in der man versucht, eine heterosexuelle Beziehung einzugehen, versagen solche Individuen, deren Gefühle der Kompetenz durch familiäre und religiöse Einflüsse durchkreuzt wurden, und die deshalb in die vorgeschriebenen Geschlechtsrollen zurückfallen, mit an Sicherheit grenzender Wahrscheinlichkeit. Der Mann, der der traditionellen Geschlechtsrolle entspricht - wodurch er viel von seinem Potential als Mensch verliert -, wird Schwierigkeiten haben, eine Beziehung mit seiner Partnerin als einem mit den Sinnen wahrgenommenen Wesen einzugehen. Seine Neigung, sich mit ihr gemäß den Charakteristiken, die Frauen in traditionellen Geschlechtsrollen zugeteilt sind, auseinanderzusetzen, wird sicherlich zu Beziehungsproblemen beitragen.

Ein besonderes Problem besteht für Paare, wenn eine Frau nach der Heirat psychologisch weiter wächst, auf eine Art, die die ihr zugeschriebene Geschlechtsrolle herausfordert. Wenn ihr Partner auf eine traditionelle Männerrolle festgelegt ist und er keine Anzeichen für eine Neigung zeigt, diese herauszufordern, wird er negativ auf den Versuch seiner Frau, sich selbst zu verwirklichen, reagieren. Wenn sie zum Beispiel den Wunsch hat, ihr Universitätsstudium abzuschließen, könnte er dies als Unzufriedenheit mit ihm als Gatten und ihrer Rolle als Mutter deuten.

Auf den ersten Blick erscheint es etwas unfair, die christliche Kirche für die starren, destruktiven Geschlechtsrollen verantwortlich zu machen, mit denen sich Frauen und Männer abmühen, um sich davon zu befreien. Haben wir nicht doch schon Pastorinnen in den protestantischen Kirchen, und gibt es nicht schon ein paar katholische Frauen, die im Vatikan Petitionen für gleiche Rechte einbringen?

Tatsache ist, daß wir der christlichen Kirche auf zwei Ebenen Schuld für den allgemeinen Zustand anlasten können. Jahrhunderte der Indoktrination im Hinblick auf Sexualität und Zeugung haben dazu beigetragen, diese Geschlechtsrollen auszubilden. Im 15. Jahrhundert brachte der Malleus Maleficarum die vorherrschenden christlichen Ideen über Männer und Frauen zum Ausdruck, und wegen seines langanhaltenden Einflusses half er, diese Haltungen tief im westlichen Gewissen zu verwurzeln. Es wurde schon vorher festgestellt, daß Frauen eher Vertreter des Teufels würden, "eher bereit waren, den Einfluß des körperlosen Geistes zu empfangen", "weil sie leichtgläubiger", "für Eindrücke empfänglicher" waren, "glattere Zungen" hatten, "intellektuell wie Kinder" waren, "fleischlicher" als Männer waren, und ein "schlechtes Gedächtnis" hatten. Es war alles ganz einfach: "Da (Frauen) körperlich und geistig schwächer sind, ist es nicht verwunderlich, daß sie eher unter den Bann der Hexerei kommen sollten."[52] Männer andererseits waren völlig ohne diese Mängel: "Und gesegnet sei Gott in der Höhe, der die Männer vor so großem Verbrechen schützte: denn er war gewillt, für uns geboren zu werden und zu leiden, deshalb hat er den Männern dieses Privileg gewährt."[53]

Als die Vertreter Gottes hatten die Männer die Aufgabe, ihre Frauen so oft wie möglich zu schwängern. Von Frauen, obgleich sie als "schwächer an Geist und Körper" beurteilt wurden, erwartete man, wiederholten Schwangerschaften zu widerstehen - ihre Strafe dafür, daß sie normale sexuelle menschliche Wesen waren.

Die Kirche war nicht nur dafür verantwortlich, die Grundlage für das explosionsartige europäische Bevölkerungswachstum gelegt zu haben, sondern die Kirche hat die Regierungen bei ihrer Politik der demographischen Aggression gegen ihre eigenen Menschen unterstützt. Die Church of England stand fest zu den britischen Regimen während des Zeitalters des viktorianischen Expansionismus, hinter Englands Antiabtreibungsgesetzen und der Schlacht gegen die Geburtenregelung. Viktorianische Pro-Leben-

Haltungen bezüglich Sexualität wurden durch Kleriker stark unterstützt. In Nordamerika wurde Gott oft benutzt, um die fürchterlichsten Verbrechen gegen die "Heiden", die nordamerikanischen Indianer, zu rechtfertigen. Papst Pius IX. leistete seinen Anteil im Jahre 1869, als er die bis dahin entspannte Haltung zur Abtreibung verschärfte. In Nazi-Deutschland verband sich die römisch-katholische Kirche mit Hitler bis zum bitteren Ende, trotz seiner oft harten Behandlung vieler seiner Mitkatholiken. Daher gibt es eine zwingende Verbindung zwischen den Geschlechtsrollen, wie sie von Analytikern herausgearbeitet wurden, von Feldman nochmals überprüft, und den Lehren der christlichen Kirche über Sexualität und Zeugung.

Es gibt jedoch Zeichen der Veränderung. Durch die feministische Bewegung reagierten Frauen zunehmend empfindlich auf die einengenden Auswirkungen dieser traditionellen Geschlechtsrollen, die es ihnen schwierig bis unmöglich machten, ihr ganzes menschliches Potential zu entwickeln. Männer andererseits scheinen weniger wahrzunehmen, in welchem Umfang ihre Sozialisation zu der Schwierigkeit beigetragen hat, Beziehungen zu Frauen aufzubauen, sowie zu ihrer Neigung, psychosomatische Krankheiten zu entwickeln.

Im wesentlichen hat diese Art demographischer "Sex-Ausbeutung", der dem Pro-Leben Sexualkodex eigen ist, die Männer und Frauen der westlichen christlichen Gesellschaft für viele andere Formen der Ausbeutung, wirtschaftlicher und zwischenmenschlicher Art, offen gelassen. Die daraus resultierende Entfremdung macht sie unfähig, genügend Verantwortung für diesen Aspekt ihres Lebens zu übernehmen, um den manipulativen Strategien der Werbefritzen und Pornohändler zu widerstehen. Die Entfremdung macht die Menschen der westlichen Gesellschaft für eine Menge sexueller und Beziehungsprobleme anfällig. Diese Fragen werden wir im nächsten Kapitel untersuchen.

Anmerkungen

1. Abraham Feinberg, *Sex and the Pulpit* (Toronto: Methuen, 1981), S. 46.

2. C.A. Tripp, *The Homosexual Matrix* (New York: New American Library, 1976), S. 7.

3. W.W. Watters, J.A. Lamont, J. Askwith, and May Cohen, "Education for Sexuality: The Physician's Role," *Canadian Family Physician* 27 (December 1981).

4. Ellen Peck and Judith Senderowitz, Pronatalism: *The Myth of Mom and Apple Pie* (New York: Thomas Y. Crowell Company, 1974), S. 1.

5. Judith Blake, "Coercive Pronatalism and American Population Policy," *Preliminary Papers: Results of Current Research in Demography,* No 2. (University of California, Berkeley: International Population and Urban Research, December 1972).

6. Solomon Ganzfried, *Code of Jewish Law,* Übers. Hyman E. Goldin (New York: Hebrew Publishing Company, 1927), Band 4, Kap. 150, S.13,14.

7. ebenda, Kap. 45, S.6.

8. ebenda, Kap. 46, S.10

9. ebenda, Kap. 150, S.16

10. ebenda, Kap. 151, S.18

11. John T. Noonan, Jr., *Contraception: The History of Its Treatment by the Catholic Theologians* (Cambridge, Mass.: The Belknap Press, 1966), S. 81.

12. Reay Tannahill, *Sex in History* (New York: Stein and Day, 1980), S.138.

13. ebenda S.147.

14. Vern L. Bullough, "Introduction: The Christian Inheritance," in Vern L. Bullough u. James Brundage, Hg., *Sexual Practices in the Medieval Church* (Buffalo, N.Y.: Prometheus Books, 1982), S.7.

15. Noonan, *Contraception,* S.46.

16. *Globe and Mail* (Toronto), September 6, 1984.

17. A. Hitler, *Mein Kampf*, Übers. Ralph Manheim (Boston: Houghton-Mifflin Co., 1943), S.133.

18. Ronald und Juliette Goldman, *Children's Sexual Thinking* (London: Routledge and Kegan Paul, 1982).

19. William A. Fisher, Donn Byrne, Leonard A. White, und Kathryn Kelley, "Erotophobia-Erotophilia as a Dimension of Personality," *Journal of Sex Research* 25, no 1. (Feb. 1988): 123-51.

20. Ernest Jones, *The Life and Work of Sigmund Freud* (New York: Basic Books), 2:12.

21. Stevi Jackson, *Childhood and Sexuality* (Oxford: Basil Blackwell, 1982), S.180.

22. Shere Hite, *The Hite Report on Male Sexuality* (New York: Alfred A. Knopf, 1981), S.23.

23. James W. Prescott, "Body Pleasure and the Origins of Violence," *Bulletin of the Atomic Scientists*, November 1975, S.10-20.

24. ebenda, S.13.

25. Henrich Kramer and James Sprenger, *The Malleus Maleficarum*, Übers. Montague Summers (London: John Rodker, 1928; reprint New York: Dover Publications, 1971).

26. ebenda, S. 47

27. Erwin J. Haeberle, *The Sex Atlas* (New York: Continuum Press, 1982), S. 388.

28. Tannahill, *Sex in History*. S. 161.

29. Haeberle, *The Sex Atlas*, S. 199.

30. Ebenda, S. 201.

31. Michael Carrera, *Sex, the Facts, the Acts, the Feelings* (New York: Crown Publishers, Inc., 1981), S. 395.

32. Goldmann u. Goldmann, *Children's Sexual Thinking*, S. 342

33. Haeberle, *The Sex Atlas*, S. 230.

34. Gilbert H. Herdt, *Guardians of the Flute: Idioms of Masculinity* (New York: McGraw-Hill, 1981).

35. Noonan, *Contraception*, S. 54.

36. John Boswell, *Christianity, Social Tolerance, and Homose-*

xuality: Gay People in Western Europe from the Beginning of the Christian Era to the Fourteenth Century (Chicago: University of Chicago Press, 1980).

37. John A. Watt, *The Zenith of the Medieval Papacy*, in Christopher Hollis, Hg.., *The Papacy (New York: Macmillan, 1964).*

38. Wendell W. Watters, *Compulsory Parenthood: The Truth about Abortion* (Toronto: McClelland and Stewart, 1976).

39. Boswell, *Christianity, Social Tolerance, and Homosexuality*, S. 218.

40. Noonan, *Contraception*, S. 52.

41. Philo, *De Abrahamo*, übers. F. H. Colson (Cambridge, Mass: Harvard University Press).

42. Augustine, *The Good of Marriage* 16.18, CSEL 41:210-11.

43. Caesarius, *Bishop of Arles*, Letter, in Sermons 1.12, CC 103:9.

44. Kramer und Sprenger, *Malleus Maleficarum*, S. 56.

45. Norman E. Hines, *Medical History of Contraception* (New York: Schocken Books, 1970).

46. Watters, *Compulsory Parenthood.*

47. David Yallop, *In God's Name: An Investigation into the Murder of Pope John Paul I* (London: Johnathn Cape Ltd., 1984), bringt Beweise dafür, daß Johannes Paul I von Erzkonservativen im Vatikan ermordet wurde, die fürchteten, daß der Pontifex die Humanae Vitae umwerfen würde.

48. Bertrand Russell, *Why I Am Not a Christian* (London: Allen and Unwin, 1967).

49. John T. Noonan, Jr., "The Catholic Church and Abortion," *The Dublin Review* 241, no. 514 (1967-68): 315.

50. Larry Feldman, "Sex Roles and Family Dynamics," in Froma Walsh, Hg., *Normal Family Processes* (New York: Guilford Press, 1982), S. 354-79.

51. Ebenda, S. 375.

52. Kramer und Springer, *Malleus Maleficarum*, S. 44.

53. Ebenda, S. 47.

7
Christlicher Pronatalismus und sexuelles Leiden der Menschen

Es ist eine Ironie, daß, obwohl die Kirchen sich seit ewigen Zeiten mit der Sexualität beschäftigen, ja man könnte sagen, sich "besessen" damit beschäftigen, die meisten Kirchen auf offiziellem Niveau darin versagt haben, eine positive Theologie bezüglich des Körpers und der Sexualität abzufassen. Wenige Aspekte ihrer zusammengefaßten Lehren haben mehr Schaden angerichtet, mehr Leben verdorben oder mehr unnötige Schuld auf Millionen Menschen geladen, als ihr ganz allgemein negativer Ansatz für diesen grundlegenden Bestandteil des menschlichen Lebens und seiner Entwicklung.

Tom Harpur[1]

Heirat - zumindest in einer christlichen Zivilisation - ist oft ein Fehlschlag. Über diesen Punkt kann es keinen Zweifel geben. Sie kann das Tor zu einem Garten Eden auf Erden sein, aber sie ist tatsächlich oft eine Hölle voller Qualen.

Th. Van de Veld[2]

Im vorherigen Kapitel haben wir den autoritären Pro-Leben-Sexualkodex untersucht und die Rolle der christlichen Kirche bei der Herausbildung von Haltungen bezüglich Sexualität und Geschlechtsidentität in der westlichen Welt. In diesem Kapitel sehen wir uns spezifische Probleme der Menschen bezüglich Sexualität an und enthüllen die Rolle, die der Pro-Leben-Kodex spielt. Die untersuchten Bereiche sind Sexualstörungen, Beziehungsprobleme, Vergewaltigung, Kindesmißbrauch und Pornographie.

Es gibt zwei Arten, sich diesen Problemen zu nähern. Wir können anfangen, indem wir fragen, warum diese Übel vorkommen, oder wir können die ganze Frage von hinten aufzäumen, indem wir andersherum fragen. Was ist es, das einige Menschen davor schützt, derartige Probleme in so einer erotophoben (erosfeindlichen) Gesellschaft wie unserer zu haben, einer, die Menschen animiert, einen ständigen Krieg gegen sich selbst zu führen?

Sexualstörungen

Sexualstörungen sind Bedingungen bei Männern und Frauen, die sie daran hindern, einen sexuellen Reaktionszyklus voll zu erleben. Dieser Zyklus besteht bei einem Mann aus dem Erwecken der Erektion, der Erregung, dem Zustand der anhaltenden Erregung, dem Orgasmus und dem Abklingen. Bei der Frau besteht er aus der Erweckung der Vaginalsekretion, Erregung, dem Zustand anhaltender Erregung, dem Orgasmus und dem Abklingen. Die hauptsächlichsten Sexualstörungen bei Männern sind Erektionsstörungen (primäre oder sekundäre Impotenz[*]) und vorzeitiger Samenerguß. Die häufigsten Störungen bei Frauen sind primäre Anorgasmie (niemals einen Orgasmus gehabt zu haben) und sekundärer Orgasmus (keinen Orgasmus mehr zu haben). Erst in letzter Zeit wurde ein anderer Zustand, bei Frauen wie bei Männern, als eine Sexualstörung klassifiziert, nämlich der Verlust sexuellen Verlangens.

Dieses Buch ist nicht der Platz für eine erschöpfende Diskussion von Sexualstörungen, der Zweck dieser Studie ist erreicht, wenn wir eine Sexualstörung bei Männern und eine bei Frauen nehmen, und zeigen, wie der Pro-Leben-Sexualkodex zur Hervorrufung von beiden beigetragen hat. Die Störung bei Männern, die wir diskutieren werden, ist der *vorzeitige Samenerguß*, und bei Frauen die *primäre Anorgasmie*.

---

[*] Ein Mann, der an primärer Impotenz leidet, war nie zu einer Erektion fähig. Einer, der an sekundärer Impotenz leidet, hat seine frühere Fähigkeit zur Erektion verloren.

Der Ausdruck "vorzeitiger Samenerguß" kommt von der Fixierung auf den Koitus, der dem christlichen Ansatz zur Sexualität eigen ist, welcher wiederum zu solchen Sexuallegenden wie dem vaginalen Orgasmus und dem gleichzeitigen Orgasmus führt. Noch ist in der westlichen Psyche die Idee fest verwurzelt, daß, wenn eine Frau überhaupt einen Orgasmus haben sollte, dieser während des Koitus auftreten sollte, und gemäß Sexualhandbüchern, die noch in diesem Jahrhundert herausgegeben wurden, sollte der Orgasmus bei einem Paar gleichzeitig auftreten.[3,4] Wenn sie den "Höhepunkt" nicht gleichzeitig erreichen, sollte der Mann nicht eher ejakulieren, bis die Frau ihren Höhepunkt hatte. (Man beachte, daß der Nachdruck auf der Ejakulation und nicht auf dem Orgasmus liegt, und somit Zeugungs- und keine Lustinteressen reflektiert werden.)

Ungeachtet der religiösen Ursprünge dieser Legenden wurde ihnen zusätzliche Legitimität verliehen, als Freud sie in seine psychoanalytische Theorie mit einbaute, auf eine Art, die viele Frauen davon überzeugte, daß sie Versagerinnen wären, wenn sie keinen vaginalen Orgasmus hätten; und viele Männer wurden davon überzeugt, daß sie Versager wären, wenn sie ihrer Partnerin keinen Orgasmus während des Koitus "bereiten" könnten. Vor noch nicht allzu langer Zeit, nämlich 1975, definierte der Psychiater Judd Marmor den vorzeitigen Samenerguß als "den Zustand, in dem ein Mann mit einer Frau zum Orgasmus vor oder innerhalb von Sekunden nach dem Eindringen in die Vagina kommt, oder wo ein Mann, trotz der Tatsache, daß er eine Partnerin hat, die ohne Schwierigkeiten zum Orgasmus kommen kann, *nicht fähig ist, seinen Orgasmus oder seine Ejakulation während eines intravaginalen Koitus für eine genügend lange Zeit zurückzuhalten, um sie mindestens während der Hälfte ihrer koitalen Verbindungen zu befriedigen* (Kursivsetzung durch den Autor)."[5] Diese Definition stellt eine Behauptung auf - "warum die Hälfte?" und "warum nicht ein Viertel oder drei Viertel?"

So zeichnet sich der vorzeitige Samenerguß dadurch aus, der

einzige zweifelhafte Zustand in der gesamten Medizin zu sein, der bei einer Person diagnostiziert wurde, weil eine andere Person es nicht schaffte zu reagieren. Die Absurdität der Situation wurde schließlich denen bewußt, die sich mit Nomenklatur befassen, das DMS III (*third edition of the Diagnostic and Statistical Manual*, 3. Auflage des Handbuchs für Diagnostik und Statistik) der American Psychiatric Association definiert jetzt vorzeitigen Samenerguß als das Eintreten, "bevor die Person es möchte, wegen wiederkehrender und anhaltender Abwesenheit vernünftiger selbstbestimmter Kontrolle der Ejakulation und des Orgasmus während einer sexuellen Aktivität".[6]

Dieser tiefverwurzelte Glaube, daß der Orgasmus der Frau während eines Koitus eintreten sollte, hat das Sexualleben unzähliger Paare ruiniert. Erläutern wir das an Hand eines Beispiels aus einer Klinik.

Fallstudie

Ein Universitätsprofessor und seine Frau, beide Mitte fünfzig, wurden zwecks Hilfe bei einem sexuellen Problem überwiesen. Vom Beginn ihrer Ehe an war das Sexualleben des Paares der Grund beträchtlicher Schwierigkeiten. Vor der Ehe hatten sie einen breiteren Bereich nichtkoitaler sexueller Freuden zusammen genossen. Da vorehelicher Geschlechtsverkehr in ihrer christlichen Gemeinde im amerikanischen Mittelwesten nicht akzeptabel war; genossen sie oralen Geschlechtsverkehr und gemeinsame manuelle Erregung bis hin zum Orgasmus. Erst nach der Heirat, als es ihnen "gestattet" war, das "Richtige zu haben", begannen ihre Probleme. Beide glaubten, daß die Frau soviel Lust bis zum Orgasmus mit dem Geschlechtsverkehr haben sollte, wie sie vorher mit den nichtkoitalen Praktiken hatte. Sie fing an, sich nicht als richtige Frau zu fühlen, und ihr Mann fühlte sich entsprechend als Liebhaber unfähig, weil er seine Frau beim Geschlechtsverkehr nicht zum Orgasmus bringen konnte. Nur selten hatte sie einen

Höhepunkt beim Geschlechtsverkehr, und nie dachten sie daran, die lustvollen Dinge zu tun, die ihr voreheliches Sexualleben kennzeichneten; diese hatte man ihnen ausgeredet, sie sollten nicht Teil des Sexuallebens eines verheirateten Paares sein. Die Bitterkeit, die in ihrer Beziehung über Jahre hin erzeugt wurde, die direkt von ihrer sexuellen Sozialisation herrührte, war so groß, daß es unmöglich war, ihnen zu helfen, die alten Haltungen zu verlernen und neue, gesunde zu lernen.

Zeitweilig, unter dem Einfluß dieser zerstörerischen Einstellungen, wird sich eine Frau als lustlos geben, weil sie keinen Höhepunkt während des Geschlechtsverkehrs hat, der 30 Sekunden anhält; zu anderen Gelegenheiten erweist sich ihr Partner als jemand mit "vorzeitigem Samenerguß", weil seine Partnerin nach längerem Koitus keinen Orgasmus hat. Ärzte, die es besser wissen sollten, haben Paare zur Sexualtherapie überwiesen und gaben an, daß die Frau frigide sei, da sie während des Geschlechtsverkehrs zu keinem Orgasmus fähig sei, während ihr Sexualpartner sich nicht die Bedeutung von sinnlicher Liebkosung und Streicheln vorstellen konnte, manuelle genitale Stimulation ganz und gar ignorierte und in seine Partnerin eindrang, sobald er eine Erektion bekam mit einer schon Sekunden später erfolgenden Ejakulation. Auf der anderen Seite haben viele Männer sich selbst als "verfrüht Ejakulierende" gesehen - dabei außer acht lassend, daß der durchschnittliche Mann nach zwei bis fünf Minuten Geschlechtsverkehr ejakuliert -, da ihre Partnerinnen nicht nach zehn Minuten kräftigen Stoßens zum Orgasmus kamen; eine Untersuchung läßt im allgemeinen erkennen, daß die Partnerinnen äußerst gehemmt sind und nie masturbiert haben, um ihre eigene sexuelle Reaktion zu erkunden.

Beziehungsprobleme:
Die Geschichte von Ken und Barbara

In Kapitel 6 haben wir die Frage der Sozialisation der Geschlechtsrollen besprochen und die Rolle, die das Christentum in der Ausformung dieser Rollen gespielt hat. Es wurde gezeigt, daß es zum Kern vieler Probleme von Paaren gehört. Die folgende Fallstudie zeigt, wie eine derartige Sozialisation der Geschlechtsrollen bezüglich Sexualfragen gegenseitig aufeinander einwirkt, um derartige Schwierigkeiten in der Beziehung hervorzurufen.

Ken und Barbara, ein körperlich attraktives Paar, Anfang dreißig, aus der Mittelklasse, hatten zwei Kinder von drei und fünf Jahren. Sie sagten, daß Barbaras Problem sei, daß sie in den vergangenen drei Jahren kein Interesse an Sex hatte, außer jeweils in den paar Tagen nach ihrer Periode. Barbara litt auch unter Reizbarkeit gegenüber Ken und den Kindern sowie unter Mißtrauen gegenüber Ken bezüglich seiner Treue. Nach einer ersten Diagnose prämenstrueller Spannungen wurde ihr Progesteron verschrieben; dieses beseitigte jedoch nicht ihre Symptome. Zuerst fing Ken an, Barbara zu umsorgen und ihr Sicherheit zu geben und drängte sie, ihre Medizin zu nehmen, immer wenn sie sich aufregte. Schließlich kam es so weit, daß Ken Schwierigkeiten bekam, Barbaras emotionelle Ausfälle hinzunehmen. Er zog sich dann zurück, was sie wiederum noch mehr frustrierte.

Da Barbara sich Kens sexuellen Annäherungen verweigerte, hatte er aufgehört die Initiative zu ergreifen und wartete, bis ihr danach war. In der ersten Sitzung stritt er ab, Barbara gegenüber irgendwelche Ressentiments zu empfinden, schließlich verstand er sie, weil sie eine Frau mit einem "medizinischen" Problem war: Sie konnte nichts dafür. Kens Ressentiments richteten sich stattdessen gegen die Mediziner, die nicht fähig waren, Barbaras Symptome zu beseitigen, so daß sie ihr Interesse am Geschlechtsverkehr wiederbekäme. Er hatte mastubiert, um seine sexuelle Spannung abzubauen.

Barbara war das Kind einer fundamentalistisch religiösen Familie mit sehr klaren Vorstellungen über richtiges Verhalten. Als kleines Mädchen durfte sie nicht herumtollen, da das vielleicht bedeutete, daß sie sich schmutzig machte; Arbeit kam immer vor dem Spiel, und gut zu sein war sehr wichtig. Barbaras Familie hatte ernsthafte Probleme, mit Gefühlen umzugehen; wann immer die Leute aufeinander zornig waren, schrien und kreischten sie einander an, aber nicht so, daß es die Lösung der Meinungsverschiedenheiten zuließ. Jedoch mochte sie dieses Verhalten an ihren Eltern nicht, und ein Grund, warum sich Barbara zu Ken hingezogen fühlte war, daß in seiner Familie nie jemand jemals schrie, sie waren "zivilisierter". Barbaras Eltern trennten sich, als sie ein Teenager war, ein Erlebnis, das viel zu ihrer Unsicherheit beitrug und sie veranlaßte, nach einem Mann auszuschauen, der ruhig und nicht emotionell war, im klaren Gegensatz zu ihrem Vater. Nachdem sich ihre Eltern getrennt hatten, wurde Barbaras Mutter sehr abhängig von ihr; tatsächlich war es so, daß sie und ihre Mutter eine gegenseitige schwankende Abhängigkeit entwickelten, in der sie abwechselnd die Mutter und das Kind spielten. Dies setzte sich bis in die Gegenwart fort, sehr zur Irritation von Ken, der meint, daß seine Frau nicht so stark von ihrer Mutter abhängig sein sollte.

Ken war ebenfalls in einer fundamentalistischen Familie aufgewachsen, sein Vater wurde von ihm als zuverlässig und verantwortungsbewußt beschrieben, aber emotional zurückgezogen, um so seine Stellung als Familienoberhaupt zu sichern. Nichtsdestotrotz hatte Kens Vater niemals Zweifel darüber, was richtig oder falsch war. Kens Mutter war etwas gefühlsbetonter als sein Vater. Ken konnte niemals richtig mit seinem Vater sprechen, war jedoch in der Lage, ein bißchen mit seiner Mutter zu sprechen. Er meinte jedoch, daß er "sehr glücklich" war, in so einer "intakten" Familie aufzuwachsen, und er war sicher, daß seine Frau sich deshalb zu ihm hingezogen fühlte.

Am Anfang zeigte das Paar in den gemeinschaftlichen Sitzungen, daß es ein wunderbares Verhältnis zueinander hatte, außer Barbaras Problem, welches Ken als ein "medizinisches" ansah. Zeitweilig, wenn sie unter Kens Einfluß schien, stimmte Barbara zu, daß sie zu "emotionell" war und sich mehr darum bemühen sollte, sich die stoische Lebenshaltung ihres Mannes anzueignen. Bei anderen Gelegenheiten war Barbara selbstsicherer und beschrieb ihre wahren Gefühle über ihre Ehe: Die Tatsache, daß sich Ken ihr gegenüber wie ein Roboter benahm, nicht zuhören wollte, wenn sie sich aufregte, und nur vertraulich war, wenn er Geschlechtsverkehr wollte.

Am Anfang ihres Kontaktes in der Klinik sagten Ken und Barbara, daß ihre sexuelle Beziehung während der Zeit, in der sie Geschlechtsverkehr wollte, großartig war. Jedoch stellte es sich heraus, daß dies nicht die wahre Geschichte war. Am Anfang ihrer Ehe hatte Barbara vom Geschlechtsverkehr überhaupt nichts, nur nach und nach kam sie durch manuelle Stimulation zum Orgasmus.

Die vorehelichen sexuellen Spiele haben kaum Geschlechtsverkehr oder direkte manuelle Anregung der Genitalien beinhaltet. Wegen ihrer christlichen Erziehung fühlten Ken und Barbara, daß eine direkte Verwirklichung der Sexualität sündig sei, deshalb legte sich Ken voll angezogen auf Barbara und ahmte die Bewegung beim Geschlechtsverkehr nach, bis die dadurch erzeugte Spannung zum Orgasmus führte. Dies befriedigte sie, weil es bedeutete, daß ihre Körper ständig miteinander in Kontakt waren, und weil es eine lange Zeit bei Ken dauerte, zum Orgasmus zu kommen. Diese lange Stimulation der Klitoris führte im allgemeinen auch bei Barbara zum Orgasmus.

Als diese nichtkoitalen sexuellen Verhaltensweisen nach der Heirat verschwanden, wurde Barbara immer weniger befriedigt. Als gutes christliches Mädchen hatte sie niemals masturbiert, und wußte deshalb nicht, um was sie Ken bitten konnte, um sie lustvoll zu stimmen. Sie hätte es niemals als richtig angesehen, es ihm überhaupt zu sagen.

Die Umstände um die Empfängnis und die Geburt ihrer zwei Kinder waren recht beredt. Barbara entschied sich, die Kinder recht früh in der Ehe zu bekommen. Ken war dagegen, er wollte lieber warten, bis sie finanziell sicherer dastanden. Sie waren jedoch nicht in der Lage, dieses Problem auf eine erwachsene, angemessene Art zu lösen. Ken gab einfach nach, um "ihr zu gefallen". Jetzt, wenn Barbara in ihrer Mutterrolle Probleme bekommt, wirft Ken ihr vor, daß sie es war, nicht er, die direkt sofort die Elternschaft wollte.

Formulierung des Problems

Ken und Barbara sind ihr ganzes Leben lang der christlichen Lehre ausgesetzt gewesen. Sie hatten offensichtlich kein ausgeprägtes Interesse an Religion als etwas, um das man sich sorgen und was man wissen sollte, ihre Mitgliedschaft bestand mehr aus reiner Gewohnheit. Im wesentlichen waren sie bereit, ein nicht hinterfragtes Leben zu führen.

Kens Selbstwertgefühl stand in Beziehung zu der stereotypen Männerrolle, wie er sie durch seinen kalten, abgehobenen autoritären Vater verwirklicht gesehen hatte. Seine Fähigkeit, mit Ambivalenzen umzugehen, war beschränkt; trotz der Tatsache, daß er nicht fähig war, mit seinem Vater zu sprechen, stritt Ken ab, irgendwelche negativen Gefühle bezüglich seines Vaters zu hegen. Ken sprach wirklich öfter darüber, wie glücklich er war, in einem Hause aufgewachsen zu sein, in dem es keinen Streit gab. Er stritt auch lang und breit seinen Zorn auf seine Frau ab, und ging damit um, indem er sich gefühlsmäßig zurückzog, und stempelte Barbaras emotionelle Ausbrüche als "krankhaftes" Verhalten ab. Die Leugnung von Zorn und eine infantile Art, mit Ambivalenzen umzugehen, sind integrale Bestandteile der christlichen Lehre, wie wir sie in Kapitel 4 diskutiert haben.

Andererseits war Barbara etwas toleranter gegenüber ihren negativen Gefühlen. Manchmal brachte sie ihren Ärger gegenüber

Ken auf eine sehr betonte Weise zum Ausdruck, aber ihr Selbstwertgefühl war so gering, daß sie dazu neigte, unschlüssig zu sein. Wenn Ken irgendeine seiner beherrschenden Taktiken gegenüber Barbara anwandte, zog sie sich vor unseren Augen zurück und richtete die negativen Gefühle gegen sich selbst und schloß sich Kens Klassifizierung ihrer emotionellen Ausbrüche als "krankhaft" an. Barbaras Erfahrung mit ihren Eltern halfen nichts, da sie als Menschen erschienen, die ihren Zorn frei ausdrückten, jedoch nicht auf eine Art, die einer echten Auseinandersetzung auf einer Erwachsenenebene genügten.

Zwischen dem bitteren, infantilen Zank ihrer Eltern und der Unfähigkeit ihrer Schwiegereltern, Zorn zu artikulieren - einer Möglichkeit, die sie einst anzog - schien Barbara innerlich um eine erwachsenere Art zu kämpfen, mit derartigen negativen Gefühlen in einer kritischen Lage gegenüber ihrem Mann umzugehen. Sie lehnte sich, um ein gutes Selbstwertgefühl zu haben, übermäßig bei Ken an, und hatte ihr ganzes Leben lang sehr wenig Unterstützung bekommen, um ihr eigenes Potential zu erkennen, und sich um ihrer selbst willen gut zu fühlen, unabhängig davon, was andere über sie sagten.

Als sie sich in der Klinik vorstellten, war Barbara die "Kranke" in der Beziehung, denn sonst hätte sie sich so benommen, wie Ken es als richtig ansah. Ken bestand darauf, daß er glücklich wäre, und war zögerlich, sein eigenes Verhalten und seine Haltungen kritisch zu betrachten. Es gab jedoch Anzeichen dafür, daß Ken ein freudloses, mit Schuldgefühlen beladenes Leben führte. Er arbeitete schwer, hatte keine engen Freunde und keine Hobbys. Er wies nicht nur alle kritischen Gefühle in sich selbst zurück (so wie er sie bei seiner Frau als "krank" bezeichnete), sondern er drückte auch keine Gefühle des Wohlergehens aus, wenn er sie erfuhr, was sehr selten der Fall war. Ken war fähig, sich etwas zu öffnen, und das, was in ihm vorging, zu teilen, wenn er und Barbara Geschlechtsverkehr hatten; jedoch sein Verhalten danach, wenn er oft tagelang mit Barbara nicht sprach, legt nahe, daß derartige

Freuden von einer Periode der Selbstverleugnung und Bestrafung gefolgt sein mußten, was sich in der Form eines starrköpfigen zornigen Rückzugs von der Quelle der Freude, seiner Frau, bemerkbar machte (siehe Kapitel 5).

Kens und Barbaras sexuelle Sozialisation ist ein typisches Ergebnis unserer christlichen Gesellschaft. Sie hatten keine formelle Sexualerziehung und wuchsen mit den meisten Legenden, die durch den Pro-Leben-Sexualkodex hervorgerufen sind, auf. Vor der Heirat waren sie zuerst in ihrem Wissen darüber so beschränkt, was sie machen könnten, um sexuelle Freude zu geben und zu empfangen, daß sie sich ursprünglich auf simulierten Verkehr verließen, vollkommen angezogen, bis zum Orgasmus. Später waren sie jedoch in der Lage, direkte manuelle genitale Stimulation zu genießen. Ken und Barbara waren nachhaltig durch die Legenden vom gleichzeitigen Orgasmus beeinflußt: Er stimulierte ihre Genitalien, bis sie "bereit" war, und drang dann in sie ein mit der Idee, gleichzeitig zum Höhepunkt zu kommen. Barbara beschwerte sich oft, daß Ken "zu schnell" nach dem Eindringen kam, das heißt, bevor sie ihren Orgasmus hatte. Erst nach einer langen Zeit handelten sie aus, daß er ihre Genitalien von Hand stimulieren konnte, nachdem er seinen Höhepunkt beim Geschlechtsverkehr hatte.

Beide waren buchstäblich Opfer der traditionellen Sozialisation der Geschlechtsrollen. Kenneth hatte die Machorolle vollkommen verinnerlicht: bestimmt, konkurrierend, emotionslos und beherrschend. Jedoch war er hinter der arroganten Männerrolle einsam und ängstlich, immer im Krieg mit dem durch die Sinne wahrgenommenen, fühlenden wahren menschlichen Selbst, dem es nie erlaubt worden war, hervorzukommen und sich an seinem rechtmäßigen Platz in Kens Persönlichkeit zu entwickeln. Darüber hinaus gab es bei ihm keine Anzeichen dafür, daß er wollte, daß es hinter der starren Rolle, die er spielte, zum Vorschein kam.

Barbara war erzogen worden, das passive, abhängige kleine Mädchen (Frau) zu sein, dessen Schicksal es war, ihr Leben lang von seinem Mann abhängig zu sein. Sie versuchte - zeitweilig völlig verzweifelt - sich innerhalb der Grenzen dieser Rolle zu bewegen. Manchmal jedoch, bei Interviews mit Ken zusammen, und noch öfter, wenn sie allein da war, war der Druck, ihr eigenes Selbst zu verwirklichen, hinter der Rolle sichtbar. Als Barbara sich öffnete, sprach sie einsichtig über die Probleme in ihrer Beziehung, besonders über das roboterhafte Verhalten ihres Gatten, und der Rechtmäßigkeit ihrer emotionellen Reaktion auf das Verhalten. Jedoch war sie einfühlsam genug zu erkennen, daß dies für Ken bedrohlich war, bei seinem begrenzten Repertoire menschlicher Reaktionen; wenn er sich weiter gefühlsmäßig zurückzog, reagierte Barbara daher auf diese Manipulation durch Rückfall in die Rolle der schwachen, unzulänglichen, gefühlsmäßig "kranken" Frau. Sie hatte Angst, daß Ken sich so bedroht fühlen würde, daß er sich vollkommen aus dem Verhältnis zurückziehen würde.

Vergewaltigung

Es ist jetzt modern, Vergewaltigung als einen Akt der Gewalt, der an Frauen verübt wird, anzusehen. Jedoch könnte es ein Fehler sein, die Tatsache zu übersehen, daß Vergewaltigung, obwohl sie sicherlich Gewalt ist, auch eine Sexualhandlung ist. Wir sollten nicht den Anteil der Sozialisation auf dem Gebiet der Sexualität sowohl bei Männern als auch bei Frauen bezüglich Vergewaltigung unterschätzen.

Die Verbindung zwischen christlicher Sexualindoktrination und der Schaffung einer Mentalität für Vergewaltigung bei Männern wird in dem folgenden Beispiel nahegelegt.

Fallstudie
Ein junger Mann saß wegen Vergewaltigung im Gefängnis, und gab folgende Geschichte in einem Interview zum Besten, das

durchgeführt wurde, um zu sehen, ob es eine Grundlage für eine psychiatrische Behandlung nach seiner Entlassung aus dem Gefängnis gab. In der schicksalhaften Nacht kam er nach Hause zu seiner Frau zurück, nachdem er den Abend mit den Kumpels in einer Kneipe verbracht hatte. Aber er ging erst zu einem Haus, das er willkürlich ausgewählt hatte, brach ein und vergewaltigte die Frau in ihrer Küche. Als wir fragten, ob er zu dem Zeitpunkt sexuell erregt war, gab er dies zu. Als wir ihn fragten, warum er nicht einfach masturbiert habe, um seine sexuelle Spannung abzubauen, sah er entsetzt aus und antwortete, "Oh, ich bin ein geborener Katholik ... das ist eine Todsünde."

Dieser Mann war nicht psychotisch und war von durchschnittlicher, wenn nicht überdurchschnittlicher Intelligenz. Es ist schon erschreckend zu erkennen, daß er ausdrückte, was er bei seiner Sozialisation gelernt hatte zu glauben, nämlich, daß Geschlechtsverkehr mit einer Frau, die nicht wollte, weniger sündig sei in den Augen Gottes, als seine sexuelle Spannung durch manuelle Stimulation seines Penis zu beseitigen.

Als echtes Produkt der christlichen Gesellschaft war er tief durch die Lehren über den Konflikt zwischen "Fleisch" und "Geist" beeinflußt. Er hatte keinen Sexualunterricht erhalten, der ihn dazu befähigt hätte, eine ganzheitliche, schuldfreie, aufgeklärte Haltung zu seiner Sexualität zu entwickeln; daher bestand die Wahrscheinlichkeit, daß er seine sexuellen Bedürfnisse ausdrücken könnte, auch in einer Situation, von der man im voraus weiß, daß sie mit dem Risiko der Bestrafung behaftet ist.

Während Vergewaltigung tatsächlich eine Sexualhandlung ist, ist sie auch eine von äußerster Feindseligkeit gegenüber Frauen. Wenn wir uns an die christliche Unduldsamkeit gegenüber Zorn als einer normalen menschlichen Regung erinnern, hatte unser Vergewaltiger keine annehmbare Art und Weise, mit seinem natürlichen Zorn gegenüber seiner Frau und seiner Mutter umzugehen; er tendierte eher dazu, dem katholischen Trend zu folgen, sie auf ein Podest zu stellen und sie wie die Jungfrau Maria anzubeten. Gekoppelt mit alldem ist die sozialisierte Tendenz von Männern, Gefühle durch bestimmtes Verhalten auszudrücken, wenn sie sie nicht völlig unterdrücken können. Dies bezieht sich sowohl auf negative wie auch auf positive Gefühle. Es ist allgemein üblich bei der Einschätzung eines Paares, jeden der beiden zu fragen, wie sie ihren Zorn gegenüber dem anderen ausdrücken, was oft dazu führt, daß der Mann beinahe wie im Reflex sofort antwortet, "ich habe sie nie geschlagen", weil dies die einzige Verhaltensweise ist, die er sich als Gefühlsausdruck des Zorns vorstellen kann. Das gleiche trifft auf Gefühle des Wohlseins zu. Männer sehen im allgemeinen Geschlechtsverkehr als eine Art an, "etwas wieder gutzumachen" nach einer nicht gelösten Unstimmigkeit mit ihrer Partnerin, und sind oft verwirrt, wenn die Partnerin nicht reagiert. Frauen ziehen es in der Regel vor, Streit verbal beizulegen, bevor sie in Stimmung kommen zu lieben.

Die traditionelle christliche Ansicht meint, daß Männer ein gottgegebenes "Recht" auf sexuelle Willfährigkeit der Frauen haben, die als nur wenig mehr als das persönliche Eigentum der Männer angesehen werden, mit denen sie verheiratet sind. Bis vor kurzem galt "Vergewaltigung in der Ehe" als unvorstellbar; wenn der Mann ein derartiges "Recht" an seiner Frau hat, ist es leicht zu verstehen, warum viele Männer immer noch annehmen, daß sich dieses Recht auch auf andere Frauen bezieht. Wenn wir uns die weibliche Sexualsozialisation ansehen, finden wir einen anderen Faktor, der zur Vergewaltigung beiträgt: diesen könnten wir den "Malleus-Maleficarum-Faktor" nennen. Die Lehren der Kirche haben es Frauen traditionell übelgenommen, wenn sie ihre sexuellen Wünsche zu erkennen gegeben haben. Frauen, die ein Interesse an Sex um des Sexes willen zeigten (und nicht reine Objekte bleiben, an denen Männer ihre körperliche Lust befriedigen könnten, und die Kirche ihre demographische), setzten sich der Gefahr aus, als Hexe gebrandmarkt und im schlimmsten Fall auf dem Scheiterhaufen verbrannt zu werden, oder im günstigsten Fall als lockeres Frauenzimmer abgestempelt und von der anständigen

Gesellschaft ausgestoßen zu werden. Es wundert einen nicht, daß Frauen gezwungen waren, mit ihrer normalen Sexualität in einer so betrügerischen Art umzugehen, indem sie vorgaben, nicht sexuell zu sein, während sie dem richtigen Mann eine verdeckte Botschaft sandten, daß er versuchen sollte, die spröden Abweisungen, die sie bei seinen ersten Annäherungen gezwungen waren zu machen, zu durchbrechen. Freud regte diese Tatsache an, zu kommentieren: "(Das erotische Leben) von Frauen - zum Teil zurückzuführen auf den verblüffenden Effekt der kultivierten Bedingungen und zum Teil wegen ihres konventionellen Heimlichkeitstriebes und Unaufrichtigkeit - ist noch in einer undurchdringlichen Unverständlichkeit verschleiert."[7] Ein Cartoon in meiner Sammlung zeigt ein Paar auf einer Couch, bei dem die Kleidung etwas durcheinander ist, die Frau sagt zu dem Mann: "Gib nicht so schnell auf, meine Mutter hat mir immer gesagt, ich sollte nur zweimal nein sagen." Diese offensichtlich unehrliche Rolle, die Frauen immer noch ermuntert werden zu spielen, unterstützt das Verhalten bei Männern, das zur Vergewaltigung führt.

Ein Forscher, nachdem er die Forschungsergebnisse über die sozialen Faktoren beim Verhalten von Vergewaltigern durchgesehen hatte, sagte: "Man kann anscheinend sicher die Schlußfolgerung ziehen, daß es nichts in den Sozialisationsprozessen gibt, die spezifisch für den Katholiszismus oder den Protestantismus sind, was spätere Akte der Vergewaltigung ausschließt."[8] Hierin liegt der starke Hinweis, daß eine derartige christliche Sozialisation tatsächlich zu Handlungen der Vergewaltigung beitragen.

Sexueller Mißbrauch von Kindern

Das Thema des sexuellen Mißbrauchs von Kindern kommt erst langsam unter einer dichten Wolke der Heimlichkeit und Heuchelei zum Vorschein. Wiederholte Untersuchungen haben ergeben, daß 20 bis 25 Prozent der Frauen in den Vereinigten Staaten berichten, daß sie in einem Alter unter 13 Jahren sexuell von einem Mann belästigt wurden,[9] und es gibt keinen Grund anzunehmen, daß die Zahlen in Kanada anders aussehen. Trotzdem haben viele durch einen Forscher interviewte Priester, Pastoren und Rabbiner darauf bestanden, das "das" nicht in ihrer Gemeinde passiert.[10]

Das Problem des sexuellen Kindesmißbrauchs ist mit der Frage der Blutsverwandtschaft in Konfusion geraten. Psychoanalytiker neigten dazu, sich auf Inzest zu konzentrieren und auf das sogenannte Inzesttabu, als ob die biologische Verbindung zwischen Täter und Opfer, und nicht der sexuelle Mißbrauch von Kindern, dabei die wichtigste Frage sei. Statt unsere Gesellschaft unter die Lupe zu nehmen und die Kräfte zu entdecken, die diese Tendenz fördern, haben wir uns auf das Tabu selber konzentriert. Aber es ist wohl so, wie es Paul Pruyser ausdrückt: "Die Stärke des Tabus ist dem Wunsch angemessen, den es im Zaume halten will".[11] Tatsächlich bräuchten wir kein "Inzest"tabu, es sei denn, unsere Gesellschaft hätte schon eine Haltung, die den Mißbrauch von Kindern gestattete, nahe Verwandte ausgeschlossen. Darauf, daß ein Tabu in gewissem Maße "erfolgreich" ist, wird in der Arbeit von David Finkelhor hingewiesen, der herausfand, daß Mädchen eher von Stiefvätern als von richtigen Vätern sexuell mißbraucht würden - wenig Trost für die Tausenden von Mädchen, die von Onkeln und "freundlichen" Nachbarn belästigt werden.[12]

Sigmund Freud hat, trotz seines riesigen Beitrags für das Verständnis des menschlichen Verhaltens, bedauerlicherweise auch zur Fehlinformation, die dieses Problem umgibt, beigetragen. Freud war ursprünglich entsetzt, Geschichten von seinen Patientinnen über sexuellen Mißbrauch durch Väter und andere erwachsene Verwandte zu hören. Unfähig zu akzeptieren, daß so viele gute Bürger Wiens Kinder auf diese Art zu Opfern machten, schloß Freud, daß diese Geschichten Phantasien waren, in denen die Frauen ihre tiefverwurzelten ödipalen Sehnsüchte nach ihrem Vater ausdrückten.[13] Diese Weigerung Freuds, seinen Patientinnen zu glauben, ist für das Problem des sexuellen Kindesmißbrauchs charakteristisch. Viele junge Mädchen finden, wenn sie ihre Angst und Schuldgefühle überwunden haben und versuchen, es ihrer Mutter zu erzählen, zu ihrer völligen Bestürzung heraus, daß diese ihre Tochter nicht ernst nimmt oder sie sogar noch wegen ihrer Verführung beschuldigt. Das Denken, das dem *Malleus Maleficarum* zugrunde liegt, stirbt nur langsam.

Florence Rush sah sich die historischen, anthropologischen und religiösen Wurzeln des sexuellen Kindesmißbrauchs an und fand heraus, daß die Wurzeln tief liegen.[14] Grund des Problems war der Glaube in der jüdischen und christlichen Tradition, daß Frauen und Töchter das Eigentum der Männer waren, die sie besaßen; die Vergewaltigung einer Jungfrau war deshalb kein Verbrechen an der Frau (oder dem Mädchen) selbst, sondern an ihrem Besitzer. Das Eigentum des Mannes war daher "verdorben", außer, der Verführer stimmte zu, sie zu heiraten. In diesem Falle zählte die Vermarktbarkeit der Frau am meisten bei der Feststellung des Umfangs des Verbrechens der Kindesvergewaltigung.

Während der Hexenjagd, die der Veröffentlichung von *Malleus Maleficarum* folgte, wurden Tausende von Kindern in ganz Europa auf dem Scheiterhaufen als Hexen verbrannt, weil sie mit dem Teufel kopuliert haben sollten. In Frankreich wurde eine Sechsjährige als alt genug angesehen, in den Geschlechtsverkehr eingewilligt zu haben. Das scheußlichste Beispiel dafür, wie das Opfer beschuldigt wurde: Kinder wurden oft von Männern mißbraucht und danach auf dem Scheiterhaufen als Hexen verbrannt; man nahm allgemein an, daß, da Männer keine Hexen sein konnten, sie die Opfer teuflischer sexueller Verführung durch Mädchen sein müssen. Obgleich wir sie nicht mehr auf dem Scheiterhaufen verbrennen, beschuldigen wir Mädchen heute noch oft dafür, daß sie zum Opfer wurden.

Diese sozialen Faktoren, die die Schuld den Opfern sexuellen Mißbrauchs anlasten, werden durch die Art und Weise vervollständigt, wie Männer selbst bezüglich Sexualität und ihrer Geschlechtsrolle sozialisiert wurden. Sandra Butler, die speziell über

Inzest spricht, führt aus: "Wir studieren sie, wir analysieren sie, und wir bestrafen sie, und trotzdem verstehen wir nicht, daß Männer, die Inzest begehen, auf eine allzu vielfältige Art das Ergebnis unserer gesellschaftlichen Vorstellung von Männlichkeit sind."[15] In der überwältigenden Mehrheit der Fälle ist der Täter ein Mann; nur wenige Frauen belästigen Kinder sexuell. Die Opfer sind überwiegend weiblich (19,2 Prozent in Finkelhors Studie), obwohl auch männliche Wesen dem nicht entgehen (8,6 Prozent).

Es sind viele Versuche unternommen worden, um das aufzudecken, was Männer charakterisiert, die Kinder mißbrauchen; die meiste Arbeit wurde im Zusammenhang mit Inzestfällen geleistet. Eine Anzahl von Faktoren ist zitiert worden: geistige Unterentwicklung, Psychosen, Alkoholismus und Psychopathie sind bei Männern, die Kinder belästigten, festgestellt worden. Trotzdem leidet die Mehrzahl der Pädophilen nicht unter diesen Zuständen. Jedoch wird oft eine Vergangenheit emotionalen und wirtschaftlichen Mangels festgestellt. Viele Täter berichten über ein schlechtes Verhältnis zu ihren Vätern, die oft physisch oder gefühlsmäßig abwesend waren, oder auch brutal und autoritär in ihrem Umgang mit ihren Kindern. Viele Täter wurden selbst als Kinder sexuell mißbraucht, körperlich oder seelisch brutal mißhandelt . Einige kommen aus einem Milieu, in dem Inzest beinahe die Regel war. Viele Männer haben beruflich eine schlechte Vergangenheit, jedoch werden genauso viele als stabile Mitglieder ihrer Gemeinde angesehen. Die meisten Täter haben außerhalb ihres Hauses schlechte soziale Beziehungen.

In der wissenschaftlichen Literatur ist zwei wichtigen Faktoren nicht genügend Aufmerksamkeit gewidmet worden, nämlich der Art der sexuellen Beziehung zwischen dem männlichen Täter und seiner erwachsenen Partnerin, und der Frage der sexuellen und Geschlechtsrollensozialisation.[16] Wo Wissenschaftler diesen Fragen nachgegangen sind, haben sie sehr schlechte sexuelle Beziehungen zwischen dem Mann und seiner Partnerin festgestellt sowie Beweise für eine stereotype Sozialisation der Geschlechtsrollen. Dieses Männer neigen dazu, eine sehr fixierte traditionelle Haltung dazu zu haben, wie sich Männer verhalten sollten, besonders gegenüber Frauen; Haltungen, die oft auch von den Frauen geteilt werden. Tatsächlich scheinen viele davon direkt von der Bibel herzurühren, mit ihren Besitzvorstellungen bezüglich des Frauenvolkes. Viele Wissenschaftler berichten, daß die Täter oft aus sehr religiösen Familien kommen, die sich ausgeprägt mit Gott, Sünde und Bestrafung beschäftigt haben. Sie vermitteln oft den Eindruck, auf eine gewisse Art sehr machohaft zu sein, aber auf eine andere wiederum, sehr von ihren passiven, angepaßten, klagenden Frauen beherrscht zu werden. Einige dieser Studien führen an, daß diese Männer "hypersexuell" wären, sich intensiv mit Sex beschäftigen und häufig Orgasmen bräuchten: Charakteristiken, die man oft bei sexuell unsicheren Männern feststellt.

Fallstudie

Ein Paar, das sehr intensiv befragt wurde, bestand darauf, daß seine Sexualbeziehung in Ordnung sei, obgleich der Ehemann verurteilt worden war, weil er seine zwei Stieftöchter belästigt hatte. Ich sagte darauf, daß ich es schwerlich glauben könnte, daß die sexuelle Beziehung in Ordnung wäre, da der Mann sich für seine sexuelle Befriedigung anderen zugewandt hatte. "Ja", antwortete die Frau, "das ist ja so seltsam; ich habe ihn niemals abgewiesen." Nach weiterer Befragung sagte sie, daß sie nie einen Orgasmus hatte, und oft keinen Geschlechtsverkehr haben wollte; aber da ihre religiöse Mutter ihr gesagt hatte, sie solle niemals nein zu ihrem Mann sagen, hatte sie sich immer gefügt. Er wiederum war letztendlich fähig zuzugeben, daß die Passivität seiner Frau während des Geschlechtsverkehrs für ihn ein Problem war. Sie hatten niemals über irgendwelche Aspekte ihrer sexuellen Beziehung gesprochen.

Das folgende Szenario illustriert eine Konstellation von Faktoren in einer Familie, wo der Vater seine eigene Tochter belästigte. Der Ehemann - den wir Adam nennen - kam aus einer Familie mit einem nicht erreichbaren, autoritären, moralisierenden, strafenden Vater und einer Mutter, die in ihren Sohn vernarrt war, um ihre eigenen nicht befriedigten Bedürfnisse nach Zuneigung von einem Mann zu stillen. Adam wuchs heran, völlig außerstande, die Anforderungen, die ihm seine Rolle in bezug auf die Gesellschaft und seine Familie stellte, in Einklang zu bringen. Adams Mutter war übermäßig liebevoll, in einem Maße, in dem sie ihn noch infantiler gängelte als die Kirche es tat, in die er jeden Sonntag gehen mußte. Adam wurde erwachsen und betrachtete die Liebe von einer Frau buchstäblich als sein göttliches Recht, wohingegen er nichts geben mußte. Mit anderen Worten, Adam wuchs zwischen den beiden Polen, seiner Mutter und der christlichen Kirche, rein äußerlich zu einem Mann heran, der jedoch innerlich wie ein klagendes Kind war. Seine Frau - nennen wir sie Eva - andererseits wuchs mit dem Wunsch nach einem liebevollen Vater heran; Eva hatte als Modell für die Mutterrolle eine Mutter, die ihre christliche Pflicht erfüllte, indem sie sich sexuell ihrem Gatten ergab, und mit ihm viele Babys hatte, die sie pflichtbewußt im Namen der Kirche aufzog.

Adam und Eva heirateten. Adam, der nicht nur erwartete, daß seine Frau eine liebende, in ihn vernarrte und bemutternde Frau sei, sondern auch eine erregende Sexualpartnerin, wurde schnell desillusioniert. Jeder kam zum anderen mit vollkommen unrealistischen Erwartungen: Er erwartete von ihr, daß sie dort weitermachen sollte, wo seine Mutter aufgehört hatte, und sie erwartete von ihm die Liebe, die sie von ihrem Vater nie erhalten hatte.

Ihre sexuelle Sozialisation vergrößerte die Probleme. Adams "Sexualerziehung" war voll von zerstörerischen Legenden, einschließlich des doppelten Sexualmoralkodex, koitalem Orgasmus und der Legende, daß Männer keine sinnlichen Freuden bräuchten. Als gutes Christenkind hatte Eva niemals masturbiert und wußte sehr wenig über ihren Körper. Obwohl sie keinen Orgasmus hatte, hatte sie nicht das Gefühl, daß dies ein Problem wäre, da ihre Mutter ihr gesagt hatte, daß Sex mit ihrem Ehemann eine der Lasten einer christlichen Ehefrau sei. Der Mangel an sexueller Reaktion und die klagende Art, in der sie ihrem Ehemann sagte, daß er viele ihrer Bedürfnisse nicht befriedigte, brachte Adam dazu, sich schmollend von ihr zurückzuziehen. Ohne die gesellschaftlichen Fähigkeiten, aus der Familie herauszugehen, um Sex oder Liebe zu bekommen, und mit dem Gefühl, daß er soviel Liebe von seiner eigenen Familie (d. h. seiner Mutter) bekommen hatte, als er heranwuchs, war Adam davon überzeugt, daß er sie jetzt innerhalb seiner eigenen Familie bekommen sollte. Als Adams Stieftochter anfing, ihm die Liebe entgegenzubringen, die kleine Mädchen für ihre Väter empfinden, war er mehr und mehr darauf aus, von ihr die Liebe zu empfangen, die seine Mutter über ihn ergossen hatte, und die ihm jetzt seine Frau vorenthielt. Bald wurde sein Bedürfnis nach Liebe mit seinen sexuellen Bedürfnissen verbunden, und das Kind wurde ein weiteres Opfer der Sozialisation der Sexual- und Geschlechtsrollen, die durch die christliche Lehre genährt wird.

Pornographie

Nicht einmal zwei Menschen scheinen sich über eine Definition von Pornographie einig zu sein, und ob ein bestimmtes Werk der Literatur oder ein Film pornographisch ist. Ein Wörterbuch definiert Pornographie als "obszöne Literatur, Kunst oder Fotografie, besonders die, die wenig oder keinen künstlerischen Wert besitzen".[17]

Ansichten darüber, was pornographisch ist, hängen von der Reaktion in den Köpfen der Leser oder Betrachter ab. Jemand, der einen tiefsitzenden Konflikt mit seiner Sexualität hat, wird auf Erotika auf eine bestimmte Art reagieren; jemand anders, der ein ziemlich gutes Verhältnis zu seiner/ihrer Sexualität hat, wird auf eine völlig andere Art reagieren. Angeregt durch eine literarische Passage oder durch eine Filmszene, wird die im sexuellen Konflikt lebende Person diese Erregung als eine Bedrohung empfinden, und darauf negativ reagieren (oder überreagieren). Obszönitätenwächter, selbsternannt oder von Amts wegen, gehören zu dieser Kategorie.

Der Roman *Catcher in the Rye*[18] ist für die meisten Menschen ein köstliches, einfühlsames Buch über die Jugendzeit; für andere ist es obszön und anstößig. Für viele Menschen ist der Film *Die Blechtrommel* eine wunderbare Verfilmung des Romans von Günter Grass[19]; die Filmzensurbehörde von Ontario dachte jedoch, daß er zu schmutzig sei, um in den Kinos der Provinz gezeigt zu werden. Nur so am Rande, wenn solche Filme so schädlich sind, wie können sich Filmzensoren derartig obszönes Material ansehen, ohne besessen oder verrückt zu werden? Wenn sie dies nicht berührt, warum sind sie dann so sicher, daß es für andere Erwachsene im Lande schädlich sein würde?

Es ist wichtig, einen Unterschied zwischen Erotika und Pornographie zu machen. Erotika kann man insgesamt das Material nennen, das einzelne und Paare benutzen, um den Genuß ihrer Sexualität zu erhöhen; wir können eine Parallele zitieren: das Essen, wo das Ambiente, die Musik und der Cocktail vor dem Menü dazu da sind, um die Freuden eines guten Mahls zu erhöhen. Pornographie andererseits besteht aus erotischen Materialien, die die Elemente der Ausbeutung, Gewalt und Erniedrigung, im allgemeinen von Frauen, enthalten; der Ausdruck "Pornographie" sollte der Darstellung von sexuellen Handlungen vorbehalten sein, die derartige entmenschlichende Züge aufweisen. Um eine andere kulinarische Metapher zu benutzen, kann man sich Erotika als ein Essen in einem guten Restaurant vorstellen, während Pornographie einem schäbigen Essen in einer Imbißbude vergleichbar ist.

In Kanada ist die Unterscheidung zwischen Pornographie und Erotika bei Bundespolitikern verlorengegangen, die eine Gesetzgebung im Unterhaus eingeführt haben, die Pornographie definiert als "jegliche visuelle Angelegenheit, die Vaginal-, Anal- oder Oralverkehr zeigt, sowie Ejakulation, gewaltsames Sexualverhalten, Bestialität, Inzucht, Nekrophilie (Leichenschändung), Masturbation oder andere sexuelle Handlungen".[20] Nur äußerst erosfeindliche Gesetzgeber können Masturbation und Vaginalverkehr mit sexuell gewalttätigem Verhalten und Bestialität verbinden; und obwohl es Anzeichen dafür gibt, daß dieses Gesetz vielleicht nicht verabschiedet wird, zeigt die erschütternde Tatsache seines Vorhandenseins die verzerrte, bizarre Haltung vieler Politiker, wenn es um Sexualität geht.

Viele finden Pornographie ausbeutend und geschmacklos. Jedoch existieren noch nicht einmal Beweise dafür, daß harte Pornographie eine direkte schädliche Wirkung auf die Gesellschaft hat.[21] Obwohl es unangenehm sein mag, sich das vorzustellen, gibt es sogar einige Anzeichen dafür, daß die Konfrontation mit Erotika und Pornographie einen "Sicherheitsventil"-Effekt haben könnte. Eine kontrollierte Studie hat gezeigt, daß in eine Anstalt eingewiesene Vergewaltiger und Leute, die Kinder sexuell mißbraucht haben, während ihrer Kindheit und Jugendzeit unterdurchschnittlich mit erotischem Material konfrontiert wurden.[22]

Die U.S. Commission on Obscenity and Pornography (U.S. Kommission für Obszönität und Pornographie), 1970 von Präsident Richard Nixon gegründet, konnte nichts finden, was nahelegen würde, daß die Konfrontation mit erotischem oder pornographischem Material irgendeine schädliche Auswirkung auf einzelne oder Gesellschaften hätte. Von den 18 Kommissionsmitgliedern stimmten zwölf für die Mehrheitsempfehlung, daß "Bundes-, Staats- und Lokalgesetzgebung, die den Verkauf, die Zurschaustellung und die Verteilung von Sexualmaterialien an zustimmende Erwachsene verbietet, außer Kraft gesetzt werden sollte". Von den sechs Kommissionsmitgliedern, die gegen die Empfehlung stimmten, waren drei Kleriker, einer war der Justizminister von Kalifornien, einer ein Rechtsanwalt, der der Vorsitzende einer Organisation namens Citizens for Decent Literature (Bürger für anständige Literatur), und die letzte eine Frau, die allgemein für die Mehrheitsempfehlung war, jedoch Schwierigkeiten wegen der völligen Aufhebung hatte. Präsident Nixon verwarf die Empfehlung, wie es sich gehört, und zwei Jahre schwerer Arbeit sowie zwei Millionen Dollar wurden zum Fenster hinausgeworfen, als aus offensichtlichen politischen Gründen der Präsident die vorherrschenden erosfeindlichen Haltungen christlicher Kreise noch verstärkte.[23] Indem er dies tat, ignorierte der Präsident Beweismaterial aus Dänemark, wo erotisches Material aller Art, harte Pornographie eingeschlossen, seit 1965 öffentlich verkauft wird. Eine signifikante Verringerung der Sexualverbrechen, besonders des Kindesmißbrauchs, war die Folge.[24]

Die Schlacht, um Pornographie gesetzlich zu unterdrücken, wird hauptsächlich von zwei Gruppen geschlagen, den christlichen Selbstschutzgruppen und einigen radikalen Feministinnen, die das Gefühl haben, daß ausbeuterische Pornographie Männer ermuntert, Frauen zu erniedrigen. Beide Gruppen haben völlig unterschiedliche Motive für ihren Wunsch, die Pornographie zu verbieten. Die christlichen Selbstschutzgruppen möchten alle Arten von Erotika mit einschließen, ganz gleich ob sie pornographisch sind oder nicht, genauso wie sie gegen Sexualunterricht in den Schulen sind. Bei den Feministinnen gibt es viele, die für Sexualunterricht sind und sicherlich nichts gegen gesunde Erotika haben, die aber Anstoß an der Darstellung von Frauen als brutal behandelten Sexualobjekten nehmen.

Harte Pornographie ist ein machtvoller Spiegel für uns, um die Häßlichkeit zu sehen, wie Männer und Frauen in unserer christlichen Gesellschaft für den Umgang miteinander sozialisiert werden. Unglücklicherweise wird die Häßlichkeit nicht dadurch beseitigt, daß man den Spiegel zerbricht; es ist eher so, daß es nur um so schwieriger wird, die wahren Gründe der Häßlichkeit zu sehen und sie auszulöschen. Es ist für einige Feministinnen schwierig einzusehen, daß sie durch die Förderung von einer Art feministischem Comstock Law (ein übertriebenes Zensurgesetz gegen Immoralität) genau den Kräften in unserer Gesellschaft in die Hände spielen, die die Situation hervorgerufen haben. Wir sollten uns erst einmal die Frage stellen, warum es überhaupt einen Markt für Pornographie gibt. Für viele Männer, besonders für junge, besteht die Anziehungskraft der Pornographie im Lerneffekt. Vieles von der Beliebtheit von sogenannten Pornoheften liegt darin, daß sie die Bildung ersetzen, die jungen Leuten durch christlich dominierte Bildungssysteme verweigert wird.

Harte Pornographie gibt Männern im wesentlichen die Gelegenheit, Sex zu "genießen", in der entwürdigenden Art, wie sie unsere Gesellschaft pflegt. Es bestärkt sie darin, ihre Fähigkeit zur Sinnlichkeit zu leugnen, ihre Gefühle, gerade bei Menschen, die ihnen nahestehen, lieber durch Verhalten auszudrücken als verbal. Kühl, aber aggressiv, konkurrierend bei Männern und dominierend bei Frauen, befinden sich Männer mit sich selbst im Widerstreit bezüglich ihrer eigentlichen Menschlichkeit. Nicht in der Lage, ihre wahre menschliche Natur mit den Anforderungen ihrer Männerrolle, die ihnen von der Gesellschaft aufoktroyiert wurde, in Einklang zu bringen, geben sie es auf, eine zufriedenstellende Sexualpartnerschaft mit einer echten lebenden Frau zustande zu bringen, und geben sich stattdessen mit entwürdigendem Ersatzsex zufrieden. Die diesem Verhalten zugrundeliegende christliche Ansicht der prinzipiellen Sündhaftigkeit des Sex wird der verringerten Selbstachtung hinzugefügt, die von der Unfähigkeit der Männer herrührt, ein intimes Verhältnis zu einer Frau zu genießen. Die Erwartungen, die in sie gesetzt werden, weil sie dafür verantwortlich sein sollen, die schlummernde Sexualität der Frauen zu wecken, vergrößert das Joch der Männlichkeit und knebelt sie sogar noch mehr. Da sie in ihren eigenen Augen moralisch schlecht sind und nicht in der Lage, in Gang zu kommen, ist es nur richtig für sie, Entlastung zu suchen in einem Milieu, das zu dieser deklassierten Eigenbewertung paßt. Männer möchten Frauen runtermachen, weil sie sich in ihrem tiefsten Inneren gespalten und der Lage nicht gewachsen fühlen.

Während Frauen in harten pornographischen Darstellungen die Hauptopfer der Ausbeutung sein mögen, wäre es ein Fehler, die Tatsache zu übergehen, daß Männer auch ausgebeutet werden. In einem kanadischen Film über Pornographie mit dem Titel *Not a Love Story* (Keine Liebesgeschichte) (dem übrigens das Ontario Board of Censors auch keine Genehmigung für die Kinos erteilte), gibt es eine Szene, in der eine Frau vor einem Fenster mit Gegensprechanlage masturbiert. Eine Sichtblende, die das Fenster verdeckt, wird hochgezogen, wenn der Mann auf der anderen Seite des Fensters eine Münze einwirft. Während die Frau Masturbation simuliert, unterhält sie sich mit dem Mann sexuell aufreizend, während er masturbiert. Während die Interaktion ihren Verlauf nimmt, geht die Sichtblende nach unten und zwingt den Mann, weiter nachzumünzen. An einer bestimmten Stelle des Films schwenkt die Kamera, um die Gesichter der Männer hinter der Glasscheibe zu zeigen; die Gesichtsausdrücke sind eine Antithese von Lust, eine kraftvolle Studie der Leere und Einsamkeit.

Wer beutet hier wen aus? Man könnte sagen, daß das "von Männern dominierte System" die Frau ausbeutet, indem es sie zwingt, eine derartige Arbeit zu tun. Man könnte auch sagen, daß die Frau den Mann ausbeutet, weil sie so berechnend provokativ ist, oder, mit wenig Angst vor Widerspruch, daß die Pornographiehändler beide ausbeuten. Aber der wahre Schurke, unserem Argument in diesem Kapitel zufolge, ist die christliche Kirche. Durch Ausbeutung des menschlichen Sexualtriebes über Jahrhunderte hin, um das Gebärpotential zu maximieren, durch Förderung eines Sexualkodexes, der Menschen durch die Induktion von Schuld von ihrer Sexualität entfremdet, durch Ablehnung von Sexualerziehung, durch Nähren eines Musters der Geschlechtsrollen-Sozialisation, das es für Männer und Frauen schwierig macht, zueinander in Beziehung zu treten, hat das Christentum ein Klima geschaffen, das ziemlich günstig für eine Ausbeutung durch Pornohändler ist.

Schlußfolgerung

Die in diesem Kapitel beschriebenen feindlichen Haltungen , die direkt vom Gebrauch des autoritären pronatalistischen Sexualkodexes herrühren, sind aufgrund der Lehren der christlichen Kirche während der vergangenen 16 Jahrhunderte tief in der westlichen Gesellschaft verwurzelt. Aufgrund dieser unausweichlichen Tatsache ist es wahrscheinlich, daß echte Veränderungen nur eintreten werden, wenn dieser Kodex durch einen gesünderen ersetzt worden ist (wird in Kapitel 12 diskutiert).

Bis jetzt haben wir viele Aspekte der christlichen Lehre diskutiert und gezeigt, wie sie in Widerspruch zu den Prinzipien guter Gesundheit und befriedigender zwischenmenschlicher Beziehungen steht. Im nächsten Kapitel werden wir die mögliche Rolle untersuchen, die christliche Lehren beim Hervorrufen der zwei ernstesten psychiatrischen Krankheiten, Depression und Schizophrenie, spielt.

Anmerkungen

1. Tom Harpur, *Heaven and Hell* (Toronto: Oxford Universities Press, 1983), S. 107.

2. Th. H. Van de Veld, *Ideal Marriage: Its Physiology and Technique* (London: William Heinmann, 1953), S. 1.

3. Ebenda, S. 158.

4. Alfred Henry Tyrer, *Sex, Marriage, and Birth Control* (Toronto: Marriage Welfare Bureau, 1943), S. 164.

5. Judd Marmor, "Impotence and Ejaculatory Disturbances," in Alfred M. Freedman, Harold I. Kaplan, und Benjamin J. Sadock, Herausgeber, *Comprehensive Textbook of Psychiatry* (Baltimore: The Williams and Wilkins Company, 1975, 2:1526

6. American Psychiatric Association, *Diagnostic and Statistical Manual of Mental Disorders*, dritte Auflage, (DSM-III) (1980), S. 280.

7. Sigmund Freud, *Three Essays on Sexuality*, in James Strachey, Übersetzer und Herausgeber, *The Complete Psychological Works of Sigmund Freud* (London: Hogarth Press, 1964), 7:151.

8. Park Elliott Dietz, "Social Factors in Rapist Behavoir," in Richard T. Rada, Herausgeber, *Clinical Aspects of the Rapist*, Seminars in Psychiatry, Herausgeber Milton Greenblatt (New York: Grune and Stratton, 1978), S. 85.

9. David Finkelhor, *Sexually Victimized Children* (New York: The Free Press, 1979), S. 132.

10. Sandra Butler, *Conspiracy of Silence: The Trauma of Incest* (San Francisco: New Glide Publications, 1978), S. 8.

11. Paul W. Pruyser, "The Seamy Side of Current Religious Beliefs," *Bulletin of the Menninger Clinic* 41, no4 (Juli 1977): 343.

12. Finkelhor, *Sexually Victimized Children*, S. 88.

13. Jeffrey Moussaieff Masson, *The Assault on Truth: Freud's Supression of the Seduction Theory* (New York: Farrar, Straus and Giroux, 1984).

14. Florence Rush, *The Best Kept Secret: Sexual Abuse of Children* (Engelwood Cliffs, N.J.: Prentice-Hall Inc., 1980).

15. Butler, *Conspiracy of Silence*, S. 65.

16. Karin C. Meiselman, *Incest* (San Francisco: Jossey-Bass, Inc., 1978).

17. *The Random House Dictionary of the English Language* (1971 ed.).

18. J.D. Salinger, *Catcher in the Rye* (New York: Bantam Books, 1952).

19. Gunter Grass, *The Tin Drum*, Übersetzung Ralph Manheim (Middlesex, England: Penguin Books, 1961). S. 132

20. Michael Barrett, "Sex Educators and Bill C-54," *SIECCAN (Sex Information and Education Council of Canada) Newsletter* 23, no 1 (Spring 1988).

21. William A. Fisher, "The Emperor Has No Clothes; on the Fraser and Badgley Committees'Rejection of Social Science Research on Pornography," in S.Gavigan, M.A. Jackson, J. Lowman,

und T.S. Palys, Herausgeber, *Regulating Sex: An Anthology of Commentaries on the Findings and Recommendations of the Badgley and Fraser Reports* (Vancouver: Simon Fraser University Press, 1986), S. 161-75.

22. M.J. Goldstein, "Exposure to Erotic Stimuli and Sexual Deviance," *Journal of Social Issues* 29 (1973): 197-219.

23. Morris A. Lipton, "Pornography," in *Comprehensive Textbook of Psychiatry*, S. 1594-99.

24. B. Kutchinsky, "Pornography and its Effects in Denmark and the United States: A Rejoinder and Beyond," *Comparative Social Research* 8 (1985): 301-330.

8
Christentum und schwerwiegende psychiatrische Erkrankungen

Die Familie ist jedoch nur der Ort, wo die allgemeine Pathologie der Kultur ausgebrütet, konzentriert und zum Schluß in die individuelle Psychose umgewandelt wird ... die Familie destilliert nur, was in der Kultur allgemein existiert, zu einer tödlichen Dosis.

Jules Henry[1]

Christentum ... kann als Pathologie fördernd angesehen werden, indem es seine Anhänger lehrt, daß es unvermeidlich ist, ohne Sünde zu sein, und dann sicherstellt, daß es unvermeidlich ist, ein menschlich unerreichbares Ziel der Vervollkommnung zu haben.

Roger J. Sullivan[2]

Ein Mann so Ende zwanzig wurde von seiner Familie zur Notaufnahme eines Krankenhauses gebracht, da er mit seinen Freunden Ärger angefangen hatte, indem er ihnen glühende Predigten über Religion gehalten hatte. Er war als Protestant geboren und zum Katholizismus konvertiert. Er besuchte seine Freunde unangemeldet und rief sie wiederholt an, um sie an ihre Schlechtigkeit und an die Notwendigkeit ihrer Erlösung zu erinnern. Nachdem der diensthabende Psychiater des Krankenhauses den Patienten gesehen hatte, stellte er eine Diagnose auf paranoide Schizophrenie, und der Mann wurde zur stationären Behandlung in die Psychiatrische Abteilung eingewiesen. Der junge Mann weigerte sich, mit dem Personal der Abteilung zu sprechen, weil er sicher war, daß sie alle Ungläubige und Atheisten waren. Er stimmte jedoch einem Gespräch mit dem zuständigen Psychiater in Gegenwart eines katholischen Priesters zu. Nach vielen Telefongespächen gelang es dem Psychiater, einen älteren halbtagsbeschäftigten Kleriker zu überreden, zu Hilfe zu kommen. Auch ich wurde gebeten, an dem

Gespräch als Beobachter teilzunehmen, und als der Priester, ein kleiner nervöser Mann, ankam, verlegten wir die Sitzung in das Gesprächszimmer auf der Station. Die Schwester ging den Patienten holen.

Der Patient, ein mittelgroßer Mann, hatte sein natürliches gutes Aussehen durch einen bizarren Haarschnitt verschandelt. Er trat zackig vor der Schwester in das Zimmer und ging schnell, ohne auf eine Vorstellung zu warten, zu dem sitzenden Priester, der sichtlich Angst hatte. So vor diesem aufgebaut, begann der Patient dem bangen Kleriker katechetische Fragen zu stellen, während er mit dem Finger auf ihn zeigte und wild fuchtelte. "Glauben Sie an Gott, den Vater?" fragte er, worauf der Priester durch heftiges Kopfnicken und Murmeln reagierte: "Ja, ich glaube." Die Befragung ging weiter: "Und glauben Sie an Jesus Christus, seinen eingeborenen Sohn, unseren Herrn?" Weiteres heftiges Nicken und Murmeln des Priesters, seine weißen Fingergelenke umspannten die Armlehen des Stuhls, als wenn er auf Rollschuhen stehen würde. Voller Energie fuhr der Patient fort: "Und glauben Sie, daß Christus am Kreuz starb, um uns von unseren Sünden zu erlösen?" Jetzt nickte der Kirchenmann immerzu, Schweiß trat auf an seinem Hals über dem weißen Kragen aus. War dieser Katechet eine Reinkarnation von Torquemada, dem gefürchteten Haupt der spanischen Inquisition?

An dieser Stelle hörte der Patient plötzlich auf, ließ den Arm fallen, sagte "vielen Dank, Pater", drehte sich auf dem Absatz um und verließ das Zimmer. Kurz danach sagten wir einem sehr erleichterten Kleriker Aufwiedersehen.

Diese seltsame Konfrontation zwischen Patient und Priester hallte voller Bedeutung und Wichtigkeit jenseits sofortigen Verstehens nach. Ungeachtet des diagnostischen Stempels, den man diesem Mann aufdrückte: Wie kam er dazu, sich auf so eine seltsame Art zu benehmen? Was "verursachte" seine "Krankheit"? Konnte es eine Verbindung zwischen der Verrücktheit des Patienten und dem Glauben geben, den er mit dem Priester gemeinsam hatte? Hatte das "Opfer", indem es den Spieß umdrehte, den, der ihn "zum Opfer gemacht hatte", herausgefordert?

Der Psychiater mit biologischer Orientierung würde wahrscheinlich eine genetisch ausgelöste biochemische Erkrankung postulieren, bei der neurochemische Transmitter in Mitleidenschaft gezogen sind, die Substanzen, die für die Übertragung von Botschaften von einem Nervenende zum anderen in verschiedenen Teilen des Hirns verantwortlich sind. Für den rein biologisch orientierten Psychiater wäre die ausschließliche religiöse Beschäftigung des Patienten zufällig, ohne ätiologische Signifikanz, und reine vordergründige Zerstreutheit eines "Hirns", das aufgrund anderer Ursachen erkrankt ist.

Der eher psychologisch orientierte Psychiater, der den Mann mehr aus einer psychodynamischen Perspektive betrachtet, würde eher geneigt sein, sein Problem mehr vom Standpunkt sehr früher emotionaler Konflikte in den Bereichen Grundvertrauen, Autonomie und Identifikationsbildung zu sehen - dem Ergebnis unbefriedigender, schlecht adaptierter Interaktionsmuster mit erziehungsberechtigten Erwachsenen. Für Psychiater dieser letzten Gruppe könnte die überwiegende religiöse Beschäftigung des Patienten auf eine tiefsitzende ungelöste Ambivalenz im Verhältnis zu seinem Vater hindeuten.

Andere mit geistiger Gesundheit befaßte Fachleute würden gern die Familie und andere soziale Systeme, in die der Mann eingebettet war, nach dem Vorhandensein fester Kommunikations- und Verhaltensmuster erforschen - so schlecht angepaßter Muster, daß der "Zusammenbruch" des Patienten als ein beinahe unvermeidliches Ereignis dieser chronisch pathologischen Systeme interpretiert werden könnte. Ein anderes konzeptionelles Modell, welches dem Ansatz der meisten Psychiater und Psychologen Gestalt gibt, ist das der Lerntheorie. Diese Theorie postuliert, daß das Verhalten der Menschen größtenteils das Ergebnis einer Reihe konditionierter Reaktionen ist, die auftreten, wenn ein Reiz, der eine bestimmte Reaktion hervorruft, mit einem anderen Reiz zusammentrifft, der so normalerweise keine Reaktion hervorrufen würde, der es aber durch die Verbindung tut. In der Lerntheorie wird der Ausdruck "operante Konditionierung" auf Situationen angewandt, in denen bestimmtes Zufallsverhalten in dem sich entwickelnden Individuum extern belohnt werden, wodurch die Wahrscheinlichkeit erhöht wird, daß sich derartiges Verhalten wiederholt. Analog dazu werden Tieren Tricks andressiert, indem man nur die spontan auftretenden Verhaltensweisen belohnt, die zu den gewünschten Tricks hin tendieren.

Operante Konditionierung wird besonders wichtig bei der menschlichen Entwicklung des heranwachsenden Kindes, wenn neues Verhalten spontan auftritt, Verhalten das, ganz gleich wie rudimentär, in die Richtung von Wachstum und Anpassung weist. Die Reaktion der erziehenden Erwachsenen wird an dieser Stelle sehr wichtig. Wenn sie zum Beispiel mit Besorgnis statt mit Zustimmung reagieren, wenn das Kind seine ersten wackeligen Schritte macht, ist es weniger wahrscheinlich, daß es diese Schritte, zumindest vorläufig, wiederholt. Wenn das Kind zeigt, daß es einen wachen Verstand hat, indem es in jungen Jahren Fragen über Gott und Religion stellt, wird der Verstand eher wachsen, wenn das Kind ermutigt wird zu reflektieren und zu untersuchen, statt einfach nur zu glauben.

Ungeachtet der Tatsache, daß die meisten Psychiater und Psychologen mit dem Konzept der Lerntheorie vertraut sind und viele diese Konzepte reichlich bei den verschiedensten Verhaltenstherapien einsetzen, ist der Rolle des Wesens des gesellschaftlichen Glaubens bei der Verursachung von Krankheiten wenig Aufmerksamkeit gezollt worden. Dafür gibt es viele Gründe. Der Hauptgrund ist, daß die verschiedensten Elemente des Glaubenssystems einer Gesellschaft tief in ihren Institutionen sowie in der nicht hinterfragten Akzeptanz einer großen Bandbreite gesellschaftlicher Haltungen und Verhaltensweisen verankert sind. Wie jemand einmal sagte: "Das letzte, was dem Fisch auffällt, ist das Salz des Wassers, in dem er schwimmt."

Der Verhaltensforscher Albert Ellis hat die Schlußfogerung gezogen, daß es eine nicht zu widerlegende kausale Beziehung zwischen Religion und emotionalen und geistigen Krankheiten gibt. Dr. Ellis macht jedoch einen Unterschied zwischen Religiosität, die er mit schlechter emtionaler Gesundheit in Verbindung bringt, und "milder Religion", die er als weniger zerstörerisch ansieht. Ellis nennt elf Charakteristiken der Religiosität, die einer Entwicklung geistiger Gesundheit hinderlich sind, Charakteristiken, die viele unserer eigenen widerspiegeln. Einer religiösen Sicht des Lebens verhaftet zu sein, im Gegensatz zu einer wissenschaftlichen, humanistischen Sicht, behindert Selbstakzeptanz, Eigennutz, Selbstbestimmtheit, welche alle für eine gesunde geistige und emotionale Tätigkeit nötig sind.

Darüber hinaus, so Ellis, hat Religion die Tendenz, eine gesunde zwischenmenschliche Beziehung zu erschweren, und bevorzugt Intoleranz und Unbeweglichkeit gegenüber anderen. Ernsthaft religiöse Menschen haben Schwierigkeiten, die echte Welt zu akzeptieren und versuchen, das zu verändern, was verbessert werden kann; besonders problematisch ist die Akzeptanz von Zweideutigkeit und Ungewißheit. Religiöse Menschen machen Gebrauch von wissenschaftlichem Denken, aber nur bis es zu dicht an Bereiche herankommt, die ihren religiösen Glauben gefährden. Sie neigen auch zu fanatischem Engagement, im Gegensatz zu weniger fanatischem, aber nichtsdestotrotz leidenschaftlichem Engagement von emotional gesunden Ungläubigen. Generell gesagt, sind gefühlmäßig stabile Menschen risikofreudiger, vor allem in dem Sinne, zu erkennen, was sie wollen, um dann bei der Verfolgung ihrer persönlichen Ziele angemessene Risiken einzugehen. Im Gegensatz dazu neigen tiefreligiöse Menschen dazu, sich zu schuldig zu fühlen, um ihre Ziele zu verfolgen, da Selbstaufopferung ein so wichtiger Bestandteil ihrer Weltsicht ist.[3]

Genetische und gesellschaftliche Faktoren, die die Entwicklung der wichtigsten psychiatrischen Erkrankungen bedingen

Schizophrenie und Depression (oder um eine modernere Bezeichnung zu benutzen, schizophrene und depressive Störungen) zusammen stellen eine Quelle beträchtlichen Leidens dar und tragen viel zur Arbeit des durchschnittlichen Psychiaters bei, wenn nicht auch zu der des Hausarztes.

Einige Forscher halten weiterhin an der Ansicht (und Hoffnung) fest, daß die künftige Forschung zeigen wird, daß genetische, biologische Faktoren allein für die Entstehung dieser Zustände verantwortlich sind. Diese Ansicht wird durch die pharmazeutische Industrie nicht mißbilligt, welche viel zur Finanzierung der biologischen Forschung dieser Art beiträgt. Die meisten Fachleute dieses Gebietes vertreten die Position, daß während eine genetische Prädisposition bei beiden Störungen zum Tragen kommen kann, bestimmte suprabiologische Faktoren in der postnatalen, zwischenmenschlichen, soziokulturellen Umwelt mit der genetischen "Prädisposition" zusammenwirken müssen, damit die klinische Krankheit zum Ausbruch kommen kann. Diese innige Verbindung zwischen der biologischen und suprabiologischen Umwelt ist nicht auf Geisteskrankheit beschränkt. Da nicht jeder, der raucht, Lungenkrebs bekommt, legt dies die Unterschiede in der biologischen Anfälligkeit nahe; aus dem gleichen Grunde fällt nicht jeder während des Auftretens von Epidemien hochinfektiösen Krankheiten zum Opfer. Beispiele der gleichen genetisch-umweltbedingten Interaktionen kommen einem schnell aus Bereichen außerhalb des Gesundheitswesens in den Sinn. Ein Kind kann mit angeborenen musikalischen Fähigkeiten zur Welt kommen oder mit einem Potential für Sport; aber diese latenten Talente müssen durch die Umwelt erkannt und gefördert werden, damit das Kind ein fähiger Musiker oder Sportler werden kann.

Wenn es zu großen psychiatrischen Erkrankungen kommt, können wir diese genetisch-umweltbedingte Interaktion auf zwei Arten betrachten. Die gewöhnliche Annahme ist, daß bestimmte Individuen genetisch dafür prädestiniert sind, Depressionen oder Schizophrenie zu entwickeln, und daß bestimmte schädliche Elemente im sozialen und zwischenmenschlichen Umfeld vorhanden sein müssen, damit sich die Krankheit zeigen kann.

Jedoch mag der genetische Beitrag nicht aus einer angeborenen Prädisposition bestehen, um eine bestimmte Krankheit zu entwickeln, sondern eher in einer Begrenzung des Anpassungspotentials. Wo diese angeborene Kapazität, jede weitere Entwicklungsstufe des Lebens zu bewältigen, begrenzt ist, könnte es einen übermenschlichen Grad an Elternfähigkeiten notwendig machen, sowie eine Abwesenheit ernster Lebenserschwernisse, um das Individuum daran zu hindern, psychiatrisch zu erkranken. Am anderen Ende des Kontinuums kann ein Individuum, das mit einem Überfluß dieser genetisch bestimmten Charakteristiken geboren wurde, jede Entwicklungsstufe meistern und auch mit den Streßsituationen im Leben fertig werden, sogar wenn die Ursprungsfamilie nicht sehr hilfreich ist. Da das Verhältnis zwischen Eltern und Kind dynamisch und interaktiv ist, bedeutet ein Kind mit begrenztem Anpassungspotential, wie das bei geistiger Entwicklungshemmung oder einigen anderen Behinderungen der Fall ist, für die erzieherischen Fähigkeiten der Eltern eine Belastung. Im Gegensatz dazu kann ein Kind mit noch freiem Anpassungspotential Eltern mit mäßigen Fähigkeiten gut erscheinen lassen.

Die große Mehrheit der Individuen fällt irgendwo zwischen die beiden Extreme bezüglich ihrer Fähigkeit der Selbstverwirklichung, das heißt, jede Entwicklungsstufe zu bewältigen und mit Streß umzugehen. Daher sind wir alle unwiderruflich der Abhängigkeit von der genetischen Ausstattung und den Umwelteinflüssen ausgeliefert.

Für unsere Zwecke mag es hilfreich sein, die obenstehende Analyse zu modifizieren und folgendes zu postulieren: Es gibt im soziokulturellen Umfeld Kräfte, die dazu neigen, den Menschen das psychologische Erwachsenwerden zu erschweren. Diese pathogenen Einflüsse wirken auf das heranwachsende Kind durch das Medium der Familie. Die Variabilität der Individuen bezüglich ihrer genetisch bedingten Fähigkeit, diese Einflüsse bei aufeinanderfolgenden Entwicklungsstadien zu neutralisieren, kann in Übereinstimmung mit der überall zu findenden glockenförmigen Kurve bestehen. (Bemerken Sie, daß dies nicht das gleiche ist, als wenn man die Welt aufteilt in diejenigen, die mit einer genetischen Prädisposition für eine große psychiatrische Krankheit geboren wurden, und diejenigen, die das nicht sind.)

Genauso, wie Individuen bezüglich ihres angeborenen Anpassungspotentials sehr unterschiedlich sind, so sind es Familien bezüglich ihrer Fähigkeit, zwischen dem größeren soziokulturellen Umfeld und dem Kind so zu vermitteln, daß die pathogenen sozialen Einflüsse, die dazu neigen, die adaptive Entwicklung zu kompromittieren, neutralisiert werden. Eltern mit äußerst großen erzieherischen Qualitäten sind vielleicht in der Lage, ein Familienumfeld zu schaffen, in dem ein Kind mit geringem angeborenen Anpassungspotential genügend Bewältigungsfähigkeiten entwickelt, die es in die Lage versetzen zu leben, ohne eine psychiatrische Krankheit zu entwickeln. Auf der anderen Seite, könnte ein Kind mit einem hohen Anpassungspotential irgendeiner Form psychiatrischer Krankheit erliegen, wenn es in eine Familie hineingeboren wurde, in der die Eltern selber schwer geschädigt sind, durch pathogene Kräfte, die in der Gesellschaft wirken. In der überwiegenden Mehrzahl der Fälle hängt gute "geistige "Gesundheit" von der Interaktion zwischen den genetischen Gegebenheiten im Bereich des Anpassungspotentials und der Fähigkeit der Familie ab, als Katalysator bei der Pflege dieses Anpassungspotentials und als Neutralisator der zerstörerischeren Botschaften zu dienen, die die Gesellschaft im allgemeinen aussendet.

Schizophrene Erkrankungen

Psychosen sind definiert als "Rückzug von einem aktiven Versuch, die Realität mit einer Innenwelt desorganisierten Denkens und Fühlens zu versöhnen".[4] Schizophrenie ist die verbreitetste Form der Psychose.

Schizophrene Erkrankungen sind Zustände, bei denen der individuelle Patient schwere Störungen der Perzeption, Kognition, Sprache, des Gefühlslebens und Verhaltens offenbart. Störungen der Perzeption, Kognition und Sprache beinhalten Halluzinationen, Wahn, Verlust der Assoziationsfähigkeit, übertriebene Konkretheit und Symbolismus, Zusammenhanglosigkeit, Neologismus (Wortneubildung), Stummheit, Echolalie (sinnloses Nachsprechen gehörter Wörter), Verbigeration (Wortwiederholung), und gestelzte Sprache. Störungen im Bereich der Emotionen schließen unangemessene Gefühlsausbrüche, anomale Emotionen, herabgesetzte emotionale Reaktionen und Anhedonie (die Abwesenheit von Freude bei der Durchführung jeglicher Tätigkeit, die normalerweise Freude gemacht hätte). Störungen des Verhaltens schließen ein: Echopraxie (Imitieren der Bewegungen von anderen) ein, andere Arten bizarren Verhaltens, stuporartige (erstarrte) Zustände, automatischen Gehorsam oder automatischen Negativismus, stereotypes Verhalten, einen schlechten Allgemeinzustand und schlechtes Verhalten sowie gesellschaftlichen Rückzug. Variabilität in der Zusammensetzung der Symptome ist auch ein Kennzeichen der Krankheit.

In Kapitel 4 haben wir den graduellen Übergang vom Stadium des infantilen Narzißmus über eine lange Periode der Abhängigkeit zum Erwachsenenstadium verbundener Individuation diskutiert. In den frühen Stadien dieses langen Weges entwickelt der Wanderer ein perzeptives und kognitives Muster, welches die Entwicklung auf dem Verhaltensniveau formt und den Rest des Lebens beeinflußt; die Faktoren, die die Gesundheit dieses Musters bestimmen, sind neurologische Entwicklung und Interaktion mit nahestehenden Erwachsenen. Wenn das erste normal verläuft und das letzte fördernd ist, sollte die perzeptorische und kognitive Entwicklung ohne Schwierigkeiten verlaufen. Wenn die Interaktion mit den Eltern nicht förderlich ist, steigt die Gefahr der Entwicklung einer ernsten psychiatrischen Erkrankung. Es kann wahrscheinlicher sein, daß das Kind später eher Schizophrenie entwickelt als eine der depressiven Erkrankungen, je weniger diese Interaktion fördernd ist

Umweltbedingte Schizophrenogenizität

Ursprünglich ist die Forschung nach der Schizophrenogenizität (das heißt, der Entwicklung der Schizophrenie) in der Umwelt auf die Mutter konzentriert gewesen. Deren Charakteristiken wurden verschiedentlich zitiert als ein Übermaß an Ängstlichkeit, feindlichem Verhalten gegenüber dem Kind, Passivität, Indifferenz, Unempfindlichkeit gegenüber den Bedürfnissen des Kindes, einer Unfähigkeit, sich dem Kind gegenüber körperlich und emotional vertraut zu verhalten und zu besitzergreifend zu sein. Die Mutter wurde als die einzige Verantwortliche für die entgleiste Entwicklung des Kindes auf dem langen Weg vom infantilen Narzißmus zum Stadium verbundener Individuation angesehen.

Mit dem Aufkommen der Familientherapie verlagerte sich die Aufmerksamkeit von der Mutter auf das eheliche Verhältnis und zur ganzen Familie, als einem halbgeschlossenen System, welches innerhalb soziokultureller Grenzen seine eigenen Regeln darüber entwickelt, wie Menschen miteinander umgehen sollten. Forscher auf diesem Gebiet haben sich hauptsächlich für Muster der Kommunikation, Verhandlung und Unterstützung in der Familie interessiert, und hier besonders für den Grad, in dem solche Muster die Etablierung von Egogrenzen, Selbstachtung und Anpassungsverhalten fördern oder hemmen. Theodore Lidz spricht im wesentlichen bei der Zusammenfassung seiner eigenen Theorie über das

ganze Gebiet, wenn er sagt:
Es gibt zwei in Beziehung zueinander stehende Aspekte der Theorie. Der erste hat etwas damit zu tun, wie die Elternpersönlichkeiten und die Transaktionen in der Familie das Kind daran hindern, sich angemesen von der Mutter zu unterscheiden, sich von der Familie abzusetzen und genügend kohärente Integration zu erlangen, um eine Egoidentität zu erreichen, eine Fähigkeit für Intimität und die Fähigkeit, zum Ende der Jugendzeit selbständig genug zu werden. Der zweite hat etwas mit der Entwicklung der kognitiven Störung zu tun, die das kritische Attribut der Kategorie der Geistesstörung bildet, die wir als schizophren bezeichnen.[5]

Man hat eine Anzahl von Störungen in der Kommunikation, bei Streitgesprächen und den Unterstützungsstilen identifiziert. Dabei werden im allgemeinen vermischte Botschaften, bei denen das Kind vollkommen entgegengesetzte Anweisungen von den Eltern erhält, zitiert. Ein Beispiel ist, daß die Mutter dem Kind sagt: "Du kannst rausgehen und spielen, wenn du möchtest", aber mit einer Leidensstimme, um dem Kind Schuldgefühle darüber einzugeben, daß es nicht da bleibt, um bei der Arbeit zu helfen. Dann gibt es noch die "doppelte Bindung", in der dem Kind eine Anweisung mit einer eingebauten Verneinung der Anweisung gegeben wird ("ich befehle dir, mir ungehorsam zu sein"). Dies ist eine sehr zerstörerische Form der Kommunikation. Lyman Wynne und seine Kollegen haben elterliche Kommunikationsabweichungen als einen konstanten Zug in den Familien der Schizophrenen entdeckt, besonders bei den Patienten, die ausgeprägte Denkstörungen zeigen.[6]

Lidz hat zwei Kategorien schizophrener Familien identifiziert: "Die beiden Eltern befinden sich im Dauerkonflikt und setzen den Wert des anderen vor dem Kind herab, und das Kind wird nicht nur dazu benutzt, das Leben eines Elternteils zu vervollständigen und die Ehe zu retten, sondern es wird auch seine psychische Struktur zerrissen durch die Verinnerlichung von zwei unversöhnlichen Eltern." In schiefen Familien "errichtet ein Elternteil, meistens die Mutter, keine Grenzen zwischen sich und dem Kind, sie benutzt das Kind, um ihr Leben zu vervollständigen, und fährt fort, in das Leben des Kindes extrem einzudringen, obgleich sie den Bedürfnissen und Gefühlen des Kindes als eigenständigem Individuum unzugänglich ist; das Verhalten wird nicht durch den passiven Ehegatten ausgeglichen."[7]

Wynne hat den Ausdruck "Pseudogegenseitigkeit" geprägt, um das Verhalten einer Familie zu beschreiben, in welcher Konflikte zwischen Eltern, ganz gleich wie heftig, niemals an die Oberfläche kommen dürfen. Von den Familienmitgliedern wird erwartet, miteinander nach von außen auferlegten Rollen umzugehen, anstatt gemäß echter Gedanken und Gefühle. Das wahrscheinlich genetisch empfängliche Individuum in einer derartigen Familie zeigt schizophrene Symptome, wenn diese spröden, starren, unechten Rollenbeziehungen unter Streß auseinanderbrechen.[8]

Christliche Lehre und Schizophrenogenizität

Am Anfang dieses Buches versuchte ich zu zeigen, daß die christliche Lehre und Unterweisung sich mit vielen Bestandteilen guter geistiger Gesundheit nicht verträgt, vor allem mit Selbstachtung, Selbstverwirklichung und Überlegenheit, guten Kommunikationsfähigkeiten, in Beziehung gesetzter Individuation und der Errichtung eines förderlichen zwischenmenschlichen Beziehungsgeflechts, der Entwicklung einer gesunden Sexualität und Verantwortungsbewußtsein bezüglich der Reproduktion. Auch die Auswirkung traditioneller Geschlechtsrollen-Sozialisation auf eine Beziehung wurde diskutiert. Wenn das Paar füreinander nicht nur Partner ist, sondern auch die Eltern von Kindern in der Familie sind, vereinigen sich die zerstörerische Wucht traditioneller Geschlechtsrollen-Sozialisation und die entmenschlichenden Effekte der christlichen Lehre, um die gesunde Entwicklung einer weiteren Generation zu kompromittieren.

Es verwundert nicht, daß die Mutter lange für die Entstehung der Schizophrenie verantwortlich gemacht wurde. Die christliche Lehre macht trotz der Versuche von Revisionisten Eva für den Rausschmiß aus dem Garten Eden verantwortlich. Im *Malleus Maleficarum* wurde diese Schuld verstärkt: Frauen wurden als Kreaturen reiner Fleischeslust angesehen, die wegen ihrer angeborenen Schwäche und Minderwertigkeit wahrscheinlicher den Schmeicheleien des Teufels erliegen.

Bis vor nicht allzulanger Zeit wurden Frauen in unserer Gesellschaft nicht gerade ermutigt, sich selbst als eigenständige Wesen anzusehen, die fähig sind, ihr menschliches Potential, ganz gleich in welche Richtung, auch tatsächlich zu entwickeln. Sogar ihre Identitäten gingen in denen ihrer Ehegatten auf. (Als ich noch ein Schuljunge war, wurde mir beigebracht, daß man niemals einen Brief an Mrs. Mary Blank, sondern immer an Mrs. John Blank adressieren solle.) Trotzdem wurde von den Frauen erwartet, wirksame Katalysatoren bei der Selbstverwirklichung ihrer Kinder zu sein. Aber wie kann man von einer Frau erwarten, das Anpassungspotential ihrer eigenen Kinder zu entwickeln, wenn ihr eigenes Anpassungspotential kompromittiert wurde, nicht nur durch die Geschlechtsrolle, die sie zu spielen gezwungen war, sondern durch viele andere Dinge, die Bestandteil der christlichen Lehre sind? Und dies alles unter Berücksichtigung der Tendenz christlicher Indoktrination, Selbstverachtung und Schuld als Folge der Freude zu erzeugen, der Unfähigkeit, für die eigene Sexualität und das Gebären selbst verantwortlich zu sein, und einer eingebauten Orientierung weg von zwischenmenschlicher Hilfe und hin zum Göttlichen. Könnte jemand einen ineffizienteren Ausbildungsplan für Eltern entwerfen?

Die Tatsache, daß die meisten Mütter in unserer Gesellschaft keine schizophrenen Kinder aufziehen, hat wohl eher mit der angeborenen Menschlichkeit und dem guten Urteilsvermögen der meisten Frauen zu tun, und mit ihrer Fähigkeit, sich selbst gegen die zerstörerischen Effekte der christlichen Lehre zu verteidigen, sogar, wenn sie vielleicht die Lehren wie Papageien Sonntag für Sonntag wiederholen.

In dem autoritären pronatalistischen Sexualkodex, dem die christliche Kirche noch in einem großen Umfang zustimmt, gibt es ein weibliches Charakteristikum, welches zur Rettung kommt, und möglicherweise manches Kind vor ernsthaften psychiatrischen Erkrankungen bewahrt: Von der Mutter wird erwartet, daß sie "emotional" ist, und es ist ihr gestattet, nachweislich liebevoll zu sein. Dies ist ein Charakteristikum, das Männern lange verweigert worden war. Die Rolle des Mannes setzte nicht seine Einbindung bei der ursprünglichen Aufzucht des Kleinkindes voraus; dies war ganz klar "Frauenarbeit". Während er mit den Kindern spielen konnte, wenn sie groß genug dafür waren, spielte der Vater eine unwichtige Rolle bei den frühen Bemühungen, sie interaktives Verhalten zu lehren. Es kann deshalb nicht verwundern, daß so viele psychiatrische Patienten, und nicht nur schizophrene, berichten, ihre Väter seien entferntere Figuren als ihre Mütter. Gekoppelt hiermit ist der traditionelle Druck auf den Mann, seine Gefühle so weit wie möglich zu kontrollieren, sie durch Verhalten auszudrücken, wenn er sie nicht beherrschen kann, sie aber niemals verbal und direkt auszudrücken. Dieses trifft auf kritische Emotionen genauso wie auf Emotionen des Wohlbefindens zu. Das Verlangen nach Kontakt mit einem männlichen Gott könnte eine Widerspiegelung dieses Verlangens nach Kontakt mit einem irdischen Vater sein, das den meisten Menschen der westlichen Welt verweigert wurde, wegen der Rollen, die Männer spielen mußten und noch immer spielen sollen.

Um zu zeigen, wie die christliche Lehre indirekt zur Entwicklung von Schizophrenie bei einem Kind mit einem begrenzten Adaptionsvermögen beitragen kann, wollen wir ein hypothetisches Szenario für die ersten zwei Jahre eines Kindes mit den Eltern Jack und Jill konstruieren.

Jill wurde schwanger, als sie und Jack sich entscheiden wollten, ob sie heiraten sollten oder nicht. Da sie beide aus einem guten christlichen Elternhaus kamen, kam die Frage nach Abtreibung gar nicht erst auf; aus diesem Grunde gab die Schwangerschaft den Ausschlag. Beide fühlten sich schuldig, Geschlechtsverkehr gehabt zu haben; wegen ihres Glaubens hatten sie keine Verhütungsmethoden in Betracht gezogen.

Der Säugling war ein gesunder Junge, den sie Jake nannten. Sie liebten ihn sehr, und Jill konnte ihre Ressentiments, wenn auch nicht vollständig, unterdrücken, daß sie durch ihn zur Heirat gezwungen worden war. Da sie in einem Hause aufgewachsen war, wo Frauen weniger galten als Männer, hatte es Jill nie geschafft, ein Gefühl der Selbstachtung oder des Selbstwertes durch Bewältigung irgendwelcher Herausforderungen zu entwickeln. Obgleich sie verhältnismäßig intelligent war und in der Schule gut zurechtkam, war die Familienhaltung die, daß dies wirklich Kinkerlitzchen für eine Frau seien, die eines Tages heiraten und Kinder haben würde. Jill fand Jack anziehend, weil er einen so "starken" Eindruck machte, und sich niemals aus der Ruhe bringen ließ.

Von Anfang an hatte Jill Schwierigkeiten mit ihrer Rolle als Mutter; sie machte sich laufend Sorgen darüber, ob sie eine gute Mutter sei. Ihr Mangel an Selbstwertgefühl, das von ihrer sozialisationsbedingten Frauenrolle herrührte, ihre Schuldgefühle wegen des vor der Ehe gehabten Geschlechtsverkehrs und wegen der Ressentiments, die sie wegen der ungewollten Heirat hatte, nicht zu erwähnen die Schuldgefühle, die durch das Christsein bedingt sind, all dies wirkte zusammen, um Jill das Gefühl der Unsicherheit und Unzulänglichkeit zu geben. Jills "starker" Ehemann, der bei der Pflege des Säuglings kaum eine Rolle spielte, versuchte anfangs, seine Frau einfach zu beruhigen, aber er zog sich nach und nach von ihr zurück und wurde ungeduldig, wenn sie versuchte, ihre Sorgen zu artikulieren. Jack nahm das Baby manchmal auf den Arm, obwohl er Angst davor hatte, körperliche Zuneigung auszudrücken. Auch legte er niemals seinen Sohn trocken oder fütterte ihn.

Jill fing an, wieder zur Kirche zu gehen. Dies war ihre Art, mit der Misere umzugehen. Daher wurden alle diese zerstörerischen Botschaften verstärkt. Obgleich ihre Misere nie den Punkt erreichte, wo sie eine psychiatrische Behandlung nötig hatte, suchte sie den Hausarzt auf, der ihr ein schwaches Beruhigungsmittel verschrieb. Wenn das Baby viel Umstände machte, legte Jill das so aus, daß sie keine gute Mutter sei; dies würde wiederum ihre Schuldgefühle verstärken, und der Zyklus würde wieder von vorn beginnen. In ihrem ganzen Leben war sie nicht in der Lage, ein Gefühl der Kompetenz in anderen Bereichen zu entwickeln; daher war Jill gewillt, in der Mutterrolle "Ich kann das auch" zu spielen, und ihr Verlangen nach Anerkennung war nicht zu stillen. Jill verließ sich verhältnismäßig viel auf Gebete; je mehr sie betete, desto weniger holte sie sich Hilfe von ihrem Mann und ihren Freundinnen. Die Sexualbeziehung des Paares, die nie sehr gut gewesen war, wurde schlechter. Während ihrer guten Zeiten versenkte sich Jill dermaßen in das Baby, daß nichts anderes mehr existierte. Sie war ständig mit Jakes Gesundheit und Sicherheit beschäftigt, sie konnte sich nicht von ihm trennen, bis er fast ein Jahr alt war. Wenn Jill mit sich selbst nicht im seelischen Gleichgewicht war, wurde ihre Fürsorge dagegen unbeständig, bis hin zu manchmal chaotischem Verhalten.

Als Jake anfing, allein essen zu wollen, interpretierte Jill dies so, daß sie selbst ihn nicht gut füttern würde, und sie entmutigte ihn. Als er anfing, herumzukrabbeln, setzte sie ihn in einen Laufstall, um ihn sicher aufzubewahren. Durch dieses Verhalten hemmte Jill die Entwicklung eines Gefühls für Umweltbeherrschung des Jungen und förderte seine übergroße Abhängigkeit von ihr selber. Dies wurde noch weiter verschlechtert durch Jills strafende Reaktionen, wenn ihr Sohn zum Beispiel aus Versehen ein Glas umwarf. Immer mehr zog sich das Kind vom erkundenden Spiel zurück, und wurde introvertiert und passiv; in den Augen von Jakes Großmutter war er "ein guter kleiner Junge, der nichts kaputt machte".

Weil sie eine gute Christin war, wußte Jill, daß es falsch war, zornig zu sein; in ihrer verbalen Kommunikation mit ihrem Kind und Ehemann versuchte sie Zorn oder andere kritische Affekte nicht durchblicken zu lassen. Wenn Jills Zorn zum Ausbruch kam, wurde der Zorn/Schuld-Zyklus verstärkt. Ihr Mann ging mit derartigen Gefühlen auf eine ähnliche Art und Weise um. Das Kind wuchs daher in einer Atmosphäre der Pseudogegenseitigkeit auf, voll inkongruenter Kommunikation, wo das, was gesagt wurde, weder mit der Stimmlage noch mit der Körpersprache der Eltern übereinstimmte. Jakes eigene Sprachentwicklung war langsam. Er hatte Angst vor Menschen und wollte sich ihnen nicht nähern. (Rückzug vom Umgang mit anderen ist ein allgemeiner Zug der Schizophrenie.)

Perzeption, Kognition und Sprachentwicklung sind eng miteinander verbunden. Ein Kind lernt zu denken, indem es mit Erwachsenen, die in einer relativ zusammenhängenden Art und Weise kommunizieren, verbal in Interaktion tritt. Wenn ein Kind bemerkt, daß seine Mutter traurig ist, indem es ihr in die Augen sieht, während die Mutter lächelt und ziellos plaudert, und wenn es dieser Art zusammenhangloser Kommunikation von beiden Eltern Tag für Tag, Woche für Woche, ausgesetzt ist, ist es nicht schwer zu sehen, warum Perzeptionsstörungen bei Schizophrenen so weit verbreitet sind. Wenn Erziehungsberechtigte verwirrende Kommunikatoren sind, so, wie die christliche Lehre die Menschen bestärkt zu sein, hat das Kind wahrscheinlich Probleme in der kognitiven Entwicklung. Vor allem wird es Schwierigkeiten bekommen, seinen Denkprozeß frei und geradeheraus fließen zu lassen. Der Verlust von Assoziationen ist ein allgemeines Symptom der Schizophrenie.

Die Abgehobenheit von Jakes Vater und die Widersprüchlichkeit seiner Mutter machte es ihm unmöglich, ein Grundvertrauen in die Welt zu entwickeln. Er begann, als Selbstschutzmaßnahme, sich zu weigern, auf seine Eltern zu hören. Dies versetzte Jakes Mutter in Rage, die so sehr auf sein Feedback für ihre Selbstachtung angewiesen war. Die Familie wurde ein Beispiel für das, was Lidz eine "schräge" (skewed) Familie nennen würde.

Anhedonie ist ein anderer weit verbreiteter Zug der Schizophrenie. Wie wir in früheren Kapiteln gesehen haben, sind Schuldgefühle über Freude, zu Gunsten einer Verpflichtung zum Leiden, in Nacheiferung von Jesus am Kreuz, in der christlichen Lehre und Liturgie tief verwurzelt. Da Jill als Christin erzogen wurde und in ihrer Kindheit eine regelmäßige Kichgängerin war, wurde diese christliche anhedonische Abhängigkeit vom Leiden ständig verstärkt, besonders auf sexuellem Gebiet. Als Jake anfing, seinen Penis zu untersuchen, schlug ihm seine Mutter seine Hand fort. Bei den wenigen Gelegenheiten, wo das Kind anfangs Freude an einigen Aktivitäten zeigte, war sie im allgemeinen eine Begleiterscheinung bei motorischer Tätigkeit, wie das Schlagen eines Spielzeugs an die Seite seines Laufstalls, oder bei seltenen Anlässen, wenn Jake aus seinem Laufstall herausgelassen wurde, wenn er versuchte auf eine Stuhl zu steigen oder die Treppe zu erklimmen. Bei diesen Anlässen beendete Jill, die sich selbst ihr Verhalten als Sorge um ihre Möbel, Jakes Sicherheit oder ihre "Nerven" erklärte, Jakes Tätigkeit oder Freude. Da die Interaktion mit Menschen für ihn so schmerzlich war, und da Freude bereitende Interaktionen auf die nichtbelebte Umwelt begrenzt waren, zog sich Jake immer mehr zurück und reagierte immer weniger.

Das inkongruente Kommunikationsmuster, das Jakes Familie charakterisierte, machte es ihm unmöglich, zu lernen mit der gefühlsmäßigen Seite des Lebens umzugehen. Herabgesetzte emotionale Reaktionen und nicht angemessene emotionale Reaktionen sind Teil des symptomatischen Bildes der Schizophrenie. Je mehr sich Jake in sich selbst zurückzog, um so unglücklicher wurde er, und um so besorgter und schuldiger fühlte sich Jill, da sie so sehr von Jakes Glück abhängig war, um sich selbst als Mutter gut zu fühlen. Sie war sich des Konfliktes zwischen ihrem Bedürfnis, ein glückliches Kind zu haben, und der Art, wie ihre religiöse Sozialisation ihre Interaktionen mit ihm beherrschte, nicht bewußt, und daß dies ihn alles andere als glücklich machte. Jills Schuldgefühle darüber, daß er sich zurückzog und unglücklich war, machten sie nachsichtiger, entschlossener zu beweisen, daß sie eine gute Mutter war, indem sie Jake das gab, von dem sie dachte, daß er es brauchte, ja sie versuchte sogar zu erahnen, was er brauchte. Im Laufe der Zeit wurde Jakes Individuation durch Jill ernsthaft behindert.

Ehemann Jack, der immer nur so nebenher lief, fühlte vage, daß etwas nicht in Ordnung war. Aber er war nicht in der Lage, etwas zu unternehmen, um die Situation zu verändern. Seine eigenen infantilen Bedürfnisse, die durch seine christliche Erziehung genährt worden waren und durch seine sozialisierte Geschlechtsrolle als Macher geleugnet wurden, waren völlig zunichte gemacht worden. Sex war die einzige Art, wie er mit einem anderen Menschen zu einer intimen Beziehung kommen konnte, und da seine beschränkte Sichtweise über Sex, zusammen mit Jills Verlust des sexuellen Verlangens, ihm dies verbaute, fing Jack an, sich mehr und mehr von seiner Familie zurückzuziehen. Sein Sohn wurde ihm ein Konkurrent um die Liebe seiner Frau, und deshalb wurde Jacks Haltung gegenüber seinem Sohn immer abweisender. Seine Abhängigkeit von seiner Frau und sein Schuldgefühl bezüglich der Sexualität machten es Jack unmöglich, sexuelle Befriedigung und Liebe außerhalb der Ehe zu suchen.

Ein Kind, das mit einem großen Anpassungspotential auf die Welt kommt, könnte mit dieser Art frühen Familienmilieus umgehen, ohne letztendlich Schizophrenie zu entwickeln. Ein anderes Kind mit einem nur begrenzten Anpassungspotential, wenn es derartigen frühen Erfahrungen ausgesetzt ist, entwickelt vielleicht, weil es sich durch die frühen Entwicklungsstadien hangelt, bis zum Jugendalter oder später keine Schizophrenie und kann so mit den Anpassungsveränderungen umgehen, die auf es zukommen. Wenn er oder sie jedoch zum ersten Mal mit der genitalen Ewachsenensexualität konfrontiert wird, und wenn die Egodefekte eine Etablierung jeglicher Art von Erwachsenenbeziehung unmöglich machen, könnte die klinische Krankheit ausbrechen.

Bei der Diskussion des Verhältnisses zwischen Kultur und Schizophrenie hat H. P. Murphy postuliert, daß es vier Hauptarten gibt, auf die die Kultur das Risiko der Entwicklung von Schizophrenie beeinflussen kann:

1) die Ausbildung oder Fehlausbildung, die bezüglich der Verarbeitung von Informationen stattfindet,

2) die Komplexität der Information, der Menschen ausgesetzt sind,

3) der Grad, in welchem Entscheidungen (Handlungen oder Reaktionen) von allen Leuten erwartet werden, denen komplexe oder unklare Informationen gegeben werden,

4) der Grad, in dem zu Schizophrenie neigende Familien gehemmt oder ermutigt werden, Kinder zu bekommen.[9]

Gemäß Murphys Formulierungen kann es keinen Zweifel geben, daß Jake während seiner frühen Kindheit in der Verarbeitung von Informationen fehlgebildet wurde, und zwar sowohl für die, die aus seinem Inneren kommen, als auch für die der Umwelt. Es gab eine völlige Inkongruenz zwischen seinem sich entwickelnden körperlichen und emotionalen Potential und der Umweltreaktion darauf, einer Reaktion, die eher chaotisch als katalytisch war. Die inkongruente Kommunikation, die Jakes Familie charakterisierte, machte es ihm äußerst schwer, die kognitive emotionale Grundlage für eine weitere Entwicklung aufzubauen. Er mußte lernen, sein Verhalten größtenteils an den wandelbaren Launen seiner Mutter auszurichten, und nicht nach Verhaltensregeln innerhalb seines Egos.

In den letzten paar Jahren hat es ein Wiederaufleben von Forschungsinteresse an der Rolle gegeben, die Familienfaktoren bei der Wiederholungsrate der Schizophrenie spielen. Auf beiden Seiten des Atlantiks haben Forscher herausgefunden, daß ein Rückfall am wahrscheinlichsten auftritt, wenn Patienten zu Familien zurückkehren, in denen ein signifikanter Verwandter, gewöhnlich Vater oder Mutter, emotional überengagiert für, höchst kritisch oder offenkundig feindlich gegenüber dem Patienten ist. Die Tendenz der Familie, Schuld zu induzieren, wurde als ein zusätzliches Vorhersageindiz für die Rückfallrate festgestellt.[10,11] Aus irgendeinem unerklärlichen Grunde wird der unglückliche Ausdruck "ausgedrückte Emotion" (expressed emotion) benutzt, um diese Faktoren zu umfassen.

Einige Forscher dieses Fachbereichs scheinen sich die größte Mühe zu geben, Ätiologie (Lehre von den Ursachen) nicht mit diesen Faktoren in Verbindung zu bringen, die als mit Rückfällen in Verbindung stehend erkannt wurden. Dies ist sogar so, wenn der Faktor schon mindestens fünf Jahre vor dem Beginn der ursprünglichen schizophrenen Episode in der Familie sichtbar vorhanden war.[12] Man muß immer auf der Hut sein, Ursache und Wirkung in die Situation hineinzuinterpretieren, wo man nur Assoziationen bemerkt hat. Forscher in diesem Bereich schienen in diesem Punkt mehr als den gewöhnlichen Grad an Vorsicht an den Tag zu legen.

Untersucht man den üblichen Ansatz, die Familien von Schizophrenen mit in die Behandlungsprogramme einzubeziehen, werden die Gründe für diese besondere Vorsicht klar. Derartige Programme beginnen oft damit, Wissen über die Psyche zu vermitteln; wie es eine Gruppe von Forschern ausdrückt, gibt es einen Versuch, die Familie mit dem "gegenwärtigen Wissensstand über die Ursprünge der Schizophrenie" bekanntzumachen. Dabei wird dafür Sorge getragen, die Familie nicht offen oder versteckt in die Ätiologie oder den folgenden Verlauf der Krankheit mit einzubeziehen.[13] In anderen Worten, der Therapeut/Untersuchende erkennt (oder fühlt), daß die Familie bereits ein starkes Schuldgefühl wegen des kranken Familienmitgliedes hat, und versucht ihre Hilfe dadurch zu gewinnen, daß er mit einer Strategie beginnt, die zur Beruhigung dieses Schuldgefühls entwickelt wurde. Unabhängig von der Wirksamkeit, von der Ethik ganz zu schweigen, einer solchen Strategie: Ihre Anwendung zeigt, wie schwierig es für einen geistig gesunden Fachmann ist, mit einer Familie umzugehen, in der Schuldgefühle so stark betont werden. Außerdem ist es ein Maß für die Macht der Schuld, die so tief im christlichen Leben verwurzelt ist, daß sie die Verhaltensreaktion dieser Fachleute diktiert.

Es scheint vernünftig zu sein, für diese Familienfaktoren eine ätiologische Signifikanz zu postulieren, die kausal mit einem Rückfall in Schizophrenie zusammenzuhängen scheinen. Und auf dieser Basis wollen wir diese Faktoren im Lichte dessen, was wir bereits im ganzen Buch über christliche Lehre und geistige Gesundheit gesagt haben, untersuchen. Der Faktor des emotionalen Überengagements war eigentlich das Thema des Kapitels 4 (Abhängigkeit, gegenseitige Abhängigkeit und Selbstverwirklichung), obgleich eine etwas andere Ausdrucksweise benutzt wurde. Wir haben gezeigt, daß die christliche Lehre dem Prozeß der "vernetzten Individuation" entgegensteht, und daß ein Kind, das seine Individualität nicht voll ausgebildet hat, schwache Egogrenzen zeigt und dem Risiko ausgesetzt ist, "verschmolzen" zu bleiben oder durch einen stärkeren Organismus, den Vater oder die Mutter, absorbiert zu werden. Damit dieser Fall eintreten kann, würde der Elternteil, dessen Individuation ebenfalls stark verletzt wurde, eine zu große Rolle im Leben des Kindes spielen.

Übermäßige Kritik und Feindseligkeit gegenüber dem heranwachsenden Kind stehen außerdem dem gesunden adaptiven Wachstum im Wege und erschweren es dem Kind, sich wohlzufühlen. Negative Haltungen gegenüber dem eigenen Ich, die, wie wir gesehen haben, durch die christliche Lehre unterstützt werden, führen natürlich zu negativen Haltungen gegenüber anderen.

Schizophrenie kann deshalb als grobes Versagen bei der Egointegration angesehen werden, das die Adaption in den verschiedenen Entwicklungsstadien schwierig bis unmöglich macht. Die Schizophrenogenizität der christlichen Kultur kommt durch die Familie zum Tragen und macht es den erziehenden Erwachsenen schwer, effektive Katalysatoren für den Wachstumsprozeß ihrer eigenen Kinder zu sein.

Große emotionale Störungen

Ein modernes Psychiatrielehrbuch definiert emotionale Störungen als "eine Gruppe klinischer Zustände, deren gemeinsamer und wesentlicher Zug eine Gemütsstörung ist, begleitet durch damit verbundene kognitive, psychomotorische, psychophysiologische und zwischenmenschliche Schwierigkeiten".[14] Es definiert Gemüt als "eine durchdringende oder vorherrschende Emotion, die die ganze Persönlichkeit betrifft". Die Stimmung kann in manischen Stadien erhöht sein, in denen der Patient "Größenwahn, geistigen Höhenflug, verminderten Schlaf, erhöhtes Selbstwertgefühl und großartige Ideen" zeigt; oder sie kann deprimiert sein, wenn der Patient "einen Verlust an Energie und Interesse, Schuldgefühle, Konzentrationsschwierigkeiten, Appetitlosigkeit und Todes- oder Suizidgedanken zeigt".[15]

Die Klassifizierung der Depressionserkrankungen hat über die Jahrzehnte hin eine Mannigfaltigkeit von Ideen bezüglich der Ätiologie und Phänomenologie reflektiert. Die Ausdrücke "neurotisch" und "psychotisch" wurden früher als nützliche Unterscheidungen betrachtet. Die Ausdrücke "reaktiv" und "endogen" wurden gebraucht, als es Mode war, einige Depressionen als durch suprabiologische Auslösefaktoren verursacht anzusehen, während andere, in denen offensichtliche Auslösefaktoren nicht sofort erkennbar waren, als vollkommen biologischen Ursprungs beurteilt wurden.

Während es in der Frage der Klassifizierung noch Verwirrung gibt, ist es für diejenigen, die noch ein Bedürfnis zu klassifizieren haben, nützlich darauf hinzuweisen, daß Depression eine normale menschliche Emotion ist, mit der geistig gesunde Menschen so umgehen, daß es nicht zu "kognitiver, psychomotorischer, psychophysiologischer und zwischenmenschlicher" Beeinträchtigung kommt. Viele biologisch orientierte Psychiater neigen dazu, in "normale" Gefühle der Depression und depressive Störungen aufzuteilen und ziehen es vor, letztere als biologische Erkrankungen, unabhängig von emotionellen Konflikten oder chronischem Gebrauch schlecht adaptierter Strategien zur Problemlösung, anzusehen. Es ist schwer zu verstehen, was durch die Annahme dieser Position gewonnen wird, außer, daß die pharmazeutische Industrie hohe Gewinne macht und der Möglichkeit für einige Psychiater, sich von ihren Patienten gefühlsmäßig zu distanzieren, die Patienten auf eine distanzierte Art zu objektivieren und sich dadurch der Mühe zu entheben, "es um einer Chance willen zu versuchen".

Ob jemand mit Depressionen auf eine angemessene Art umgeht oder die Beeinträchtigungen zeigt, die eine depressive Störung charakterisieren, scheint von zwei Faktoren abzuhängen: der sozialen Unterstützung, die das Individuum erhält, und der Fähigkeit des Individuums, diese Unterstützung zu nutzen. Eine Gruppe von Forschern sagte es so:

Soziale Hilfe kann, statt einen Menschen nur gegen negative Auswirkungen von Streß zu schützen, selber für die Verringerung depressiver Symptome wichtig sein. Ferner ist anzunehmen, daß das Fehlen von wahrgenommener oder tatsächlicher sozialer Hilfe nicht nur ein Ausdruck der Depression selber ist. Unsere Erkenntnisse unterstützen das Ergebnis, daß das Fehlen sozialer Hilfe zur Erzeugung von Depressionssymptomen beiträgt.[16]

Dies wird sicherlich durch die Erfahrung von Therapeuten für Paare und Familien getragen, die, ob sie nun Medikamente verwenden oder auch nicht, um dem Patienten symptomatisch zu helfen, bereit sind, wahre entwicklungsmäßige und zwischenmenschliche Probleme, die der "Depression" zugrunde liegen, zu erkennen. Samuel Novey geht so weit zu erklären: "Jedoch ist es grundlegend für die moderne Psychiatrie, daß angemessene zwischenmenschliche Beziehungen das Fundament geistiger Stabilität sind."[17]

Wir haben im ganzen Buch Beweise dafür beigebracht, daß die christliche Lehre und Liturgie tatsächlich der zwischenmenschlichen Kommunikation und Diskussionsfähigkeit, die ein echtes, tragendes menschliches Netzwerk ausmachen, entgegenstehen, trotz des Phänomens "christlicher Gemeinschaft". In einer Fernsehsendung zum Thema Einsamkeit bat der Evangelist Billy Graham seine Zuhörer, "zu Jesus Christus zu kommen", und erhöhte damit die Schranken, die einsame Menschen von ihren Mitmenschen trennen, genau die Schranken, die das Christentum zu errichten half.

Wenn jemand mit schlechten Fähigkeiten zu zwischenmenschlichen Beziehungen aufgewachsen ist, ist sein menschliches soziales Umfeld wahrscheinlich nicht sehr effektiv, in diesem Fall könnte eine voll entwickelte klinische Depression auftreten. Diese Krankheit kann unterschiedliche Intensität zeigen und eine Anzahl verschiedener psychiatrischer Behandlungen erforderlich machen; wenn sie eine Stärke erreicht, die gemütsverändernde Medikamente erfordert, betrachten wir es so, daß wir es dann mit einer schweren Gemütserkrankung zu tun haben. Das Hauptklassifizierungssystem, das heute verwendet wird, ist: bipolare Erkrankung (bei der die Gemütsstörung abwechselnd aus einer Psychose und einer Depression besteht) und unipolare Erkrankung (in der der Gemütszustand nur depressiv ist).

Umweltfaktoren bei Gemütskrankheiten

Die Suche nach der Konstellation von umweltbedingten, suprabiologischen Faktoren, die in der Ätiologie der Depression wirken, ist so intensiv gewesen wie die Suche nach dem heiligen Gral, und in etwa genauso erfolgreich. Die davon betroffenen Hauptfaktoren sind als Persönlichkeitsfaktoren erkannt worden: frühe mütterliche Vernachlässigung, der Verlust nahestehender Menschen zusammen mit nicht vollendeter Trauerarbeit, Streß verursachende Lebensumstände, die über das Handhabungsvermögen des einzelnen hinausgehen, und erlernte Hilflosigkeit.

Bezüglich der oben zitierten Persönlichkeitsfaktoren fassen Kaplan und Sadock das Problem mit folgenden Worten zusammen: "Die Annahme ist weit verbreitet, daß Personen, die zu Depressionen neigen, durch niedriges Selbstwertgefühl charakterisiert sind sowie durch ein starkes Überego, Klammern an und Abhängigsein von zwischenmenschlichen Beziehungen und einer begrenzten Fähigkeit zu reifen und ausdauernden Objektbeziehungen."[18] Wie wir das ganze Buch hindurch gezeigt haben, sind diese Charakteristiken unvermeidliche Produkte das christlichen Glaubenssystems für jemanden, der Selbsterniedrigung predigt als ein Mittel, sich mit der Gottheit zu vereinigen, der Egowachstum und Eigenbestimmtheit schlechtheißt und stattdessen das Wachstum des Über-Ichs und Fremdbestimmtheit fördert, mit ihrer Eigenschaft, sich auf eine externe Macht zu verlassen. Das abhängige, klammernde Verhältnis, das Christen zu ihrem Gott entwickeln sollen, wird ganz natürlich zum Paradigma für ihr Verhältnis zueinander, da ihnen jegliche Anleitung darüber fehlt, wie man menschliche Beziehungen als Erwachsener umsetzt.

Mütterlicher Liebesentzug ist größtenteils ein direktes Ergebnis des autoritären pronatalistischen Sexualkodexes, der in unserer Gesellschaft wirkt. Er fördert auch die Idee, daß Mutterschaft die einzige rechtmäßige Rolle für echte Frauen ist, und treibt Frauen dazu - sogar diejenigen, die wirklich welche haben wollten -, mehr Kinder in die Welt zu setzen, als sie emotional und wirtschaftlich versorgen können. Paulus sagte, daß das Gebären von Kindern die einzige Art wäre, wie Frauen für die Sünden Evas Vergebung finden können. Indem man es Frauen und Männern weiterhin erschwert, Wissen über ihre Sexualität zu erlangen, indem man fortfährt, Widerstand gegen die Einrichtung von Beratungsstellen für Empfängnisverhütung und Abtreibung zu leisten, tragen viele christliche Bekenntnisse weiterhin zu ungewollten Schwangerschaften und mütterlichem Liebesentzug bei.

Es wird im großen und ganzen akzeptiert, daß mütterlicher Liebesentzug, sogar bis hin zur Kindesmißhandlung, bei Frauen auftritt, die offenkundig zeigen, daß sie ein Baby haben möchten.

Nähere Untersuchungen zeigen im allgemeinen, daß diese Frauen offene, schwere narzißtische Wunden haben, die sie dadurch zu heilen versuchen, daß sie ein Baby haben, mit dem sie sich auf eine narzißtische Art und Weise identifizieren können - das Syndrom der "lebenden Puppe".

Eine kompetente Mutter zu sein, ist die Aktivität einer Erwachsenen, und Frauen können dem Baby nur etwas von sich selbst geben, wenn sie in der Lage sind, sich selbst etwas zu geben, ohne Schuldgefühle zu haben. Eine christliche Gesellschaft, die Leiden als gut für die Seele fördert, während sie gleichzeitig die Selbstachtung der Erwachsenen und zwischenmenschliche Abhängigkeiten untergräbt, ist schwerlich ein Milieu, in dem Frauen unterstützt werden, ihr ganzes menschliches Potential zu entwickeln; und wenn eine Frau in dem Geiste aufgezogen wurde, ihre eigenen Bedürfnisse zu ignorieren, wie kann man dann von ihr erwarten, den Bedürfnissen ihres Kindes gegenüber sensibel zu sein?

Die Rolle des Verlustes als Beitrag zur Depression ist komplex. Tatsächlich spielt nicht der Verlust selber eine ätiologische Rolle bei der Depression, sondern die Art, wie der Verlust betrauert wird. Die christliche Haltung zum Tod steht einer gesunden Trauerarbeit auf vielerlei Art entgegen, angefangen mit der zerstörerischen Wirkung des Auferstehungsmythos. Da Jesus den Christen ein Leben nach dem Tode versprach, ist vieles von der tröstenden Botschaft bei christlichen Beerdigungen an die Verleugnung der Existenz und Permanenz des Todes gekoppelt. Eine Hymne, die in der Anglican and United Churches in Kanada gesungen wird, lautet: "Mögen wir, wann immer wir versucht sind niedergeschlagen zu sein, ganz stark an die Wiederauferstehung denken. Du gabst uns Jesus, um unsere Traurigkeit mit der Fröhlichkeit zu Ostern zu besiegen." Die reine christliche Verleugnung des Todes wird durch die berühmte Hymne "Bleib bei mir" (Abide with me) illustriert; hier finden wir die Worte "Wo ist der Stachel des Todes? Wo das Grab, dein Sieg? Ich triumphiere noch, wenn du bei mir bleibst."

Gesunde Trauer tritt ein, wenn der Hinterbliebene fähig ist, den ganzen Bereich der schmerzlichen Gefühle zu erfahren und zum Ausdruck zu bringen, die durch den Verlust des geliebten Menschen hervorgerufen werden. Die christliche Lehre und Praxis bestärkt Menschen mit derartigen kritischen Gefühlen, daß "Gott" ihnen ihre schmerzlichen Gefühle nimmt, wenn sie ihn darum anflehen. Dadurch wird es den helfenden Menschen erschwert, den Trauernden in schwierigen Zeiten zu stützen. Es wird oft bei christlichen Begräbnissen gesagt, daß "die Witwe sich prächtig gehalten hat" oder "daß er alles so gut überstanden hat". Die Verleugnung kritischer Gefühle aller Art wird durch das Christentum gefördert.

Als Hintergrund für eine Diskussion über die streßgeladenen Vorfälle im Leben bei der Verursachung von Gemütskrankheiten wenden wir uns der Frage zu, wie man damit umgeht, wenn man Angst hat (siehe Kapitel 4). Wir haben gesehen, daß die christliche Lehre und Liturgie die Entwicklung des Umgangsverhaltens bei Erwachsenen und die zwischenmenschlichen Fähigkeiten behindern, die die Menschen in die Lage versetzen, auf eine adaptive Art mit der durch Streß hervorgerufenen Angst umzugehen.

Die Rolle der angelernten Hilflosigkeit bei Depression ist erst kürzlich untersucht worden. Es wird jetzt allgemein akzeptiert[19], daß Kinder, die von früher Kindheit an in einem menschlichen Umfeld leben, das sie ermutigt, ihr intra- und interpersonales Umfeld beherrschen zu lernen, sowie die Beherrschung des physischen Umfeldes, wahrscheinlich ein Gefühl der Kompetenz entwickeln und letztendlich eine gute geistige Gesundheit. Sie sind die Erwachsenen, die wahrscheinlich mit Verlusten in der Form umgehen werden, daß sie den Trauerprozeß natürlich verlaufen lassen, sich gut auf Herausforderungen einstellen und mit Streß umgehen, indem sie menschliche Hilfe in Anspruch nehmen. Diese Menschen werden wahrscheinlich weniger deprimiert sein, weil sie mit einem lebenslangen Gefühl ihres eigenen persönlichen Wertes und ihrer Fähigkeiten aufwuchsen, und einer

Fähigkeit, Menschen, die sie mögen, zu vertrauen. Im Gegensatz dazu entwickeln Kinder, die unter dem Einfluß christlicher Lehren aufwachsen, ein Gefühl der Machtlosigkeit in der Welt, eher als Gefühl der Kompetenz und der Beherrschung, mit einer Unfähigkeit, menschlicher Hilfe, die sie erhalten, zu vertrauen. Es ist logisch, daß solche Menschen eher dazu neigen, mit einem Hang zur Entwicklung einer "klinischen" Depression aufzuwachsen, wenn sie mit Verlust oder Streß konfrontiert werden.

Die christliche Lehre fördert die Hilflosigkeit der Menschen dadurch, daß sie sie zur Tugend erhebt, tatsächlich das sine qua non eines guten christlichen Lebens. Paulus sagte, "denn wenn ich schwach bin, dann bin ich stark" (2 Kor. 12,10). Die Durchsicht eines allgemeinen anglikanischen Gesangbuchs überzeugt davon, daß dies nicht nur eine aus der Mode gekommene Idee ist, die von Paulus gefördert wurde, sondern, daß sie ständig bekräftigt wird: "Steh auf! Steh auf für Jesus! Steh allein durch seine Stärke; der Arm wird dir versagen; wage es nicht, dich auf dich zu verlassen", und "Jesus Heiland, geleite mich über des Lebens stürmische See". Es ist wichtig zu sehen, daß diese Zeilen ausdrücklich die Entwicklung persönlicher Fertigkeiten in Frage stellen und davor warnen, daß "der Arm dir versagen wird". Sie bitten Jesus nicht, Stärke in sich selbst und in menschlicher Hilfe zu finden, um über die "stürmische See des Lebens" zu segeln. Damit ein heranwachsendes Kind nicht durch den wiederholten Kontakt mit solchen Botschaften geschädigt wird, müßte es mit einem beträchtlich hohen Grad angeborenen Adaptionsvermögens ausgestattet sein sowie mit einem familiären und sozialen Umfeld, das dazu angetan ist, die zerstörerischen Auswirkungen dieser Botschaften zu neutralisieren.

Schlußfolgerung

In diesem Kapitel habe ich versucht zu zeigen, welche Rolle einige der verheerenderen Lehren des Christentums bei der Entstehung von schizophrenen und depresssiven Erkrankungen spielen können. Dies ist eine Hypothese, die ich gern von Forschern in beiden Bereichen weiter untersucht sehen würde. Jedoch könnten sogar diejenigen, die aufgeschlossen genug sind, um den verderblichen Effekt solch tiefsitzenden Glaubens zuzugeben, nicht in der Lage sein, der methodologischen Herausforderung durch eine Untersuchung gerecht zu werden. Die Botschaften über das Leben, die das psychologische, emotionale und physische Wachstum formen, kommen in so vielen unterschiedlichen Arten und zu so vielen verschiedenen Zeitpunkten, daß das Finden meßbarer Variabeln so wäre, als würde man versuchen, einen Regenbogen in eine Flasche einzusperren. Jedoch können wir nur hoffen, daß die methodologischen Probleme letztendlich gelöst werden.

Während die Forschungsstrategien zum Studium der Auswirkungen der christlichen Lehre auf einzelne und Familien noch nicht entwickelt worden sind, hat die Religionspsychologie der Frage der Religiosität eine beträchtliche Aufmerksamkeit gewidmet. Viele Sparten dieser Forschung befassen sich damit, wie die verschiedenen Arten, religiös zu sein, mit den anderen Ausprägungen des Lebens korrelieren, besonders geistiger Gesundheit, rassischer Toleranz und Anteilnahme an anderen Menschen.

Es gibt einen Unterschied zwischen der These, die in diesem Buch vertreten wird, und der von den Forschern im Bereich der Religionsspsychologie untersuchten Hypothese. Ich befasse mich mit der gesamten Auswirkung der christlichen Lehre auf das Individuum in unserer Gesellschaft, ob das Individuum jetzt ein eingeschriebener Christ ist oder jemals war oder nicht. Derjenige, der nicht zur Kirche geht, war vielleicht als kleines Kind gezwungen, zur Kirche und zum Kindergottesdienst zu gehen, hat jedoch die Religion als Erwachsener vielleicht aufgegeben, um Agnostiker oder Atheist zu werden. So ein Mensch wird wahrscheinlich niemals vollkommen die Auswirkungen seiner früheren religiösen Sozialisation überwinden; viele seiner Verhaltensweisen und Haltungen würden während dieser Zeit gebildet worden sein und unverändert bleiben, obwohl seine kognitive, philosophische Position sich änderte. Der sogenannte Gläubige könnte ein Kirchgänger geblieben oder geworden sein und würde jetzt als "religiös" angesehen werden. In Studien von Forschern in der Religionspsychologie wäre er in der religiösen Gruppe, während derjenige, der nicht zur Kirche geht, in der nichtreligiösen Gruppe wäre. Ich behaupte, daß sowohl der Nichtkirchgänger als auch der "Gläubige" durch die christliche Lehre beeinflußt wurden, der Nichtkirchgänger wahrscheinlich weniger, da der "Gläubige" durch den Kirchenbesuch dahin tendieren würde, seine religiösen Vorstellungen verstärkt zu bekommen.

Es wäre interessant, diese Forschungsliteratur zu untersuchen, da die meisten Studien an christlichen Themen durchgeführt wurden.

Anmerkungen

1. Jules Henry, *Pathways to Madness* (London: Jonathan Cape, 1972), S. 374.

2. Roger J. Sullivan, "Psychotherapy: Whatever Became of Original Sin?" in Paul W. Sharkey, Herausgeber, *Philosophy, Religion and Psychotherapy* (Washington D.C.: University Press of America, 1982), S. 179.

3. Albert Ellis, "Is Religiosity Pathological?" *Free Inquiry* 18, no 2 (Spring 1988): 27-32.

4. Roy R. Grinker, Sr., "Neurosis, Psychosis, and the Borderline States," in Alfred M. Freedman, Harold I. Kaplan und Benjamin J. Saddock, Herausgeber, *Comprehensive Textbook of Psychiatry* (Baltimore, Md.: The Williams and Wilkins Company, 1975), I:846.

5. Theodore Lidz, "Egocentric Cognitive Regression and the Family Setting of Schizophrenic Disorders," in Lyman C. Wynne, Rue L. Cromwell und Steven Matthysse, Herausgeber, *The Nature of Schizophrenia: New Approaches to Research and Treatment* (New York: John Wylie and Sons, 1978), S. 528.

6. Louis A. Sass et al., "Parental Communication Deviance and Forms of Thinking in Male Schizophrenic Offspring," *Journal of Nervous and Mental Disease* 172, no. 9 (September 1984): 513-20.

7. Lidz, "Egocentric Cognitive Regression and the Family Setting of Schizophrenic Disorders," S. 528.

8. Lyman C. Wynne, "Methodologic and Conceptual Issues in the Study of Schizophrenics and Their Families," *Journal of Psychiatric Research* 6, suppl. 1 (1968): 185.

9. H. B. M. Murphy, "The Culture and Schizophrenia," in Ihsan al-Issa, Herausgeber, *Culture and Psychopathology* (Baltimore, Md.: University Park Press, 1982), S. 223.

10. Christine E. Vaughn et al., "Family Factors in Schizophrenic Relapse: Replication in California of British Research on Epressed Emotion," *Archives of General Psychiatry* 41 (December 1984): 1169.

11. Michael J. Goldstein and Jeri A. Doane, "Family Factors in the Onset, Course, and Treatment of Schizophrenic Spectrum Disorders: An Update of Current Research," *The Journal of Nervous and Mental Disease* 170, no. 11 (1982): 692-700.

12. Jeri A. Doane et al., "Parental Communication Deviance and Affective Style: Predictors of Subsequent Schizophrenia Spectrum Disorders in Vulnerable Adolescents," *Archives of General Psychiatry* 38 (June 1981): 679-85.

13. Goldstein and Doane, "Family Factors in the Onset, Course, and Treatment of Schizophrenic Disorders," S. 687.

14. Harold I. Kaplan and Benjamin J. Sadock, *Modern Synopsis of Comprehensive Textbook of Psychiatry,* 4th ed., (Baltimore, Md.: Williams and Wilkins, 1985), S. 238.

15. ebenda, S. 239.

16. Carol S. Aneshensel and Jeffrey D. Stone, "Stress and Depression: A Test of the Buffering Model of Social Support," *Archives of General Psychiatry* 39 (December 1982): 1392.

17. Samuel Novey, "Considerations on Religon to Psychoanalysis and Psychotherapy," *Journal of Nervous and Mental Disease* 130 (1966): 316.

18. Kaplan and Sadock, *Modern Synopsis of Comprehensive Textbook of Psychiatry,* S. 244.

19. Martin E. P. Seligman, *Helplessness: On Depression, Development and Death* (San Francisco: W. H. Freedman & Co., 1975).

9
Christentum und geistige Gesundheit: Die Forschungsergebnisse

Keine Einfachheit des Gemüts, keine Unverständlichkeit der Standpunkte kann der universellen Pflicht entgehen, alles das zu hinterfragen, was wir glauben.

K. W. Clifford[1]

Mein Sohn, sei nicht wißbegierig, und mühe dich nicht mit unnützen Sorgen.

Thomas von Kempen[2]

Die Korrelation von "religiös sein" mit "etwas anderes" sein (geistig gesund sein, voreingenommen sein oder für andere Anteilnahme zeigen) "beweist" nicht Ursache und Wirkung. Wenn zum Beispiel eine Studie zeigt, daß Leute, die auf irgendeine Art religiös sind, auch geistig gesund oder ungesund sind, können wir nicht sicher sagen, daß einer der Zustände den anderen verursachte. Jeder könnte das Ergebnis einer noch nicht bekannten dritten Variablen sein. Auch basieren die meisten der Studien in diesem Bereich auf Selbsteinschätzung, auf Fragebögen, die nicht immer den Faktor der sozialen Desirabilität* berücksichtigen, das heißt der menschlichen Tendenz, so zu antworten, daß man dabei einen guten Eindruck macht, ganz gleich wie ungenau die Antwort auch ausfällt. Andererseits verlassen sich einige Studien nicht einfach darauf, was die individuelle Versuchsperson über ihre Haltungen

---

* Soziale Desirabilität ist das Charakteristikum, welches Menschen eingibt, Fragebögen so auszufüllen, daß sie dabei einen guten Eindruck erwecken, statt sie wahrheitsgemäß zu beantworten. Das ist der Grund, warum Verhaltensmessungen (behavioral measures) - was Menschen tatsächlich unter bestimmten Umständen machen - im allgemeinen aufschlußreicher sind als selbstausgefüllte Fragebögen.

sagt, sondern auf Messungen des Verhaltens des Individuums.

1982 veröffentlichten Batson und Ventis eine reichhaltige, in die Tiefe gehende Besprechung aller Literatur zu diesem Thema, und es ist ihre Arbeit, die in diesem Kapitel zusammengefaßt wird. Sie untersuchten die verschiedenen Arten des Religiösseins und setzten sie in Korrelation zu geistiger Gesundheit, Vorurteilen und Anteilnahme an anderen. Ihre Definition von Religion ist eine weite: "Was immer wir als Individuen tun, um die Fragen persönlich zu bewältigen, die uns beschäftigen, weil wir uns bewußt sind, daß wir, und andere wie wir, leben, und daß wir sterben werden. Derartige Fragen werden wir Existenzfragen nennen."[3] Diese Definition unterscheidet sich signifikant von den meisten anderen, speziell von der, die hier im ganzen Buch benutzt wurde, nämlich, daß Religion "das Glaubenssystem ist, das auf göttliche übernatürliche Kräften baut, nach dem Sinn der menschlichen Existenz und nach den Verhaltensregeln fragt, die entwickelt wurden, um mit existentiellen Ängsten umzugehen". Wie in Kapitel 2 erwähnt, bringt Batsons und Ventis' breite Definition von Religion "Religion" als eindeutiges Konzept beinahe völlig zum Verschwinden. Fragen nach der Existenz zu stellen, ist nicht in sich selbst eine religiöse Aktivität; jedoch ist es religiös, fertig verpackte, fertig formulierte Antworten auf die Existenzfragen zu akzeptieren, die ein übernatürliches göttliches Wesen anrufen.

So vollkommen ist die religiöse Vereinnahmung unserer Sprache in diesem Bereich, daß nicht nur das Wort "Moral" durch die, die Gott propagieren, beinahe völlig vereinnahmt wurde, sondern dies Suchen nach Sinn und ein Nachdenken über Fragen der Existenz als eine religiöse Tätigkeit fehlbenannt worden ist. Hierfür gibt es gute Gründe. Bis vor nicht allzu langer Zeit war Religion der einzige philosophische und bildungsmäßige Zeitvertreib in der Stadt, das ging so weit, daß wir noch einige Universitäten hatten mit Beifügungen wie "katholische", "lutherische", "baptistische" und so weiter. Ein anderer historischer Grund, warum die Suche nach Sinn und die Beschäftigung mit Fragen der

Existenz als "religiös" etikettiert wurden, ist, daß es bestimmte wirkende Kräfte gab, die Menschen dazu anhielten, mit religiösen Antworten herauszukommen. Das akademische Interesse am historischen Jesus zum Beispiel ist kaum etwas mehr als 200 Jahre alt. Das 19. Jahrhundert war eine Zeit beträchtlicher und gelehrter Gärung auf diesem Gebiet.[4] Unter dieser Voraussetzung mag es keine Übertreibung sein zu sagen, daß die Auswirkung der christlichen Lehre, mit ihrer Sucht zum Absolutismus, das Haupthindernis für die Entwicklung von Bildungsprogrammen ist, die den Geist der Kinder aufwecken könnten für eine gesunde, befreiende, bewußtseinserweiternde Erkundung von Existenzfragen.

Sich auf die bahnbrechende Arbeit von Gordon Allport und Bernard Spilka und ihre jeweiligen Mitarbeiter[5,6] stützend, postulierten Batson und Ventis drei Arten von Religiosität: eine Orientierung am Mittel, eine Orientierung am Zweck und eine Orientierung am Streben. Die Orientierung am Mittel ist verwandt mit der extrinsischen Orientierung von Allport und Ross,[7] und befaßt sich mit dem Grad, in dem man Religion einsetzt als Mittel für andere, eigennützige Zwecke - gesellschaftliche, politische und wirtschaftliche. Der Mensch mit der Orientierung am Mittel geht zur Kirche, weil er meint, daß es gut ist, dort gesehen zu werden. Fragen der ewigen Wahrheit spielen in seinem religiösen Leben eine geringe Rolle.

Die Orientierung am Zweck ist mit der intrinsischen Orientierung von Allport und Ross verwandt; diejenigen, die bei dieser Orientierung hohe Ergebnisse erzielen, sind ergeben in ihrem Festhalten an religiösen Glauben und Praktiken und sehen Religion als wesentlich fürs Leben an - tatsächlich als den Weg, den Sinn des Lebens zu finden.

Weiter vorn, in Kapitel 2, stellten wir die strikte Trennung zwischen diesen beiden Orientierungen in Frage, und zwar auf der Grundlage, daß Menschen mit einer Orientierung am Zweck genauso durch Eigennutz motiviert sind, wie die am Mittel orientierten. Der am Mittel orientierte Mensch sorgt sich um sein Leben;

jemand, der sich am Zweck orientiert, hat seine Augen auf ewige Belohnung gerichtet. Daher gibt es ein kraftvolles Element der "Orientierung am Mittel" bei der "Orientierung am Zweck". Die Orientierung am "Streben" ist von Batson und Ventis als ein Ansatz beschrieben worden, der ehrliche Fragestellungen nach der Existenz in ihrer ganzen Komplexität mit einschließt und klaren, passenden Antworten widersteht.[8] Sie wird als "psychologisch anpassungsfähiger" als die beiden anderen Methoden definiert.[9]

Im Mittelpunkt der meisten Religionsdefinitionen steht ein übernatürliches Wesen oder Gott; und die Frage nach dem Sinn des Lebens wird immer eng mit dem göttlichen Wesen verbunden. Batson und Ventis haben Religion so weitgefaßt definiert, daß die Definition Atheisten und Theisten, Religionsanhänger und Humanisten mit einschließt. In ihrer Orientierung am Streben sprechen sie ganz klar über Menschen, die nach den meisten Religionsdefinitionen überhaupt nicht "religiös" sind. Tatsächlich sind Menschen mit einer Orientierung am Streben ganz klar die, die einen echt wissenschaftlichen Standpunkt zum Leben haben. Jeder, der sich ernsthaft "Fragen nach der Existenz stellt, in ihrer ganzen Komplexität, und dabei klaren, passenden Antworten widersteht", ist durch und durch ein wissenschaftlicher Humanist. Im Gegensatz dazu setzt Religion ein Bedürfnis für und ein Vertrauen auf "klare, passende Antworten" voraus. Daher vergleichen Batson und Ventis zwei Arten von Religiosität (Mittel- und Zweckorientierung) mit einer essentiell wissenschaftlichen Daseinsorientierung.

Wissenschaft selbst befaßt sich nicht nur mit der physikalischen Welt und mit Ereignissen, Dingen und Prozessen, die gezählt und gemessen werden können. Forschung ist nur ein Aspekt der Wissenschaftlichkeit. Tatsächlich sind viele Menschen, die in der Forschung arbeiten, überhaupt nicht wissenschaftlich, weil sie ihre Daten nicht mit einem offenen, hinterfragenden Geist angehen, sondern versuchen, die Statistik zur Unterstützung ihrer Voreingenommenheiten zu gebrauchen. Wissenschaftlich in der

Daseinsorientierung zu sein, ist eine Haltung bezüglich aller Aspekte des Lebens, die sich sogar Fragen der Existenz stellt, für die es keine "klaren, passenden Antworten" gibt und vielleicht nie geben wird. Wissenschaft kann nicht vorangebracht werden, wenn alle derartigen Fragen der Existenz, für welche kein Forschungsplan entwickelt wurde, ignoriert werden oder sie in die Kategorie des "Religiösen" verwiesen werden. Wir werden auf dieses Thema am Ende des Kapitels zurückkommen.

Religion und geistige Gesundheit

Bei der Untersuchung der verschiedenen Arten von Religiosität und der Frage der geistigen Gesundheit mußten sich Batson und Ventis mit einer großen Anzahl von Studien, die verschiedene Definitionen von geistiger Gesundheit gebrauchten, befassen: (1) Abwesenheit von Geisteskrankheit, (2) angemessenes Sozialverhalten, (3) Freiheit von Sorge und Schuld, (4) persönliche Kompetenz und Selbstbeherrschung, (5) Selbstakzeptanz und Selbstverwirklichung, (6) Persönlichkeitskonsolidierung und -organisation sowie (7) offenes Denken und Beweglichkeit. Die meisten der Studien definierten geistige Gesundheit in Termini, die zu den Definitionen 3, 4, 5 und 7 passen. Wenige Studien definierten geistige Gesundheit in Termini der Definitionen 1, 2 und 6.

Batson und Ventis kamen, nachdem sie 75 Studien im Detail untersucht hatten, zu folgender Schlußfolgerung: Die Orientierung am Mittel bei der Religion hatte "eine eher durchdringend negative Beziehung" zur geistigen Gesundheit, ganz gleich wie man sich geistige Gesundheit vorstellt. Mit anderen Worten, Leute, die um kurzfristiger Belohnung willen religiös sind, sind geistig nicht sehr gesund, wenn sie an folgenden Charakteristiken gemessen werden: Freiheit von Sorgen und Schuld, persönliche Kompetenz und Selbstbeherrschung, Selbstakzeptanz und Selbstverwirklichung, offenes Denken und Beweglichkeit.

Als es zur Untersuchung der Orientierung am Zweck bei der Religion kam, fanden Batson und Ventis heraus, daß sie positiv mit größerer Freiheit von Sorgen und Schuld, genauso wie verstärkter persönlicher Kompetenz und Selbstbeherrschung assoziiert war, jedoch nicht mit offenerem Denken und Beweglichkeit. Wie die Autoren anmerken, basierte die größere "persönliche Kompetenz und Selbstbeherrschung" auf ein Vertrauen in Gott, nicht auf sich selbst. In anderen Worten, es war nicht wirklich persönliche Kompetenz, sondern ein blindes Vertrauen auf die Allwissenheit und Allmacht der Gottheit. Diese Kombination von augenscheinlicher Freiheit von Sorgen und Schuld, kombiniert mit einem augenscheinlichen Gefühl persönlicher Kompetenz, die wirklich ein Vertrauen auf Gott ist, verbunden mit einem Mangel an offenem Denken und Beweglichkeit, ist in Wirklichkeit eine Definition von Selbstzufriedenheit, einer Qualität, die besonders typisch für "wiedergeborene" Christen ist.

Die Orientierung am Streben, die, wie vorher diskutiert, eher eine wissenschaftliche als eine religiöse Daseinsorientierung ist, wurde als mit einem höheren Grad persönlicher Kompetenz und Selbstbeherrschung, basierend auf Selbstvertrauen, ermittelt, nicht als Vertrauen auf Gott. Sie wurde auch mit offenerem Denken und Beweglichkeit assoziiert, als die Orientierung am Zweck. Jedoch war sie nicht assoziiert mit größerer Freiheit von Sorgen und Schuld. Batson und Ventis beschrieben es folgendermaßen: "Die intrinsische Orientierung am Zweck führt zur Freiheit von Existentialnöten und einem Gefühl der Kompetenz, basierend auf der Verbundenheit mit dem Allmächtigen, aber gleichzeitig mit einer starren Bindung an den Glauben. Im Gegensatz dazu führt die Orientierung am Streben zu keinem von beiden."[10]

Die Assoziation von größeren Sorgen und Schuld in der Orientierung am Streben, beim Vergleich mit der Orientierung am Zweck, verdient einen Kommentar. Viele Menschen mit einem strebenden, nichtreligiösen Ansatz fürs Leben wurden in religiöse Familien hineingeboren und verwarfen im Laufe ihres Lebens ihre religiöse Orientierung, oder, besser gesagt, wuchsen über das Bedürfnis für eine derartige Orientierung hinaus. Jedoch sitzt die christliche Indoktrination tief; deshalb ist es nicht verwunderlich, daß Menschen, die einer derartigen Indoktrination ausgesetzt wurden, die Nachwirkungen noch in späteren Jahren spüren. Dies trifft besonders deshalb zu, weil das Verwerfen der religiösen Orientierung zugunsten einer wissenschaftlichen Orientierung am Streben, auch eine Verwerfung der Scheinhilfen bedeutet, die durch das organisierte Christentum angeboten werden, wie zum Beispiel die Beichte und die Erlösung.

Der Faktor der sozialen Desirabilität kommt hier sicherlich auch zum Tragen. Von Christen erwartet man nicht, daß sie sich schuldig fühlen, wenn die Schuld einmal durch das Blut Jesu von ihnen genommen wurde, so gibt es also eine beachtliche Tendenz bei Christen, Schuld zu leugnen, sogar wenn sie klar in ihrem Leben wirksam wird und ihnen hilft, ihr Verhalten zu formen. Viele Christen führen ein eingeschränktes, strenges, lustloses Leben, weil es für sie eine Möglichkeit ist, die Entstehung eventueller Schuld zu minimieren. Je religiöser das Individuum, desto mehr wird Schuld geleugnet, ein Ergebnis, das jeder einfühlsame Psychotherapeut bestätigen wird. Daher ist es wahrscheinlich, daß Christen, wenn sie einen Fragebogen ausfüllen, die gleiche Art von Verleugnung offenbaren werden, wie sie sie in einer klinischen Situation zeigen. Im Gegensatz dazu haben Leute mit einer Orientierung am Streben kein derartiges Bedürfnis, jegliche Schuld, die sie fühlen, zu verleugnen; für sie ist es annehmbarer, offen und ehrlich zu sein.

Die Erkenntnis des offeneren Denkens und der Beweglichkeit bei denjenigen, die eine strebende, wissenschaftliche Orientierung haben, gegenüber denjenigen mit einer religiösen Orientierung stimmt mit unserem eigenen Argument, das wir im ganzen Buch verwandt haben, überein. Der Preis, den religiöse Menschen für die existentiellen Geheimmittel zu zahlen haben, die von der Christenheit angeboten werden, ist, daß sie eine Zwangsjacke für ihr menschliches Potential verpaßt bekommen. Viele Christen, besonders die, die mit wissenschaftlichen Forschungsaufgaben befaßt sind, versuchen zu leugnen, daß dies der Fall ist; sie reden sogar darüber, daß Wissenschaft ein Geschenk Gottes ist, um die Menschen zu befähigen, die Erde zu erobern und sie sich untertan zu machen, wie die Bibel es vorgibt. Einige Christen behaupten, daß sie bezüglich einiger Bereiche des Lebens wissenschaftlich wären, aber sogar für diese ist ein echt wissenschaftlicher Ansatz für die Gesamtheit der menschlichen Existenz unmöglich. Es wäre für sie emotional zu schmerzlich, ihre Teleskope und Mikroskope auf das menschliche Bedürfnis nach einer erhaltenden Gottheit zu richten und auf die Strategien, die von religiösen Institutionen eingesetzt werden, um das Einsehen dieser Notwendigkeit bei den Menschen am Leben zu erhalten.

Das Wesentliche von alledem ist, daß Religiosität ganz definitiv nichts mit besserer geistiger Gesundheit zu tun hat, wenn man es mit einem wissenschaftlichen, strebenden Ansatz für das Leben vergleicht. Die Assoziation des letzteren Ansatzes mit mehr "Sorgen und Schuld" ist wahrscheinlich zu einem großen Teil auf eine frühe christliche Sozialisation und auf eine geringere Notwendigkeit der Verleugnung kritischer Emotionen zurückzuführen. Aber selbst wenn dies der Fall ist, ist es ein geringer Preis für das größere "offenere Denken und die Beweglichkeit", die die Orientierung am Streben charakterisiert.

Religion und rassistische Vorurteile

Wenden wir uns von der Frage der geistigen Gesundheit ab. Das Verhältnis von Religiosität und rassischer Intoleranz hat Studenten der Psychologie seit 1946 beschäftigt, als Allport und Kramer erkannten, daß weiße amerikanische Protestanten und katholische Studenten eher zu Vorurteilen gegenüber Schwarzen neigten als diejenigen, die keine religiösen Bindungen hatten.[11] Batson und

Ventis ermittelten, indem sie 44 seit 1946 durchgeführte Studien verglichen, daß 34 davon zeigten, daß "eine positive Beziehung zwischen der Größe der Voreingenommenheit, der Größe des Interesses an, der Verwicklung in oder dem Festhalten an Religion besteht".[12] Acht Studien, die meisten aus den nördlichen Bundesstaaten der USA, zeigten keine Beziehung, und zwei Studien zeigten eine negative Beziehung; interessanterweise legten diese zwei letzten Studien über Heranwachsende kurz vor dem Jugendlichenalter und im Jugendlichenalter nahe, daß es wahrscheinlich ist, daß man voreingenommener wird, je länger man eine Beziehung zu einer christlichen Kirche hat. Batson und Ventis kommentieren die statistische Signifikanz ihrer Schlußfolgerungen so: "Wenn man die Wahrscheinlichkeit, derartig starke Beweise zu erlangen, berechnen würde für die positive Beziehung zwischen Religiosität und Voreingenommenheit, wenn es eine derartige Beziehung tatsächlich nicht gäbe, wäre sie nicht merklich unterscheidbar von Ihren Chancen, bei der irischen Rennwette zu gewinnen - vorausgesetzt, Sie hätten niemals mitgemacht."[13]

Als die Frage der rassistischen Voreingenommenheit im Verhältnis zu den beiden Arten von Religiosität untersucht wurde, (Mittel und Zweck) fand man heraus, daß diejenigen mit einer Orientierung am Mittel sehr voreingenommen waren, während diejenigen mit einer Orientierung am Zweck einen Voreingenommenheitsgrad zeigten, der dichter bei denen lag, die einen strebenden, wissenschaftlichen Ansatz fürs Leben hatten. Jedoch haben wenige Studien, die nach 1946 erstellt wurden, Elemente der sozialen Desirabilität berücksichtigt. In einer Reihe von Experimenten, in denen Verhaltensbestimmungen der Voreingenommenheit eingeführt wurden, fanden die Autoren, das die augenscheinlichen Unterschiede zwischen den zwei Arten von Religiosität tatsächlich eine Funktion der sozialen Desirabilität waren. Wenn entsprechend der behaupteten Einstellungen, die sie zu Papier gebracht hatten, die Zeit zum Handeln kam (zum Beispiel einen Weißen oder einen Schwarzen zum Interview auszuwählen), zeigten diejenigen mit einer Orientierung am Zweck einen Grad der Voreingenommenheit, der ähnlich dem war, den Leute mit einer Orientierung am Mittel zeigten.

Menschen mit einer strebenden, wissenschaftlichen Orientierung im Leben erreichen niedrige Werte beim Thema Voreingenommenheit, auch wenn das Element der sozialen Desirabilität geprüft wurde. Bezüglich der zwei religiösen Orientierungen fassen Batson und Ventis ihre Ergebnisse folgendermaßen zusammen: "Religiosität als extrinsisches Mittel zu sehen, schien im Zusammenhang mit erhöhter Voreingenommenheit zu stehen, sogar wenn die soziale Desirabilität geprüft wurde. Religiosität als intrinsischer Zweck stand bei eigenen Berichten zu verminderter Voreingenommenheit in Beziehung, wenn jedoch die soziale Desirabilität geprüft wurde, verschwand die Beziehung."[14]

Diese Ergebnisse werfen interessante Fragen auf. Warum, wenn das Christentum eine Religion der Liebe sein soll, sind Christen intoleranter gegenüber denen, die nicht die gleiche Hautfarbe haben? In Südafrika suchen weiße Christen und - was nicht überrascht - finden Unterstützung in der Bibel für die Unterdrückung ihrer schwarzen christlichen Brüder. Die Frage kann anders gestellt werden: Warum sind diejenigen, die der Tröstung durch die christliche Religion entwachsen sind, oder ihr nur minimal ausgesetzt waren, rassisch toleranter als diejenigen, die noch Gläubige sind? Gibt es etwas in der Lehre der christlichen Kirche, das die Menschen dazu veranlaßt, Sündenböcke zu suchen und zu finden?

Die Antwort hierauf ist ohne Zweifel ein laut schallendes Ja. Ein Individuum, das soviel Schuld zu tragen hat wie ein Christ, wird, wenn es nicht völlig psychotisch werden will, etwas von dem Selbsthaß nach außen ablassen müssen, der den wahren Christen charakterisiert. Sündenböcke für diesen Haß waren niemals schwer zu finden.

Religion und Anteilnahme am Mitmenschen

Die Entdeckung, daß Menschen, die religiöse Christen sind, geistig weniger gesund und radikaler voreingenommen als die nicht religiösen sein könnten, wirft eine dritte Frage auf: Zeigen Christen wirklich mehr Anteilnahme für ihre Mitkreaturen? Batson und Ventis sahen sieben Studien mit selbsteinschätzenden Fragebögen durch, die zeigten, daß religiöse Menschen hilfreicher waren als nichtreligiöse Menschen. Als sie jedoch fünf Studien prüften, die Verhaltensmaßstäbe für Hilfbereitschaft benutzten anstelle der selbsteinschätzenden Fragebögen, fanden sie heraus, daß keine Korrelation zwischen dem Grad der Religiosität und der Hilfsbereitschaft bestand. Mit anderen Worten, als der Faktor der sozialen Desirabilität entfernt war, waren religiöse Menschen nicht mehr und nicht weniger hilfsbereit als nichtreligiöse.

Eine Studie von Darley und Batson,[15] die der Geschichte vom Guten Samariter nachempfunden war, stellte sich als besonders enthüllend heraus. Theologiestudenten wurden getestet, um herauszufinden, was den Ausschlag gab, ob sie auf ihrem Weg in die Klasse anhalten würden, um jemandem zu helfen, der offensichtlich in Not war. Es stellte sich heraus, daß religiöse Orientierung anscheinend nicht ihr Verhalten bestimmte. Es war eher die Frage, wie eilig es die Studenten hatten, in ihre Klasse zu kommen. Jedoch bei denen, die anhielten, gab es einen klaren Unterschied in einer Hinsicht des Hilfsverhaltens, zwischen denen mit einer Orientierung am Zweck und denen mit einer Orientierung am Streben. Die Person, die die Rolle des Kranken, im Stich Gelassenen am Eingang eines Gebäudes übernommen hatte, war angewiesen worden, darauf zu bestehen, daß er allein zurechtkommen würde, und daß der Student überhaupt nichts für ihn tun müßte. Diejenigen mit einer Orientierung am Streben respektierten seine Wünsche mehr als die mit einer Orientierung am Zweck. Die letztere Gruppe schien ein solches inneres Bedürfnis zu haben zu helfen, daß dies ihre Fähigkeit zur Einfühlsamkeit bezüglich dessen, was die andere Person wirklich benötigte, ausschaltete. Nach all diesem scheint es so zu sein, daß Christen sich mit Projekten identifizieren können, die ihnen das Gefühl geben, gute Christen zu sein, wenn das Helfen nicht auf einem zwischenmenschlichen Niveau liegt, und wenn sie nicht ihre Hilfe den wahren Bedürfnissen der menschlichen Situation anpassen müssen. Ansonsten sind Christen nicht hilfreicher als nichtreligiöse Menschen; tatsächlich ist es sogar so, wenn die Studie von Darley und Batson eine echte Dimension mißt, sind Christen weniger einfühlsam, da sie alle ihre Bemühungen auf ihr Bedürfnis, sich bei ihrem Gott einzuschmeicheln, abstellen. In ihrem Buch *The Long Dying of Baby Andrew*[16] beschreiben Robert und Peggy Stinson ihre Erfahrung mit dem medizinischen Personal, mit dem sie Kontakt hatten während der tragischen Umstände bei der Geburt und dem dann eintretenden Tod ihres zu früh geborenen Kindes. Es war ihre Erfahrung, daß nichtkatholische Ärzte, und noch eher nichtchristliche, mehr auf die Sorgen und Gefühle der Patienten eingingen als die streng katholischen Ärzte, die darauf bestanden, ihrem eigenen strengen religiösen Programm zu folgen.

Schlußfolgerung

Man kann mit Sicherheit schließen, daß engagierte Christen, wenn sie mit Menschen verglichen werden, die eine wissenschaftlichere Lebensanschauung gewählt haben, nicht gut dran sind, wenn es auf geistige Gesundheit, rassistische Vorurteile und Anteilnahme an anderen ankommt. Bei der Selbsteinschätzung scheinen Christen weniger Schwierigkeiten mit Sorgen und Schuldgefühlen zu haben als nichtreligiöse Menschen, jedoch mögen der psychologische Mechanismus der Verleugnung und die Notwendigkeit, sozial desirable Antworten zu geben, für diesen Unterschied verantwortlich sein. Sie scheinen genausoviel persönliche Kompetenz und Beherrschung zu zeigen wie diejenigen mit einer wissenschaftlichen, strebenden Orientierung; aber auch dies ist falsch, denn es ist kein echtes Gefühl persönlicher Kompetenz, sondern eher ein sich Verlassen auf eine allmächtige Gottheit. Engagierte Christen zeigen mehr rassistische Vorurteile als diejenigen mit einer humanistischen Orientierung, während sie in zwischenmenschlichen Situationen nicht hilfsbereiter als Nichtgläubige sind. Tatsächlich sind sie unter Umständen sogar weniger hilfsbereit, da sie gegenüber den wahren Nöten der in Bedrängnis befindlichen Person nicht einfühlsam sind, weil sie darauf bestehen, entsprechend ihrem christlichen Glaubenssystem zu handeln. Bei der Zusammenfassung ihrer Forschungsarbeit schließen Batson und Ventis: "Dieser Beweis legt nahe, daß Religion eine negative Kraft im menschlichen Leben ist, eine, ohne die es uns besser gehen würde."[17]

Batsons und Ventis' Definition der Religion einschließlich des strebenden, existentiellen Lebensansatzes bei den Arten der Religiosität machen einen letzten Kommentar notwendig. Die meisten Forscher auf dem Gebiet der Religionspsychologie arbeiten an Universitäten und Schulen oder an Fakultäten für religiöse Studien. Viele sind selber Gläubige, und ihre "wissenschaftlichen" Arbeiten sind zweifelsohne durch ihr Glaubenssystem mit Vorurteilen behaftet. Viele andere auf diesem Gebiet, obwohl sie selber keine Gläubigen sind, arbeiten noch in einem Fachbereich, wo Gläubige, von denen sich viele hinter einer echten Orientierung am Streben verstecken, weiterhin die politische Macht haben. Wenn man Batsons und Ventis' aufklärendes Buch liest, muß man zu dem Schluß kommen, daß ihre Beweise die Schlußfolgerung unterstützen, daß religiöse Menschen geistig weniger gesund, stärker mit Vorurteilen behaftet und weniger empfindsam in zwischenmenschlichen Situationen sind als Nichtgläubige.

So direkt ausgedrückt würden derartige Ergebnisse nicht sehr gut in "akademischen" Kreisen aufgenommen werden. Daher ist es möglich, daß Batson und Ventis bei den Überlegungen zu ihrer

Wahl der Definition von Religion, die ganz eindeutig die nichtreligiöse, atheistische, humanistische Orientierung mit einschließt, taktisch motiviert waren, und deshalb in ihrer Diskussion den strebenden, existentiellen, wissenschaftlichen Ansatz des Lebens als eine andere religiöse Orientierung hinstellten. Wenn diese Annahme richtig ist, daß nämlich Batson und Ventis absichtlich ihre Ergebnisse verpackten, um die Gläubigen zu besänftigen, haben wir einen Beweis mehr für die alles durchdringende Macht der christlichen Kirche in unserer Gesellschaft.

Anmerkungen

1. W. K. Clifford, "The Ethics of Belief," in Gordon Stein, Herausgeber, *An Anthology of Atheism* (Buffalo, N.Y.: Prometheus Books, 1980), S. 280.

2. Thomas à Kempis, *The Imitation of Christ* (Chicago: Moody Press, 1980), S. 183.

3. C. Daniel Batson and W. Larry Ventis, *The Religious Experience* (New York: Oxford University Press, 1982), Seite 7.

4. R. Joseph Hoffmann, "Biblical Criticism and Its Discontents," *Free Inquiry* (Fall 1982): 17-21.

5. G. W. Allport, *The Individual and His Religion* (New York: Macmillan, 1950).

6. R. O. Allen and B. Spilka, "Committed and Consensual Religion: A Specification of Religious-Prejudice Relationships," *Journal for the Scientific Study of Religion* 6 (1967): 191-206.

7. G. W. Allport and J. M. Ross, "Personal Religious Orientation and Prejudice," *Journal of Personality and Social Psychology* 5 (1967): 432-43.

8. Batson and Ventis, *The Religious Experience*, Seite 149-50.

9. Ebenda, S. 170.

10. Ebenda, S. 249.

11. G. W. Allport and B. M. Kramer, "Some Roots of Prejudice," *Journal of Psychology* 22 (1946): 9-30.

12. Batson and Ventis, *The Religious Experience*, Seite 257.

13. Ebenda, S. 257.

14. Ebenda, S. 281.

15. J. M. Darley and C. D. Batson, "'From Jerusalem to Jericho': A Study of Situational and Dispositional Variables in Helping Behavior," *Journal of Personality and Social Psychology* 27 (1973): 100-108.

16. Robert and Peggy Stinson, *The Long Dying of Baby Andrew* (Boston: Little, Brown and Company, 1983).

17. Batson and Ventis, *The Religious Experience*, Seite 306.

10
Christentum und Gesundheitswesen

Wenn du in deiner Frömmigkeit Fortschritte machen willst, erhalte dir deine Gottesfurcht und verlange nicht zuviel Freiheit. Halte alle deine Sinne unter strengster Disziplin in Schranken, und ergib dich nicht närrischem Frohsinn.

Thomas von Kempen[1]

Psychologische Gesundheit besteht zu einem großen Teil daraus, mit seinen Gefühlen im Einklang zu sein, und zu glauben, daß es einem moralisch nicht gestattet ist, bestimmte Gefühle zu erfahren, heißt, seinen Gefühlen den Krieg zu erklären.

George H. Smith[2]

Christentum kontra Psychotherapie

Es sind schon viele Versuche unternommen worden, um Parallelen zwischen der Seelsorge christlicher Kleriker und der Praxis der Psychotherapie zu ziehen.[3] Ein Autor geht sogar soweit, die eigenartige Behauptung aufzustellen: "Psychologen und Theologen befassen sich mit der gleichen Frage bei ihren Versuchen, Sinn aus der Existenz zu gewinnen, welche sich ständig weiterentwickelt."[4] Aber wie wir durch unser Studium des christlichen Glaubenssystems gelernt haben, "gewinnt" der engagierte Christ keinen Sinn aus der Existenz; stattdessen braucht er viel Zeit und Energie dazu, um seiner Umwelt eine spezifische Sicht der Welt aufzudrücken. Wenn es Ähnlichkeiten zwischen christlicher "pastoraler" Seelsorge und Psychotherapie gibt, sind sie nicht wesentlich; auf einer langen Liste grundlegender Fragen beruhen die zwei Vorgehensweisen auf diametral entgegengesetzten Ansichten über das menschliche Tier und den menschlichen Zustand.

Obwohl es viele verschiedene Psychotherapieschulen gibt, kann man Psychotherapie als eine "Behandlung durch Reden" bezeichnen, während der der ausgebildete Therapeut dem Patienten hilft, Konflikte aufzudecken, die hinter den Symptomen liegen, und angemessenere Arten zu finden, um mit diesen Konflikten umzugehen, genauso wie mit anderen Konflikten, die im Verlauf der Behandlung sichtbar werden.

Robert Sabga hat den sehr nützlichen Terminus "religiöse Entgiftung" (religious detoxification) eingeführt, um einen Bildungs-/Therapieprozeß zu beschreiben, der entwickelt wurde, um Leuten dabei zu helfen, zerstörerische Mythen, Haltungen und Verhaltensmuster abzuwerfen, die durch religiöse Sozialisation hervorgerufen wurden, und um über das Bedürfnis nach solchen schädlichen Quellen der "Beruhigung" hinauszuwachsen.[5] Sabgas Erfahrung in der Arbeit in Behandlungszentren für Drogenabhängige brachte ihn dazu, die Parallele zwischen der Abhängigkeit von Drogen wie Alkohol oder Tabak und der Abhängigkeit von schädlichen Glaubenssystemen zu erkennen. Ob es sich um eine toxische Chemikalie oder einen toxischen Glauben handelt - der Prozeß der Entwöhnung ist ähnlich schmerzlich und schwierig. Obgleich Psychotherapeuten sich selten direkt mit dem religiösen Glaubenssystem von Patienten konfrontieren, zeigt ein Vergleich der Werte, die dem Prozeß der Psychotherapie zugrunde liegen, mit denen, die dem Christentum zugrunde liegen, daß Psychotherapie tatsächlich eine Form von religiöser Entgiftung ist.

Wie wir in Kapitel 3 gesehen haben, fördern die christliche Lehre und Liturgie eine Orientierung vom Selbstverständnis weg und hin zu Gott. Im Gegensatz dazu ermutigt die Psychotherapie ein Verständnis des Selbst als das sine qua non des therapeutischen Prozesses. Und während das Christentum einen Abscheu vor der eigenen Person als Strategie zur Erlangung von Gottes Gunst fördert, eine Strategie, die unglücklicherweise ihren Weg in die menschliche Interaktion findet, unterstützt die Psychotherapie Selbstwert und Eigenliebe auf der Grundlage, daß diese notwendige Voraussetzungen für das Schätzen und Lieben anderer Menschen sind. Wie Edmund C. Cohen herausstellte (siehe Kapitel 2), begünstigt das Christentum eine Bewußtseinsspaltung im Individuum, hauptsächlich durch seine Betonung des ewigen Kriegszustandes zwischen "Fleisch" und "Geist", aber auch durch Strategien wie die Förderung von Schuldgefühlen wegen normaler menschlicher Emotionen und Impulse. Die Psychotherapie neigt dazu, Harmonie zwischen den verschiedenen menschlichen Funktionsebenen zu fördern: der affektiven, kognitiven, biologischen, verhaltensmäßigen und verbalen Ebene. Das Ziel ist, daß sich Menschen in sich selbst zuhause fühlen.

Im sprachlichen Bereich beispielsweise wird Christen ausgeredet, kongruente Kommunikationsmuster mit ihren Mitmenschen zu entwickeln. Die durch die christliche Lehre eingeprägte innere Bewußtseinsspaltung macht dies auf alle Fälle schwierig; aber Christen werden aktiv dazu überredet, ihren Mitmenschen zu mißtrauen, besonders Nichtgläubigen, und stattdessen auf Gott zu vertrauen und nur mit ihm zu kommunizieren. Psychotherapie, ob nun individuell oder gemeinschaftlich bei Ehepaaren, Familien- oder Gruppentherapie, wirkt in dem Maße, daß Patienten dadurch in der Lage sind, ihre Kommunikationsfähigkeiten zu verbessern. Sie können somit mehr Vertrauen entwickeln, bessere Verhandlungsmuster herausbilden, und das tragende zwischenmenschliche Netzwerk wird stärker. Je besser das menschliche Netzwerk, um so geringer ist die Anziehungskraft durch diejenigen, die über Gott reden.

Wie wir in Kapitel 5 sahen, verläßt sich das Christentum mit seiner Betonung der Erbsünde und dem Opfertod Christi am Kreuz stark auf die Förderung und Manipulation des Schuldgefühls als Hebel zur Kontrolle über das Leben von Männern und Frauen. Aber während Schuldgefühle, besonders wegen der Sexualität, einiges an seichter Verhaltensangepaßtheit produzieren können und eine oberflächliche Akzeptanz bestimmter Haltungen verursachen, sind sie der Hauptfeind angepaßten menschlichen Verhaltens. Die Hauptaufgabe des Psychotherapeuten ist es in diesem

Fall, den Patienten zu helfen, weniger aus einem Schuldreflex heraus zu handeln und mehr nach ihrer eigenen Einschätzung ihrer Bedürfnisse und Wünsche, so daß sie ein verantwortungsbewußteres und produktiveres Leben führen können.

Religiöse Zustandsuntersuchung

In der Psychiatrie ist die "Geisteszustandsuntersuchung" ein entscheidender Bestandteil einer psychiatrischen Gesamtbewertung, während der der Interviewer die geistigen Aktivitäten des Patienten in allen seinen Aspekten einschließlich Gedächtnis, Vorhandensein oder Abwesenheit gedanklicher Störungen (zum Beispiel Wahn oder Halluzination) und der Fähigkeit zu rechnen zu bewerten versucht. Kein Kandidat für eine berufliche Zulassung in der Psychiatrie kann seine Abschlußprüfung anstreben, ohne in der Durchführung von Untersuchungen dieser Art bewandert zu sein.

Obwohl die Notwendigkeit besteht, daß Mediziner den Geisteszustand ihrer Patienten auf so vielen anderen Gebieten bewerten müssen, vermeiden sie - einschließlich der Ärzte, die in der Psychiatrie arbeiten - es überraschenderweise im allgemeinen immer noch, Patienten Fragen in bezug auf Geschlechtsverkehr und Religion zu stellen. Dem Außenstehenden, der zufällig davon Kenntnis erhält, muß dies etwas verwirrend erscheinen, da Sexualität und Glaubenssysteme so eine wichtige Rolle bei der Ausbildung der Psyche und der Weltsicht spielen. Um diese seltsame Unterlassung wettzumachen, hat Helen Singer Kaplan vorgeschlagen, eine Sexualzustandsuntersuchung als Teil einer psychiatrischen Routineuntersuchung mit aufzunehmen. Sie hat spezifiziert, was für Informationen erlangt werden sollten.[6]

Fachleute der Gesundheitsfürsorge meiden die Frage nach der Religion und die Rolle, die sie im Leiden des Patienten spielt, sogar noch strikter als den sexuellen Bereich. Ein Forscher formuliert das so: "Es scheint, daß sich Patienten buchstäblich auf den

Kopf stellen müssen, um den Therapeuten dahin zu bringen, auch nur nach ihren religiösen Überzeugungen zu fragen, geschweige denn sie zu untersuchen! Fragen bezüglich der Konsistenz, Glaubwürdigkeit, Kohärenz und inneren Folgerichtigkeit - nicht zu sprechen von der Motivationskraft - religiöser Überzeugungen werden behutsam übergangen."[7]

Die naive Vorstellung, daß Religion keine negative Auswirkung auf die geistige Gesundheit hat, kann nicht länger geduldet werden. Es wird daher Zeit, die Entwicklung einer "religiösen Zustandsuntersuchung" für die Ausbildung von Medizinern zu erwägen. Eine derartige Untersuchung von Patienten in unserer christlichen Gesellschaft wäre eine logische Erweiterung der Untersuchung des Geisteszustandes; sie würde den Grad erforschen, in dem Patienten immer noch die psychotische Betrachtungsweise der Welt durch das Christentum akzeptieren, Erich Fromms *folie à millions*. Und da die christliche Lehre sogar auf Individuen, die nicht mehr für sich in Anspruch nehmen, religiös zu sein, eine Wirkung haben kann, müßte so eine Untersuchung über den Zustand der angegebenen Religiosität oder die religiöse Zugehörigkeit des Individuums hinausgehen.[8]

Was folgt, ist nicht als definitives Beispiel für eine religiöse Zustandsuntersuchung gemeint, es sind eher einige der Schlüsselpunkte, die bei einer derarigen Untersuchung angesprochen werden sollten. Wenn der Patient an Gott glaubt, wie stellt er ihn sich als Persönlichkeit vor? Als gütig oder wohlwollend? Als eifersüchtig oder liebend? Wie steht der Patient zu den christlichen Lehren über Demut, Selbstverleugnung und Selbsterniedrigung? Glaubt die Person, daß es für Menschen gegen Gottes Wünsche ist, sich selbst zu lieben und zu versuchen, ihre eigenen Bedürfnisse geltend zu machen? Will Gott, daß wir wie Christus leiden? Wofür sollten wir uns schuldig fühlen? Wie haben die christlichen Lehren über Sexualität und Reproduktion auf das Individuum gewirkt? Wieviel des christlichen Glaubenssystems hat das Individuum akzeptiert, und hat es das eigene Denken des Patienten über die christliche Lehre und Unterrichtung darin beeinflußt, wie er sein Leben führt? In anderen Worten, in einem wie großen Ausmaß hat er ein unreflektiertes Leben geführt, und in welchem Umfang ist er bereit gewesen, das in Frage zu stellen?

Wenn Patienten in der Lage waren, den religiösen Glauben ihrer Kindheit in Frage zu stellen, wie weit haben sie sich auf dem Wege von einem Gläubigen zu einem Freidenker hin entwickelt? Obgleich sie intellektuell den dogmatischen christlichen Glauben aufgegeben haben mögen, ist die Frage, ob es dafür Beweise gibt, daß einige dieser Glaubensvorstellungen noch ihre Einstellungen und ihr Verhalten beeinflussen.

Psychotherapie religiöser Patienten

Autoren, die über dieses Thema schreiben, betonen oft, daß Therapeuten die religiösen Ansichten der Patienten "respektieren" müssen. Das sind Ansichten, die oft als "geistige Werte" bezeichnet werden, obgleich niemals gesagt wird, wie der "Respekt" aussehen sollte, und wie die Therapie verlaufen muß in Anbetracht dieses "Respekts" von seiten des Therapeuten.

Wenn wir uns auf das Modell der religiösen Entgiftung von Robert Sabga beziehen und die Abhängigkeit von einem religiösen Glaubenssystem ansehen, wie wir eine Abhängigkeit von Alkohol oder Tabak ansehen würden, können wir erkennen, wie wir mit religiösen Patienten verfahren sollten, die eine Psychotherapie brauchen. Beim Umgang mit einem Nikotin- oder Alkoholabhängigen, der nicht motiviert ist, die Abhängigkeit loszuwerden, ist eine direkte Konfrontation in Form einer Empfehlung, mit dem Rauchen oder Trinken aufzuhören, im allgemeinen wirkungslos. Von einer solchen Empfehlung Abstand zu nehmen, drückt jedoch nicht den "Respekt" des Arztes vor der Abhängigkeit aus, sondern eher den "Respekt" vor der Stärke der Abhängigkeit und der Zähigkeit, mit der der Patient seiner verdrehten

Selbständigkeit anhängt und jeglichem Druck von außen, sich zu ändern, widersteht. Unabhängig von der Tatsache, daß solche Abhängigen angesichts ihrer Abhängigkeit alles andere als selbständig sind. Bei alledem sollte es sogar Raum für das "Recht" des Patienten geben, abhängig zu bleiben.

Während ein Arzt entscheiden mag, keine Energie und Zeit zu verschwenden, um zu versuchen, den Patienten zu überzeugen, mit dem Rauchen oder Trinken aufzuhören, ist es die Verantwortung des Arztes sicherzustellen, daß der Patient alles über die schädlichen Folgen der Abhängigkeit weiß; außerdem sollte der Arzt bereit sein, die behandelbaren Folgen der Abhängigkeit zu behandeln, wie zum Beispiel Herzkrankheit, Leberzirrhose oder Lungenkrebs. Wenn es zur Psychotherapie von religiösen Patienten kommt, ist es genauso unnütz für den Therapeuten zu versuchen, das Individuum dahin zu bringen, auf eine Abhängigkeit von religiösem Reden über Gott zu verzichten; tatsächlich gibt es ein derartiges Werben um Anhänger in der Psychotherapie nicht. Jedoch ist es die Pflicht des Therapeuten, den Patienten auf diese Aspekte seines speziellen Glaubenssystems aufmerksam zu machen, die den gegenseitig verabredeten Zielen der Therapie entgegenstehen. Wenn der Patient es vermeidet, eines Glaubens wegen bei der Therapie mitzuarbeiten, da sowieso alles in Gottes Händen liegt, muß man den Glauben im Lichte der Tatsache sehen, daß der Patient gekommen ist, um Hilfe zu erhalten, und dies seine aktive Teilnahme notwendig macht. Wenn ein Mann sein Verhältnis zu Gott als eine Wand zwischen sich und den anderen Familienmitgliedern benutzt, ist es wichtig für den Therapeuten, hierauf eindeutig hinzuweisen. Während es unangemessen wäre zu versuchen, den Glauben des Patienten an Gott zu unterminieren, ist es wichtig zu zeigen, wie die individuellen, manchmal typischen Ansichten über Gott zu den Problemen beitragen, für die er therapeutische Hilfe sucht.

Nach einem erfolgreichen Therapieverlauf kann ein Patient dazu kommen, einige der zerstörerischen Aspekte der religiösen Abhängigkeit zu verändern, aber weiterhin einem vagen theistischen Glauben anhängen. Oder er kommt vielleicht bis zu einem Punkt voran, an dem der Theismus seine Anziehungskraft verloren hat, und so das ganze religiöse Gerede verwirft. Nun könnte man einwenden, daß es ein Beweis wahren angepaßten menschlichen Verhaltens wäre, einem Bedürfnis nach dem Übernatürlichen zu entsagen, und daß der Patient nicht "kuriert" ist, bis dies geschieht. Jedoch ist es nicht das Ziel der Psychotherapie, freidenkerische Atheisten zu schaffen, genauso wie es nicht das Ziel der Bildung ist, Nobelpreisträger zu produzieren, oder Ziel von Programmen zur körperlichen Ertüchtigung, Sportler für die Olympiade auszubrüten. Die Ausrichtung auf das religiöse Gerede sitzt tief in unserer Gesellschaft, und die gegenwärtige Ausrichtung unseres Bildungssystems ermutigt nicht gerade zu der Hoffnung, daß sich die Lage sehr bald ändert.

Christen und das allgemeine Gesundheitswesen

Im Kapitel 1 wurde Krankheitsverhalten, das heißt die Gesamtreaktion des Individuums auf Symptome, größtenteils als durch Lektionen bestimmt angesehen, die in den frühen Lebensjahren über Krankheit und Leiden gelernt wurden. Auf der Grundlage der Beweise, die in diesem Buch bezüglich der Rolle der christlichen Lehre geäußert wurden, Leiden zu unterstützen, sollte eine religiöse Zustandsuntersuchung für einen praktischen Arzt genauso wichtig sein wie für einen Psychiater, wenn nicht sogar noch wichtiger. Die meisten Patienten, wenn auch auf gar keinen Fall alle, die beim Psychiater vorstellig werden, haben akzeptiert, daß ihr Problem etwas ist, das außerhalb des biomedizinischen Bereiches liegt, und etwas mit Problemen des Lebens statt mit krankhafter Veränderung zu tun hat. Bei der allgemeinen medizinischen Versorgung beim praktischen Arzt werden viele der Einflüsse, die das Patientenverhalten bei der Inanspruchnahme von Hilfe bei Problemen bestimmen, durch Patient und Arzt als rein biologisch/medizinische gedeutet. Der Patient wird einfach wie eine Maschine behandelt; es gibt wenig oder keine Bemühungen, das Körperliche mit dem Emotionalen und dem Psychologischen zu integrieren.

Tatsächlich unterstützt die Struktur und Organisation des Gesundheitswesens, so wie sie mit den Ärzten, den Hauptakteuren im Drama der Gesundheitsfürsorge, zusammenarbeitet, eine rigide biomedizinische Betrachtungsweise von Leiden. Denn Ärzte werden nicht dafür belohnt, Menschen bei guter Gesundheit zu halten, sondern dafür, sich um sie zu kümmern, nachdem sie krank geworden sind. Das sogenannte Gebührensystem für Dienstleistungen, nach dem Ärzte für Patientenbesuche vergütet werden, und das dadurch dazu ermuntert, so viele Patienten wie möglich zu besuchen, begrenzt die Zeit, die ein Arzt mit einem Patienten zubringen kann, um sich mit den Faktoren zu befassen, die zu dessen Leiden beitragen. Das ist so, auch wenn der Arzt geneigt ist, die intrapersonalen, interpersonalen oder sozialen Quellen des Patientenleidens zu ergründen. Und Ärzte, die versuchen, von fließbandmäßiger medizinischer Praxis wegzukommen und die Probleme ihrer Patienten tiefergehend zu ergründen, stellen im allgemeinen fest, daß ihr Einkommen beträchtlich darunter leidet.

Die Macht der internationalen pharmazeutischen Industrie ist sicherlich bei alledem ein wichtiger Faktor. Je oberflächlicher Ärzte im Umgang mit ihren Patienten sind, um so wahrscheinlicher ist es, daß ihre Verordnungen irgendeine Form der Medikamentenbehandlung enthalten. Valium, ein sogenannter schwacher Tranquilizer, wurde schon 1972 die am häufigsten verschriebene Tablette in den Vereinigten Staaten. Ein Student, der die Arzneimittelindustrie untersuchte, berichtete, daß die Gewinne aus dem weltweiten Verkauf dieser Beruhigungsmittel sich auf rund 100 Millionen Dollar jährlich belaufen, und daß der Preis in Kanada zwanzigmal so hoch wie die gesamten Produktionskosten war.[9]

Und dies war vor der Annahme der Gesetzesvorlage C-22 der kanadischen Regierung, die viele der bestehenden Vorschriften für die pharmazeutische Industrie aufhob.

Medizinische Auffassungen des 19. Jahrhunderts mit der Betonung auf einem Krankheitsmodell (organischer Erkrankung), hat noch einen kräftigen Einfluß auf die Köpfe, die für die medizinische Ausbildung verantwortlich sind. Neuere, innovativere Modelle der medizinischen Ausbildung haben, während sie konzeptionell erfrischend sind, nicht das gehalten, was sie versprachen, und hatten geringe Auswirkungen auf die Gesamtsituation. Ein Grund dafür ist, daß Absolventen derartiger Ausbildungspläne letztendlich mit einem herkömmlichen System des Gesundheitswesens leben müssen; die Form ihrer Praktiken wird größtenteils durch wirtschaftliche Kräfte bestimmt, auf die sie keinen direkten Einfluß haben.

Das Krankheitsmodell des 19. Jahrhunderts ist auch noch aus anderen Gründen vorherrschend. Während Ärzte sich bezüglich ihrer Willigkeit, tiefergehende Erklärungen für das Leiden der Patienten zu durchleuchten, ziemlich stark unterscheiden, ziehen die meisten die vollkommen unverbürgte Annahme oft vor, daß so ein Leiden etwas mit einer krankhaften Veränderung zu tun hat. Auf diese Art können sie die abgehobene Haltung aufrechterhalten ("ich bin der Arzt und Sie sind der Patient").

Wenn Arzt und Patient in tieferliegende Schichten der Problemlösung vordringen, kann sich die konfliktgeladene Beziehung zu den Eltern, dem Ehepartner oder Vorgesetzten als zu seinem Leiden in Beziehung stehend herausstellen; in diesem Fall muß die Haltung "ich bin der Arzt, Sie der Patient" Platz für einen anderen Ansatz machen. Wenn Ärzte in dieser Situation helfen wollen, müssen sie dazu fähig sein, mit dem Patienten empathisch umzugehen, indem sie die Konflikte wiedererkennen, die sie in ihrem eigenen Leben mit Autoritätspersonen gehabt haben.

Aber was hat das alles mit dem Christentum zu tun?

Viele Ärzte sind entweder selber religiös, oder sie sind noch vom

Streit betroffen durch die von den Christen betonte Bindung des Menschen an Gott, die vor der Bindung des Menschen an den Menschen kommt. Diese Art von Medizin gestattet ihnen, sich in einer bequemen Distanz vom Patienten und seinen menschlichen Problemen zu halten.

Die Auslegung der Krankheit als Krankheit ist auch für den leidenden Patienten anziehend, bei dem keine Läsion (Funktionsstörung eines Organs) besteht. Das Kind in uns allen liebt einfache Lösungen für unsere Probleme, und das eine Charakteristikum des Erwachsenseins, das am schwersten zu erreichen ist, ist die Bereitschaft, die Komplexität der meisten Probleme des Lebens zu akzeptieren. Individuen mit einem infantilen Lebensansatz werden wahrscheinlicher die Hoffnung nähren, ja sogar die Erwartung, daß simple Heilmittel für ihre Leiden verfügbar sind; Ärzte unterstützen sie oft in dieser Erwartung, indem sie eine lange Liste unnötiger Tests zur Lokalisierung einer Läsion anordnen, dem Teufel des medizinischen Exorzisten. Genauso wie Kinder vom Kuß der Mutter erwarten, daß er alle Probleme kuriert, erwarten Patienten eine Zauberpille, damit sie sich besser fühlen und so in der Lage sind, tiefergehenden Fragen ihres Lebens ausweichen zu können.

Die christliche Kirche könnte die Schlacht verloren haben, in der sie versucht zu diktieren, wie Menschen die Vorkommnisse in der physischen Welt zu interpretieren haben, obgleich die sogenannten "Creation Scientists" ("Schöpfungswissenschaftler") zögern, die Niederlage auf diesem Gebiet zuzugeben. Die wichtigere Schlacht muß noch geschlagen werden - der Kampf um den "Geist" der Menschen. Die Tatsache, daß Fachleute des Gesundheitswesens nicht dazu aufgerufen werden, die potentiell schädlichen Auswirkungen der christlichen Lehre auf ihre Patienten zu untersuchen, und daß unsere Bildungssysteme sich schwertun, das Licht ungezwungener menschlicher Forschung auf das Phänomen der Religion selber zu richten, sind Anzeichen dafür, daß das Christentum noch Macht über unsere Gesellschaft hat.

Eine von der christlichen Kirche in ihrem harten Machtkampf angewandte Strategie ist die laute Aneignung jedes neuen befreienden Trends in der menschlichen Gesellschaft und jeder neuen Einsicht in menschliches Verhalten, begleitet durch massive "Werbe"-Kampagnen, die entworfen wurden, um die Leute davon zu überzeugen, daß die Kirche selber für die Neuerung verantwortlich ist. Dieser von Zeit zu Zeit wahnsinnige Kampf zur Erreichung von Relevanz hat oft zu sonderbaren Verzerrungen der christlichen Grundlehre geführt. Derartige Verzerrungen sind das Thema des nächsten Kapitels.

Anmerkungen

1. Thomas à Kempis, *The Imitation of Christ* (Chicago: Moody Press, 1980), Seite 65.

2. George H. Smith, *Atheism: The Case against God* (Buffalo, N.Y.: Prometheus Books, 1979), Seite 323.

3. E. Mark Stern, Herausgeber, *Psychotherapy and the Religiously Committed Patient* (New York: The Haworth Press, Inc. 1985).

4. Joseph E. Morris, "Theology and Psychology: A Humanistic Perspective," in Paul W. Sharkey, Herausgeber, *Philosophy, Religion and Psychotherapy* (Washington, D.C.: University Press of America, 1982), Seite 161.

5. Robert Sabga, "What is Religious Detoxification?" medium II, Erindale College, Toronto, October 5, 1983, Seite 5.

6. Helen Singer Kaplan, Herausgeber, *The Evaluation of Sexual Disorders* (New York, Bruner-Mazel, 1983).

7. Samuel M. Natale, "Confrontation and the Religious Beliefs of a Client," in *Psychotherapy and the Religiously Committed Patient*, Seite 108.

8. The degree of *folie* can, of course vary. Albert Ellis hat aus seiner psychotherapeutischen Arbeit geschlossen, daß Anhänger der absolutistischeren und perfektionistischeren Gruppen eher und

intensiver gestört sind als diejenigen, deren religiöse Ansichten liberaler sind. See Albert Ellis. "Do Some Religious Beliefs Help Create Emotional Disturbance?" *Psychotherapy in Private Practice* (Winter 1986): 106.

9. Joel Lexchin, *The Real Pushers* (Vancouver: New Star Books, 1984), Seite 19.

11
Christliches Doppeldenk und Neusprech

Wenn der christliche "Reformator" vortritt und erklärt, daß Sexualität nichts Schlechtes ist, und daß Sex außerhalb der Ehe trotz allem erlaubt sein könnte - und wenn er die christlichen Kirchen auffordert, seiner neuen Bewegung voranzugehen -, muß man sich wundern, ob es ihm jemals in den Kopf kommt, daß er mit 19 Jahrhunderten Verspätung auftritt.

George H. Smith[1]

Was auch immer jetzt wahr war, war von Ewigkeit zu Ewigkeit wahr. Es war ganz einfach. Alles was nötig war, war eine endlose Reihe von Siegen über dein eigenes Gedächtnis. "Realitätsbeherrschung" nennen sie es: in Neusprech, "doppeldenk".

George Orwell[2]

Winston Smith, der Held in George Orwells futuristischem Roman *1984*, hatte einen sonderbaren Job im Ministerium für Wahrheit. Er war einer von Tausenden von Angestellten, deren Aufgabe es war, die Geschichte gemäß der gegenwärtigen Parteipolitik umzuschreiben. Wenn der Große Bruder in einer Rede eine Vorhersage machte, die nicht eintraf, mußten alle Berichte über den Teil der Rede - in Zeitungen, Büchern, Pamphleten und Filmen - getilgt und durch einen revidierten Bericht ersetzt werden, der es so aussehen ließ, als ob der Große Bruder die Ereignisse richtig vorausgesagt hätte. Wenn eine ehemalige politische Allianz von Ozeanien und Eurasien drohte, den Großen Bruder in Verlegenheit zu bringen, mußten alle Berichte über diese Allianz aus den öffentlichen Unterlagen getilgt werden. Dieser Prozeß wurde höflich "Gleichrichtung" genannt. Auf diese Art "wurde die ganze Geschichte ein Palimpsest (doppelt beschriebenes Pergament), sauber abgekratzt und neu beschrieben, genauso oft wie es nötig war."[3] Für den Durchschnittschristen wird Gott als der Große Bruder dargestellt, als unveränderlich standhaft, allmächtig und allwissend, wie es in Psalm 100 heißt: "Seine Wahrheit überdauert alle Generationen." Jedoch zeigt eine nähere Untersuchung der Berichte, daß Gott seine Meinung oft ändert; tatsächlich sehr oft.

Verbunden mit dem Mythos der unveränderlich bleibenden Gottheit ist die genauso beharrlich aufrechterhaltene Fiktion, daß das Christentum eine Rolle bei der Zivilisierung und Humanisierung der Gesellschaft gespielt hat; tatsächlich ging der Einfluß in die entgegengesetzte Richtung. Die christliche Religion hat ihre Macht aufrechterhalten und ausgedehnt durch Aneignung von Ideen aus dem größeren Rahmen menschlicher Kultur: aus der Wissenschaft, besonders der Verhaltenswissenschaft; von den Freidenkern; von den Humanisten; und erst neueren Datums von den Feministinnen, für all dieses hat sie die Lorbeeren eingeheimst. Bertrand Russell hat dieses Phänomen folgendermaßen kommentiert: "Es ist amüsant zu hören, wie die modernen Christen einem erzählen, wie milde und rational das Christentum wirklich ist, und daß ihre ganze Milde und Rationalität auf Männer zurückzuführen ist, die während ihrer Zeit von allen orthodoxen Christen verfolgt wurden."[4]

Sehen wir uns jetzt einige größere Bereiche an, in denen die christliche Kirche danach trachtete, sich selbst durch Assimilieren bestimmter zivilisierender Trends zu "humanisieren". Doch immer, wenn die Kirche eine Idee stiehlt und sich in eine humanistische Richtung bewegt, schafft sie einen Konflikt mit den traditionellen Lehren, die aus der Kerndoktrin stammen.

Christliche Genossenschaft

Am Anfang der kirchlichen Existenz wurden Schweigegelöbnisse gefördert, um die Vereinigung mit Gott zu unterstützen; aber derartiges auferlegtes Schweigen steht der Entwicklung von Verbindungen zwischen Menschen im Wege. Tatsächlich ist "nicht miteinander reden" (manchmal "Schmollen" genannt) einer der besten Gründe und Indizien einer gestörten Beziehung. Thomas von Kempens *Nachfolge Christi* enthält mehr als zwanzig ausdrückliche Aussagen, die die Gläubigen warnen und auffordern, die Gesellschaft ihrer Mitmenschen zu meiden. Hier ein Beispiel: "Du solltest gegenüber solchen Neigungen geliebter Freunde gefühllos sein, denn soweit es dich betrifft, solltest du wünschen, ohne alle Gesellschaft von Menschen zu sein. Der Mensch kommt um so näher zu Gott heran, je weiter er sich von aller irdischen Tröstung fernhält."[5] Ist es zu extrem anzunehmen, daß Ermahnungen wie diese zu den unzähligen Problemen der menschlichen Beziehungen beitragen, die wir auf allen Ebenen sehen, vom Ehepaar bis zu den Verhältnissen zwischen Nationen?

Jedoch machten Schweigegelübde und gesellschaftliche und geographische Isolierung langsam einem veränderten menschlichen Abhängigkeitssystem Platz, einem, das man nach "christlichen" Richtlinien beherrschen und kanalisieren konnte - nämlich der christlichen Genossenschaft.

Christentum und Moral

Moral ist ein weiterer Bereich. Religionen ganz allgemein, und das Christentum besonders, sind nur allzu bereit, Lorbeeren einzuheimsen, wo sie keine verdienen. Tatsächlich ist für viele Menschen die Idee, daß Moral durch eine religiöse Indoktrination kommt, so stark, daß "Moral" und "Religion" beinahe synonyme Ausdrücke geworden sind. Aber trotzdem deuten alle Fakten auf die Wahrscheinlichkeit, daß da, wo die Religion durch die breitere Kultur nicht herausgefordert wird, wie das beim mittelalterlichen Christentum der Fall war und in bestimmten konservativen islamischen Staaten noch heute der Fall ist, eigentlich der Terror regiert. Die Inquisition, die Hexenverfolgungen oder die religiöse

Polizei in islamischen Staaten haben sicherlich nichts Moralisches an sich. George H. Smith geht so weit zu sagen: "Irgendeine Verbindung zwischen Religion und Moral ist nicht nur unberechtigt, sie ist äußerst schädlich. Die religiöse Ansicht über Moral wird noch weithin angenommen; Kinder werden im Namen religiöser Moral erzogen, und Menschen versuchen, nach ihr zu leben - das Ergebnis ist, daß Millionen Menschen etwas tun, das auf emotionellen und intellektuellen Selbstmord hinausläuft."[6] Ludwig Feuerbach betont es noch stärker: "Wo Moral auf Theologie basiert, wo das Recht von göttlicher Autorität abhängig gemacht wird, können die unmoralischsten, ungerechtesten, schändlichsten Dinge begründet und eingeführt werden. ... Wenn Moral kein eigenes Fundament hat, gibt es keine eigene Notwendigkeit für Moral; Moral wird dann der grundlosen Willkür der Religion preisgegeben."[7]

Christentum und Krieg

Krieg ist ein weiterer Bereich, in dem die Kirche allgemeine Haltungen der Gesellschaft aufgenommen und sie zu ihren eigenen gemacht hat. Noch ziemlich lange bis in unser Jahrhundert hinein wurde Gott als ein Gott des Krieges dargestellt; die Kreuzzüge stellen eine glorreiche Phase in der Geschichte des Christentums dar. Vor einigen Jahrhunderten wurden Heilige Kriege so angesehen wie es heute im Islam getan wird; die im Christentum und im Islam ausdrückliche Botschaft war, daß wenn man sein Leben im Krieg verlor (der größten Unanständigkeit der Menschen), einem ein Platz im Himmel sicher war. Martin Luther schrieb einst: "Keiner sollte sich einbilden, daß die Welt ohne Blutvergießen regiert werden könnte. Das Schwert der Bürger kann und muß rot und blutig sein."[8] Gegen Ende des 19. Jahrhunderts hatte der Vatikan eine Armee unter Waffen zur Verteidigung der vatikanischen Staaten gegen die Kräfte der italienischen nationalen Einigung. 1870 wurde die vatikanische Armee geschlagen, und das Gebiet des Vatikans verringerte sich von rund einem Drittel des italienschen "Stiefels" auf das, was wir heute als Vatikanstadt kennen. Mit der Zeit stellte man sich Gott immer friedvoller vor. Jetzt, wo der Papst, der Stellvertreter Christi, keine Armee mehr zu kommandieren hat, wurde er zum Friedensprinzen. Charles W. Sutherland schrieb: "Militärischer Macht beraubt, wurde die Kirche natürlich weniger kriegerisch, was zum Teil ihre neue Unbeirrbarkeit erklärt, eine Moral des Friedens zu predigen."[9]

Christen und Demokratie

Immer wenn der Papst reist, gibt es Schlagzeilen über das, was er sagt und wofür er betet, nicht nur für Frieden, auch für Demokratie und "Freiheit", obgleich er zu sagen vergißt, daß diese Freiheit nicht die Freiheit selbständigen Denkens einschließt, auch nicht die Freiheit, die eigene Reproduktivität selbst zu regeln oder sich selbst sexuell so zu verwirklichen, wie es durch die Kirchenlehre verboten ist. Bezüglich der Demokratie ist es ein offenes Geheimnis, daß die römisch-katholische Kirche seit ihrer Entstehung ein unerbittlicher Feind dieser zerbrechlichen menschlichen Institution gewesen ist, und erst dann ihr zögerlicher Förderer wurde, zumindest dem Namen nach, als die großen Mächte mit vielen Millionen Katholiken Demokratien wurden. Zur Zeit bereiten in dem äußerst demokratischen Land der Vereinigten Staaten andersdenkende Katholiken, Kleriker und Laien, dem Heiligen Vater den größten Kummer. Diejenigen, denen man vormachen konnte, daß die katholische Kirche schon immer für Demokratie war, sollten den *Syllabus errorum* (Verzeichnis der Irrtümer) lesen, die Erklärung von Papst Pius IX. von 1864, der die freie Meinungsäußerung und das Prinzip religiöser Duldung verdammte.

Auch gibt es keinen Grund zu glauben, daß der Respekt vor

Demokratie im Protestantismus sehr tief verankert ist. Die sogenannte religiöse Rechte in den Vereinigten Staaten hätte keine Gewissensskrupel, die Demokratie abzuschaffen, wenn sie die Macht dazu hätte (oder bekäme). 1988 strebte ein fundamentalistischer Fernseh-Evangelist aktiv die republikanische Nominierung für das Amt des Präsidenten an. Lawrence Lader hat in seinem Buch *Politics, Power and the Church* die zielstrebigen Bemühungen der katholisch-fundamentalistischen Allianz dokumentiert, in dem günstigen Klima der Reagan-Präsidentschaft den ersten Zusatzartikel (First Amendment) der Amerikanischen Verfassung abzuschaffen, der eine Trennung von Staat und Kirche garantiert, um eine christliche Theokratie zu etablieren.[10]

Christentum und religiöse Toleranz

Die vielleicht erstaunlichste Veränderung in der Politik der Kirche war die erst kürzlich erschienene Botschaft des Papstes mit dem Titel *Wenn du Frieden willst, respektiere das Gewissen jedes Menschen*. In diesem 6000 Worte umfassenden Dokument machte das Haupt der römisch-katholischen Kirche einige erstaunliche Aussagen mit dem Inhalt, daß "Menschen nicht länger versuchen dürfen, ihre eigene 'Wahrheit' anderen aufzuzwingen". Der Papst verteidigte "das unveräußerliche Recht, seinen eigenen Glauben zu bekunden und auszuüben".[11] Der *Syllabus errorum* von 1864 verdammt religiöse Toleranz in der römisch-katholischen Kirche auf das schärfste; in den 1990er Jahren wurden wir Zeugen einer völligen Kehrtwende. Wenn dies eine Veränderung von Gottes Willen darstellt, kann man nur sagen, daß es sehr traurig ist, daß Gott es sich nicht vor der Inquisition anders überlegte, bevor all die Pogrome gegen die Juden stattfanden, und bevor all die tapferen Missionare bei der Verbreitung des christlichen Glaubens auf der ganzen Welt getötet wurden. In Wirklichkeit ist diese neue Offenheit nichts als ein politisches Manöver seitens des Papstes.

Da jetzt das Christentum rein zahlenmäßig die größte Religion der Welt ist, sieht die Kirche es vielleicht als klug an, nicht so dickköpfig zu sein. Die aus der Veränderung der gesellschaftlichen Position der Kirche offensichtlich zu ziehende Schlußfolgerung ist, daß der unveränderliche Kriegsgott irgendwie eine Metamorphose zu einem Gott des Friedens durchmachte, daß er auch seine Ansichten über Sklaverei und andere politische Institutionen änderte - kurz gesagt, der zornige Gott wurde zu einem gerechten Gott. Zu jedem kritischen Zeitpunkt mußten Fachleute der Theologie - die "Winston Smiths" der Ekklesiastik - die biblischen Berichte an die gegenwärtige Politik anpassen. Indem sie das taten, haben sie die Menschen beinahe vergessen lassen, daß der Gott des Friedens einmal der Gott des Krieges war, daß die christliche Kirche ein bestenfalls zögerlicher Verbündeter der Demokratie war, und daß sie früher einmal offiziell die Sklaverei guthieß. Jedoch wird viel Rektifikation nach Orwellscher Manier nötig sein, bevor die christliche Sucht zum Bekehren, durch die Botschaft des Papstes, die zur Respektierung der religiösen Ansichten anderer Menschen auffordert, betroffen sein wird.

Aber während die Theologen der früheren Generation damit beschäftigt waren, jedermann davon zu überzeugen, daß dieser launenhafte Gott wirklich unveränderlich, allmächtig und allwissend war, mußten sie nicht in der Geschwindigkeit arbeiten wie ihre modernen Gegenstücke. Die Fachleute für Gott in den 90er Jahren stehen vor den überwältigenden Beweisen der modernen Verhaltenswissenschaft, des Humanismus und Feminismus, die die gegen den Menschen gerichtete Natur der christlichen Doktrin und Lehren zeigen. Keine Verzerrung der Realität ist zu bizarr beim Kampf der Christenheit, um in der Welt von heute noch als wichtig zu erscheinen. Der amerikanische katholische Priester und Soziologe Andrew Greely, der für die New York Times schreibt, hat behauptet, daß die populären Familien-Situationskomödien im Fernsehen wirklich christliche Moralstücke (morality plays) sind, in denen christliches Familienleben dargestellt wird, obgleich Religion in den meisten gar nicht vorkommt.

Christentum und Sexualität

Im Bereich der menschlichen Sexualität und in den Geschlechtsrollen wird das christliche "Doppeldenk" und "Neusprech" am bizarrsten. Wir sahen in den vorigen Kapiteln, wie das Christentum sexuelle Unwissenheit und Pronatalismus fördert. Innerhalb der vergangenen letzten Jahrzehnte wurden sich viele Christen bewußt, daß die traditionellen kirchlichen Lehren von der Sexualität größtenteils verantwortlich für die Bevölkerungswachstumskrise sind. Das persönliche Leiden von vielen Millionen Paaren und einzelnen wird dabei gar nicht bedacht. Eine Reihe von Bekenntnissen hat ihre Politik für einen großen Bereich von Sexual- und Empfängnisfragen verändert, zum Beispiel bezüglich Empfängnisverhütung, Abtreibung und Homosexualität.

Immer wenn die Kirche taumelnd herumtastet und versucht, mit der Kultur im allgemeinen Schritt zu halten, beeilen sich die Theologen, obskure biblische Anmerkungen zu finden, die sie verwenden können, um die veränderte Haltung zu begründen. Bei einer kürzlich stattgefundenen Pastoralkonferenz über Sexualität und Spiritualität[13] gab eine katholische Theologin ihre ekklesiastische Version der Orwellschen Richtigstellung des prätentiösen Titels von "Analyse der Wiedergewinnungskritik" (Retrieval Critique Analysis). Indem sie das tat, gab sie zu, daß es "zwingende Beispiele gibt, wie die Bibel *(sic)* und unsere historische theologische Reflexion selbst aktiv am dualistischen Denken und Handeln beteiligt war, und es aktiv gefördert hat." Sie gab außerdem zu, daß die Kirche in ihren vielen historischen, politischen und institutionellen Formen oft eine Quelle oder der Grund für Verzerrungen und Entfremdung war." Die Lösung sei deshalb, "zu versuchen, sich der Leben spendenden und befreienden Botschaft der Bibel zu erinnern und sie wieder einzusetzen". Allein das legt eine revisionistische Haltung nahe.

Ein anderer Versuch, den Schaden zu beheben, der über Jahrhunderte durch die Betonung des Krieges zwischen Fleisch und Geist angerichtet wurde, ist die neue "Verkörperungstheologie" (embodiment theology). Ein protestantischer Theologe, der an der gleichen Konferenz teilnahm, gab zu, daß "die uralte dualistische Aufteilung zwischen Mann und Frau weiterhin ihre Verwüstung ausübt". Er plädiert für eine Anzahl neuer Verkörperungstheologien, "erotische Theologien" eingeschlossen, um die alte dualistische zu ersetzen. Er gab zu, daß die christliche Tradition religiöse Menschenangst (Homophobie) gutgeheißen hat, welche wiederum aufgrund der "Erotophobie" (Erosangst) gedieh (siehe Kapitel 6). Der Theologe erkannte ferner an, daß die christliche Kirche "der größte institutionelle Verfechter der zwangsweisen Heterosexualität" war und fügte hinzu: "Die Macht der Sexualität wurde gefürchtet, in Schranken gehalten und diszipliniert."

Ein anderer Theologe postulierte einen "Pardigmenwechsel" im christlichen Denken bezüglich der Sexualität der Menschen. Das alte dualistische Paradigma, das Sexualtherapeuten nur zu vertraut ist, ist ein anderer Ausdruck für das, was wir den einschränkenden pronatalistischen Sexualkodex genannt haben (Kapitel 6), welcher als zutiefst sexistisch, gegen Freude und gegen Menschen gerichtet erkannt worden ist. Er schlägt ein neues "holistisches Paradigma" vor, das dem humanistischen neutronatalistischen[*] Sexualkodex (siehe Kapitel 12) entspricht. Dieser Theologe vergaß es jedoch, seinen Dank an den säkularen Humanismus und die Verhaltenswissenschaft auszusprechen; intellektuelle Ehrlichkeit und akademische Höflichkeit sind augenscheinlich keine Anforderungen der "Analyse der Wiedergewinnungskritik" oder der "Verkörperungstheologie." Stattdessen erklärte er, daß die "Radikalität" dieses neuen Paradigmas zum Teil von "Samen stammt, die vor

---

[*] Sexualkodex, der weder pro Leben noch anti Leben, sondern neutral ist.

langer Zeit gelegt wurden", darauf bestehend, "daß die Kirche nicht auf ihre Vergangenheit verzichten muß, indem sie an anderen Strängen zieht, die lange ignoriert wurden oder denen ihr Wert abgesprochen wurde". Er machte die erstaunliche Versicherung, daß das neue Paradigma "zum Teil ein Kind des alten" war. Es ist sehr schwer zu verstehen, wie die Leichtgläubigkeit eines Menschen so sehr strapaziert werden kann, um eine Verbindung zwischen diesem neuen "holistischen Paradigma" und dem alten "dualistischen Paradigma" zu sehen. Sogar Big Brother wäre nicht sehr glücklich über dieses schäbige Beispiel der Richtigstellung.

Aber nehmen wir einmal für einen Augenblick an, daß dieser Theologe mit seiner neuen Interpretation von Gottes heiligem Willen hinsichtlich der Sexualität recht hat, und somit den pronatalistischen Sexualkodex des heiligen Paulus und Heiligen Augustinus ersetzt. Dies läßt die erstaunliche Schlußfolgerung zu, daß christliche Kleriker 16 Jahrhunderte lang unbarmherzig Sexuallehren gefördert haben, die wirklich nicht das waren, was Gott für sein Volk beabsichtigt hatte. Wie können diese Theologen angesichts dessen so hoffnungsvoll bleiben? Warum hat Gott die Kleriker beinahe 2000 Jahre lang diesen falschen Glauben verbreiten lassen, der soviel Schaden bei den Menschen anrichtete, die Gott angeblich so sehr liebt? Wußte Gott nicht, was passierte? Könnte es sein, daß Gott wirklich der bösartige, launische Sadist ist, so wie er in vielen Teilen des Alten und Neuen Testaments dargestellt wird? Oder ist er ein politischer Pragmatiker, der seine Meinung ändert, wenn die ungläubige Opposition genug Druck auf seine menschlichen Sprecher ausübt, um sie dahin zu bringen, seine Politik zu verändern - natürlich durch einen Prozeß von "Analyse der Wiedergewinnungskritik" -, indem sie darauf bestehen, daß er dies den Menschen schon immer gesagt hat, diese jedoch nicht gehört haben?

In dem Bereich, der "feministische Theologie" genannt wird, ist ein anderer revisionistischer Ansatz gewählt worden mit der Maßgabe, daß die christliche Doktrin wirklich nichts zur Unterdrückung der Frauen beigetragen hat. Das von der Theologin Rosemary Radford Ruether geschriebene Flugblatt *Sexism and God-Talk* faßt den feministischen, revisionistischen Ansatz des Buches zusammen: "Durch sorgsame Untersuchung der Urlehren der Bibel und der Texte altertümlicher, an Göttinen ausgerichteter Kulturen sieht Ruether ein neues, nicht sexistisches Verständnis des Christentums." Diese "Urlehren" bestehen aus dem Auffinden weiblicher Charakteristiken bei der Darstellung von Gott in Teilen des Alten Testaments, und in den Parabeln von Jesus, in denen Männer und Frauen anscheinend gleich behandelt werden.[14] Dies erinnert an eine grobe Analogie, daß ein Jude der Nazi-Partei in der Hoffnung beitrat, die Partei dazu zu bringen, ihren Antisemitismus umzukehren. Mary Daly, eine katholische Theologin, die einen kühnen Versuch unternahm, einen Platz für Frauen in der katholischen Kirche zu finden, war zum Schluß zu der Schlußfolgerung gezwungen, "daß Sexismus dem Symbolsystem des Christentums selbst innewohnt und daß eine primäre Funktion des Christentums in der westlichen Kultur die Legitimierung des Sexismus gewesen ist".[15]

Christentum und Selbstachtung

Im Kapitel 3 sahen wir, wie wichtig Selbstachtung für die Entwicklung einer gesunden Persönlichkeit ist. Wir sahen auch, wie die traditionellen christlichen Lehren bei den ihnen ausgesetzten Menschen gegen die Entstehung von Selbstachtung arbeiten. Eine Wahrnehmung dieser Tatsache ist langsam in das Bewußtsein der Menschen eingedrungen, und möglicherweise in das Gewissen von einigen Propagandisten Gottes, die vielleicht allmählich bemerken, daß den Leuten zu sagen, daß sie Sünder sind, nicht dazu führt, daß sie sich gut fühlen, und im Gegenteil sogar dazu führen kann, daß sie sich entsprechend verhalten. Sogar Fernseh-Evangelisten benutzen die Sprache der modernen Verhaltenswissenschaft und versuchen jetzt, die Selbstachtung bei Christen zu fördern. Eine ihrer passenden Phrasen ist, "ein starkes Ego, aber kein falsches Ego", mit der Behauptung, daß es etwas wie "heiligen Stolz" gibt. Ein populärer Fernseh-Evangelist schreibt, daß "Selbstachtung einen gesunden Stolz in uns darstellt als Gottes geliebte und erlöste Schöpfung".[16] Dies ist allerdings keine gesunde Selbstachtung, sondern eher eine neuformulierte Rechtfertigung für Christen, weiterhin ihre Gefühle des Selbsthasses hinter einer anmaßenden Maske der Herablassung gegenüber jedermann, der nicht ihre Ansichten teilt, zu verstecken. In seinem Buch *Fragmented Gods* zeigt der Soziologe Reginald Bibby, wie die christlichen Kirchen in Kanada in der Gunst sinken. Ein zwingender Grund dafür sei, daß "Religion häufig mit Eigendenunziation in Verbindung gebracht wurde. Das Christentum, zum Beispiel in der katholischen und in der protestantischen Ausformung, hat es nicht versäumt, die Sündhaftigkeit der Menschen zu betonen, die Notwendigkeit, das Selbst zu verleugnen, die Wichtigkeit, arm im Geist zu sein, der Anerkennung, ohne Gott zu nichts fähig zu sein."[17] Professor Bibbys Rat ist, das 1600 Jahre alte Beispiel umzukehren und anzufangen, für Eigenliebe und den intrinsischen Wert und das Potential des individuellen Menschen einzutreten.

In seinem Buch mit dem Titel *Why Christians Break Down*[18] weist William A. Miller, ein christlicher Pastor, auf die "Tendenz" der Kirche hin, "eine Art falsche persönliche Sicherheit und Güte durch Leugnung und Unterdrückung der dunklen Seiten der menschlichen Persönlichkeit auszudrücken". Miller zitiert auch die "tyrannischen Forderungen, die von der Kirche an das Verhalten gestellt werden" genauso wie ihre Tendenz, "vieles im Leben entweder als schwarz oder weiß darzustellen, mit sehr geringer Berücksichtigung der spezifischen Situation. ... Die Kirche scheint die Wertlosigkeit des Menschen zu betonen und die Menschen dazu anzuhalten, sich für sich selbst zu schämen, beinahe bis zu dem Punkt, wo man nicht mehr auf sich selber stolz sein kann."

Der Autor, ein Krankenhausseelsorger, schrieb in der naiven

Hoffnung, daß er die Kirche dahingehend beeinflussen könnte, daß sie sich selbst humanisiert, um diese schädlichen "Tendenzen" auszuschalten oder sie zumindest zu reduzieren. Pastor Miller hat sich damit einer großen Gruppe von ähnlich denkenden Christen angeschlossen, die die unmenschlichen und zerstörerischen christlichen Lehren erkannt haben. Was sie jedoch alle nicht erkennen, ist, daß diese verderblichen Tendenzen integrierter Bestandteil der Kerndoktrin der christlichen Kirche sind, und daß Krücken wie die "Analyse der Wiedergewinnungskritik" und die "Verkörperungstheologien" den doktrinären Krebs nicht heilen können. Wie George H. Smith sagte: "Wenn derartige Theologien sich wirklich um das Glück der Menschen auf dieser Welt sorgen würden, würden sie anfangen, das Christentum ganz und unzweideutig zu verwerfen."[19]

Mit nichts kann die reinterpretierende Weißwäsche den wesentlichen Zug der christlichen Lehre beschönigen - nämlich den Kreuzigungs- und Wiederauferstehungsmythos. Wenn jemand diesen Mythos nicht anerkennt, ist es nicht verständlich, wie er dann behaupten kann, ein "Christ" zu sein.

Der Kreuzigungs- und Wiederauferstehungsmythos ergibt keinen Sinn, es sei denn, die Lehre der Erbsünde wird beschworen zu erklären, warum der Tod Christi am Kreuz nötig war. Ganz gleich wieviel "Freude" ein Christ erfahren soll, wenn er dieses "wundersame Geschenk" bedenkt, am Ende steht, daß seine Sündhaftigkeit Gott zu diesem Extrem trieb. Während der "wiedergeborene" Christ reingewaschen wird von der Erbsünde durch das Blut des Lammes, kann er niemals die tiefsitzende Schuld absühnen, die zum Christsein dazugehört. Diese "eingeschliffene Schuld" soll nicht abgewaschen werden, da sie die Hauptquelle der priesterlichen oder pastoralen Macht darstellt.

Schade, der arme Christ! Er muß nicht nur die Auswirkungen der entmenschlichenden christlichen Lehren erleiden, sondern bei einer schier endlos erscheinenden Anzahl christlicher Bekenntnisse und Sekten muß er sich mit den widersprüchlichen Versionen dieser Lehre herumschlagen. Jetzt hat sich eine dritte Quelle des Konfliktes aufgetan. Sollten Christen an den traditionellen Gott glauben oder an die weißgewaschene Version, die durch den Analytiker der Wiedergewinnungskritik gefördert wird? Die Bibel ist voller Bezug auf Gott als rachsüchtige Gottheit, die fähig ist, denen die gemeinsten Strafen aufzuerlegen, die ihr nicht gehorchen; trotzdem sind moderne Christen gehalten, an die "Liebe" und "Gnade" Gottes zu glauben, dessen strafende Hand aufgehalten werden kann, wenn man sich ihm mit Körper und Seele, Herz und Verstand unterwirft. Jedoch ist auch dies nicht absolut sicher. Gott wird als Gott des Friedens gehandelt, trotzdem erklären populäre Hymnen wie "Onward Christian Soldiers, Marching us to War" (Vorwärts christliche Soldaten, marschieren wir in den Krieg) die Kirche Gottes "zu einer mächtigen Armee", geführt von "Christus/dem Meister", dessen Anhänger "in die Schlacht ziehen". Ein recht bekanntes christliches Glaubensbekenntnis ist die Heilsarmee, deren Mitglieder militärische Ränge haben.

Einer der Vorteile, die Big Brother gegenüber seinen theologischen Gegenstücken hatte, war, daß in Ozeanien die alten Berichte vollkommen getilgt werden konnten. Im Christentum bleiben die alten Berichte erhalten, so daß jeder sie sehen kann und damit die Aufgabe der christlichen "Richtigsteller" um so schwieriger gestaltet wird. Feministische Theologinnen würden gern die erste Epistel des heiligen Paulus an Thimotheus auslöschen, in der Eva der Übertretung im Garten Eden beschuldigt wird, und daher Frauen für alle Zeiten verurteilt sind, Rettung nur durch Gebären von Kindern zu erlangen, "wenn sie im Glauben und in Mildtätigkeit und Heiligkeit in Nüchternheit fortfahren".

Der moderne Christ mag einen Seufzer der Erleichterung ausstoßen, wenn er einer Predigt über "Verkörperungstheologie" und dem neuen "holistischen Paradigma" bezüglich menschlicher Sexualität zuhört. Man kann sich nur über die Reaktion wundern, wenn die folgende Lektion so aussieht: "Aber fleischlich gesinnt zu sein ist der Tod; und geistlich gesinnt sein ist Leben und Friede.

Denn fleischlich gesinnt sein ist eine Feindschaft wider Gott, weil das Fleisch dem Gesetz Gottes nicht untertan ist; denn es vermag's auch nicht. Die aber fleischlich sind, können Gott nicht gefallen."

Das Christentum überlebte die Renaissance. Es überstand die Inquisition, die Kreuzzüge, die Borgia-Päpste und den Holocaust, und es gibt Anzeichen dafür, daß es die Possen von Jimmy und Tammy Bakker und Jimmy Swaggart überlebt. Solange wie die Botschaften des Christentums in der Gesellschaft und im Bildungssystem des Westens nicht herausgefordert werden, wird es weiterhin gedeihen.

Wenn die Herausforderung kommt, muß sie notwendigerweise seitens des Humanismus kommen, der das Thema unseres letzten Kapitels sein wird.

Anmerkungen

1. George H. Smith, *Atheism: The Case against God* (Buffalo, N.Y.: Prometheus Books, 1979), S. 309.

2. George Orwell, *Ninteen Eighty-Four* (London: Penguin Books, 1984), S. 34.

3. Ebenda, S. 39.

4. Bertrand Russell, *Why I Am Not a Christian* (London: Allen and Unwin, 1967), S. 35.

5. Thomas à Kempis, *The Imitation of Christ* (Chicago: Moody Press, 1980), S. 219-20.

6. Smith, *Atheism: The Case against God,* S. 304.

7. Ludwig Feuerbach, *The Essence of Christianity,* übers. George Eliot (Buffalo, N.Y.: Prometheus Books, 1989), S. 274.

8. Martin Luther, Werke 15: 302, zitiert in *The Great Quotations,* zusammengestellt von George Seldes (Secaucus, N.J.: The Citadel Press, 1983).

9. Charles W. Sutherland, *Disciples of Destruction* (Buffalo, N.Y.: Prometheus Books, 1987), S. 211.

10. Lawrence Lader, *Politics, Power and the Church* (New York: Macmillan, 1987).

11. *The Toronto Star*, December 19, 1990.

12. Andrew Greely, *The New York Times*, reprint the (Hamilton, Ontario) Spectator, August 1, 1987.

13. "Sexuality/Spirituality," special issue of the *SIECCAN (Sex Information and Education Council of Canada Journal* 2, no. 2 (Summer 1987).

14. Rosemary Radford Ruether, *Sexism and God-Talk* (Boston: Beacon Press, 1983).

15. Mary Daly, *The Church and the Second Sex* (Boston: Beacon Press, 1985), S. 17.

16. Robert H. Schuller, *The Be (Happy) Attitudes* (New York: Bantam Books, 1985), S. 39.

17. Reginald W. Bibby, *Fragmented Gods* (Toronto: Irwin Publishing, 1987), S. 263.

18. William A. Miller, *Why Christians Break Down* (Minneapolis, Minn.: Augsburg Publishing House, 1973).

19. Smith, *Atheism: The Case against God*, S. 309.

12
Die Zukunft:
Homo religiosus oder Homo sapiens?

Es ist möglich, daß sich die Menschheit an der Schwelle zu einem Goldenen Zeitalter befindet: Aber wenn das so ist, wird es nötig sein, zuerst den Drachen zu erschlagen, der die Tür bewacht, und der Drache ist die Religion.

Bertrand Russell[1]

Eine Sache, die offensichtlich geworden ist, ist die Notwendigkeit, neue Richtungen für den Humanismus zu betonen.

Paul Kurtz[2]

Die Bezeichnung Homo sapiens (einsichtiger Mensch), die für unsere Spezies zu diesem Zeitpunkt unserer kulturellen Entwicklung angewandt wird, ist eine Fehlbenennung. Religiöse Indoktrination unserer Kinder wird noch geduldet, wenn nicht sogar durch den Staat gefördert; Menschen bauen neue christliche Kirchen, statt bestehende in Museen umzuwandeln, Fernseh-Evangelisten häufen große Vermögen durch öffentliche Erpressung im Namen Jesu Christi an - sicherlich wäre ein genauerer Ausdruck Homo religiosus (religiöser Mensch).

Ob der Homo religiosus sich zum Homo sapiens wandeln wird, rechtzeitig, um die Spezies vor dem Aussterben zu bewahren, wird zunehmend unwahrscheinlicher. Nachdem wir Gottes Gebot gehorcht haben, uns zu vermehren, um uns die Erde untertan zu machen, merken wir jetzt, daß wir durch die Vollziehung Seines Heiligen Willens vielleicht die Umwelt so unwiederbringlich zerstört haben, die nötig ist zur Erhaltung aller Formen des Lebens. Die römisch-katholische Kirche, obwohl sie nicht in der Lage ist, Mitglieder ihrer Herde von Familienplanung und Abtreibungsdiensten fernzuhalten, wenn diese verfügbar sind, ist sehr wohl in der Lage, genug Druck auf katholische Gesetzgeber in der ganzen Welt auszuüben, um die Einführung einer genügenden Anzahl solcher Programme zur Entschärfung der Bevölkerungsbombe zu blockieren.[3]

Aber um dieses Buch positiv abzurunden, wollen wir annehmen, daß die Aussichten nicht völlig hoffnungslos sind. Mit den Worten des Dichters T. S. Elliott: "Für uns gibt es nur das Ausprobieren."[4]

Um den Fall nicht überzubetonen: Indoktrination mit der Kernlehre und anderen Lehren der christlichen Kirche stellt eine Form geistigen und emotionalen Mißbrauchs dar. Die Haltungen, die durch die christlichen Lehren erzeugt werden, sind tief in der Struktur unserer Gesellschaft verwurzelt sowie in der Psyche ihrer einzelnen Mitglieder. Im Bereich der Sozialisation der Geschlechter haben Feministinnen uns bezüglich der Tiefe und des Ausmaßes der Einstellungen schmerzlich bewußt gemacht, daß sie nicht nur antiweiblich, sondern auch antimenschlich sind, und sie haben uns alle aufgerufen, über unseren wie einen Reflex wirkenden Sexismus hinauszuwachsen. Eine ähnliche in die Tiefe gehende Immunisierung ist in anderen Lebensbereichen notwendig, die durch die christliche Lehre geformt wurden, wie zum Beispiel Freude und Schuld, Sexualität und Reproduktion, zwischenmenschliche Kommunikation, dem Ausdruck menschliche Gefühle, Selbstverwirklichung und Selbstachtung. Sogar wenn (lassen wir der Einbildung freien Lauf) alle christliche Propagandisten Gottes, angefangen beim Papst bis ganz nach unten an die Basis, morgen das ganze Glaubenssystem aufkündigen, würde sich die Lage nicht plötzlich ändern. Die Haltungen sitzen zu tief, als daß das passieren könnte.

Bertrand Russell sagt, wir sollten den Drachen erschlagen, der die Schwelle zur Zukunft der Menschheit bewacht; vielleicht sollten wir stattdessen den Drachen dazu bringen, eines natürlichen Todes zu sterben, indem wir es ihm unmöglich machen, von der menschlichen Leichtgläubigkeit zu leben. Dies wird nur durch einen Bildungsprozeß möglich sein, der die Türen des religiösen

Gefängnisses aufschließen kann, das wir gebaut haben, um mit unserer Existenzangst umzugehen. Viele von der Religion Gefangene würden gern befreit werden; damit das jedoch passieren kann, muß es bekannter werden, daß Religion nicht das einzige Existenzspiel ist, das wir spielen können. Das andere heißt Humanismus.

Um zu verstehen, was Humanismus ist (oder besser gesagt, was ein Humanist ist), sollten wir einen Humanisten einem Christen gegenüberstellen. Der Christ, den wir darstellen, entspricht am ehesten der fundamentalistischen oder der römisch-katholischen Variante, aber auf vielen Ebenen findet man ihn auch bei den "liberalen" Bekenntnissen.

Humanisten verlassen sich auf menschliche Hilfen. Christen werden darin bestärkt, sich auf eine übernatürliche Kraft oder Gottheit zu verlassen.

Humanisten bekräftigen, daß dieses Leben möglichst in vollen Zügen gelebt werden sollte. Christen müssen dieses Leben auf eine Art leben, wie es diesem übernatürlichen Wesen gefällt, das dafür dann den Bittsteller mit einem ewigen Leben belohnt.

Humanisten erklären, daß der Sinn des Lebens das ist, was wir daraus machen. Christen glauben, daß der Sinn des Lebens durch Gottes Willen bestimmt ist, wie es in der Bibel steht und durch seine Mittelsmänner interpretiert wird.

Für Humanisten ist die menschliche Vernunft die einzige sinnvolle Basis für die Bestimmung moralischen Verhaltens. Für Christen besteht moralisches Verhalten in der Befolgung festgelegter Regeln, die von Gott stammen, und wie sie durch einige seiner sterblichen Mittelsmänner bestimmt wurden.

Humanisten akzeptieren den wissenschaftlichen Ansatz zur Erlangung von Wissen in allen Bereichen des Lebens; Christen akzeptieren den wissenschaftlichen Ansatz zum Leben in allen Bereichen, außer in denen, die ihr Glaubenssystem gefährden, welches auf der Grundlage des Glaubens akzeptiert werden muß.

Humanisten erkennen an, daß schuldfreie Freude die Basis für gesundes Persönlichkeitswachstum ist. Christen sollen sich in der Welt nicht allzu sehr erfreuen. Sie werden stattdessen dazu gebracht, ihren Blick auf die Belohnungen im nächsten Leben zu richten.

Humanisten empfinden alle Gefühle als natürlich und machen einen Unterschied zwischen Gefühlen und Verhalten. Christen werden gelehrt, mißtrauisch und ängstlich gegenüber vielen ihrer Gefühle zu sein, wie gegenüber Zorn, der eine der sieben Todsünden ist. Und für Christen gibt es keine Unterscheidung zwischen Gefühlen und Verhalten. Dem heiligen Paulus zufolge: "Er, der nach einer Frau in Begierde schaut, hat bereits in seinem Herzen Ehebruch begangen."

Humanisten treten für die Gleichheit der Geschlechter ein. Christen sind sozialisiert worden, Frauen als minderwertig im Vergleich zu Männern anzusehen.

Humanisten können übernatürlichen Glauben ziemlich lautstark kritisieren, sind jedoch den individuellen Gläubigen gegenüber tolerant, welche wirklich Opfer ihrer abhängigmachenden Glaubenssysteme sind. Christen machen kaum einen Unterschied zwischen Glauben und Gläubigen; in der Vergangenheit hat das Christentum Nichtgläubige verfolgt und umgebracht.

Humanisten werden darin bestärkt, sich selbst zu mögen, sich selbst als wertvolle Menschen zu schätzen, weil sie wissen, daß wenn jemand sich selber nicht mag, er auch keinen anderen Menschen mögen kann. Christen werden dazu angehalten, dies als falschen Stolz anzusehen und zu glauben, daß man sich selber erniedrigen muß, um Gottes Gunst zu finden.

Humanisten glauben grundsätzlich an das Gute im Menschen. Christen glauben, daß die Menschen "gefallen" sind, und daß die wahre Güte in Gott liegt, zu dem wir alle kriechen sollten, um an dieser Güte aus zweiter Hand teilzuhaben.

Humanisten versuchen, mit Ambivalenz, Ungewißheit und Unsicherheit zu leben, und gehen mit Existenzangst um, indem sie sich aufeinander verlassen. Christen können nicht mit Unsicherheit umgehen; sie suchen Hilfe im Glauben an die Gottheit und seiner unfehlbaren Absicht für das Universum.

Humanisten betonen, daß es nichts außerhalb des Reiches der freien Forschung geben kann, und sind gewillt alles zu hinterfragen, einschließlich ihrer eigenen liebgewordenen Vorstellungen. Für Christen sind viele Glaubensdetails nicht in Frage zu stellen und müssen auf der Grundlage des Glaubens akzeptiert werden.

Humanisten wollen, daß ihre Kinder lernen, kritisch zu denken, und entsprechend ihrer eigenen Erkenntnis zu einmaligen menschlichen Wesen heranwachsen. Christen möchten, daß ihre Kinder indoktriniert werden, um vollkommene Modelle dessen zu werden, wie Christen sein sollten.

Humanismus kontra Religion in der Erziehung

Christen rechtfertigen die Gründung kirchlicher Schulen aus dem "Grunde", daß die öffentlichen Schulen stark mit humanistischen Vorstellungen durchsetzt (oder nach ihren Vorstellungen infiziert) sind. Nichts kann jedoch weiter von der Wahrheit entfernt sein. Obgleich öffentliche Schulen, wenn sie ihre Arbeit richtig machen, die Kinder das Denken lehren, sind sie jedoch sehr vorsichtig, um die Kinder nicht dazu anzuleiten, zu kritisch über religiösen Glauben zu denken, und auch nicht über gesellschaftliche Haltungen gegenüber auf religiösem Glauben basierendem Leben. Allerdings ist ein Kind, das überhaupt denkt, für die Propagandisten Gottes eine entsicherte Pistole; er oder sie könnte anfangen, menschliche Vernunft zu gebrauchen, um Fragen über Religion zu stellen. Daher ist es nötig, eigene Schulen zu gründen, um ein "Lern"-Umfeld zu schaffen, das die Entwicklung junger Menschenhirne in doktrinäre Zwangsjacken steckt.

Ungeachtet der Existenz religiöser "Schulen" und "Universitäten" ist die christliche Kirche seit der Renaissance ein unerbittlicher Feind wahrer Bildung gewesen. Die gegenwärtige Kampagne zur Sicherstellung der buchstäblichen Interpretation des Schöpfungsmythos der Genesis als "Wahrheit" ist ein Beleg dafür; und ein Maßstab für die christliche Verzweiflung ist das absurde Oxymoron "Wissenschaft der Schöpfung".

Jedoch sogar in konfessionslosen öffentlichen Schulen, wo das Singen von Hymnen, das Lesen der Bibel und Beten völlig fehlen, fühlt man immer noch die christliche Gegenwart. In Alberta konnte ein Lehrer an einer öffentlichen Schule viele Jahre seine Klasse als Plattform für seine antisemitische Sicht der Geschichte benutzen. Der Mann wurde letztlich von einem Gericht als Hetzer angeklagt und für schuldig befunden. Der wahre Schuldige war in diesem Fall jedoch nicht der Lehrer, sondern das Bildungsministerium von Alberta und die örtliche Schulbehörde, die es zuließen, daß diese rassistischen Ansichten unbeanstandet unter dem Deckmantel der Bildung verbreitet werden konnten. Wenn der Lehrer der Pädagoge gewesen wäre, als welcher er eingestellt wurde, hätte er dafür gesorgt, daß seinen Schülern dazu unterschiedliche Meinungen vorgestellt worden wären, so daß sie ihre eigenen Schlußfolgerungen hätten ziehen können; und die Schulbehörde hätte sicherstellen müssen, daß das auch verwirklicht worden wäre.[5]

Der beste Beweis dafür, daß Humanismus nicht das öffentliche Schulsystem beherrscht, ist das Fehlen echter Bildung zum Thema Religion im Lehrplan der öffentlichen Schulen. Ein Lehrer, der den Mut hatte, etwas in dieser Richtung auszuprobieren, wurde tatsächlich entlassen. Er hatte seinen Schülern einen Film über christlichen Fundamentalismus gezeigt und ihnen die Aufgabe gestellt, Menschen in ihren Familien über die Rolle, die die Religion in ihren Leben spielt, zu interviewen.

Der Aufruhr war gewaltig und so direkt, daß die örtliche Schulbehörde die Absetzung des Schulprojektes anordnete und den Lehrer suspendierte. Die eigentliche Handlung, Leute darum zu bitten, ihre menschliche Intelligenz für die Untersuchung ihres religiösen Glaubens und die wahre Auswirkung dieses Glaubens auf ihr Leben einzusetzen, war einfach zu bedrohlich.[6]

Warum sollten wir unsere Kinder nicht über die Rolle der Religion, die sie bei geschichtlichen Themen spielt, unterrichten, genauso, wie wir sie über viele andere Aspekte des Lebens unterrichten oder sie ihnen nahezubringen versuchen? Der Grund ist einfach. Nachdem das Christentum allen Versuchen des menschlichen Verstandes heftig widerstanden hat, Licht in die Angelegenheiten zu bringen, die es seit der Renaissance als seine Vorrechte betrachtet, würde es sich wohl noch heftiger allen Versuchen widersetzen, um in die Christenheit selber Licht zu bringen. Überall agieren Christen für mehr "religiöse Erziehung" in den Schulen, womit sie mehr "religiöse Indoktrination" meinen. Außer in gewissen Kreisen hat man noch nie etwas über wahre Bildung bezüglich Religionen gehört. Man kann mit Sicherheit sagen, daß die humanistische Alternative nur lebt und gedeiht, wenn unser Schulsystem kritisch die Behauptungen untersuchen kann, daß Religion das moralische Verhalten der Menschen fördert, daß Christus für unsere Sünden starb, daß die traditionelle christliche Haltung bezüglich Sexualität und Zeugung von Gott kommt, und daß Gott für uns einen Platz im Himmel reserviert hat, allerdings nur wenn wir das akzeptieren, was uns die christlichen Quacksalber erzählen.

Das öffentliche Schulsystem in den sogenannten christlichen Ländern sollte den Verstand der heranwachsenden Kinder für die wahre Rolle der Religion in der ganzen Geschichte der Menschheit öffnen. Und es sollten auch helfen, die Erwachsenen von morgen darauf vorzubereiten, die Verwirrung, die durch den unterdrückerischen christlichen Einfluß über die Jahrhunderte hin in der Erziehung entstanden ist, zu beseitigen, besonders in den Bereichen der Sexualität und den zwischenmenschlichen Beziehungen.

Humanismus und Sexualität

Die christliche Opposition hat die Einführung eines wahrhaft effektiven aufgeklärten Sexualunterrichts weitgehend verhindert. Während einige Schulen auf eine oberflächliche Art mit dem Thema umgehen, werden ihre Lehrpläne im allgemeinen auf negativer Motivation aufgebaut, wie der Verhütung von AIDS und unerwünschter Schwangerschaft, und nicht dem echten Wunsch, Kindern zu helfen, von Schuldgefühlen freie Freuden aus diesem Lebensbereich zu ziehen. Darüber hinaus sind Schulen im allgemeinen äußerst vorsichtig bei der Behandlung des Themas, damit sie keine christlichen Empfindlichkeiten verletzen. Sehr wenige von ihnen sind in der Lage gewesen, mit den Mythen, die durch christliche Lehren erzeugt wurden, umzugehen, die, wie sich herausgestellt hat, die Wurzel so vieler Sexualprobleme Erwachsener sind - Mythen bezüglich Masturbation, nichtkoitalem Verhalten, Homosexualität und der Sexualrollen von Männern und Frauen.

Selbst wenn das Ziel sehr moderat ist, zum Beispiel nur, eine unerwünschte Schwangerschaft zu verhindern, wird es nicht erreicht. Stevi Jackson sagt dazu: "Wenn ein Grund für Sexualerziehung der ist, unerwünschte Schwangerschaften zu verhüten, wäre es dann nicht hilfreich, den Mädchen etwas über das sinnliche Potential ihres Körpers zu erzählen, und die Mädchen und Jungen wissen zu lassen, daß es möglich ist, sexuelle Freuden zu geben und zu empfangen, ohne miteinander zu schlafen?"[7] Gegenwärtig machen einige junge Leute Petting bis zum Orgasmus. Das wird aber im allgemeinen als "Kinderkram" angesehen, und nur als ein Vorspiel für die "richtige Sache". Wenn die Leidenschaft die Oberhand über die Predigt gewinnt, sind junge Leute darauf konditioniert, an "Geschlechtsverkehr" zu denken, allzu oft ohne irgendwelche Schutzmittel gegen Schwangerschaft oder Geschlechtskrankheiten.

In den Kapiteln 6 und 7 sahen wir, wie der autoritäre pronatalistische Sexualkodex, abgeleitet von den christlichen Lehren über Sexualität, als Hauptfaktor bei der Förderung sexueller Funktionsstörungen aufgezeigt wurde. Während der vergangenen einhundert Jahre entwickelte sich langsam ein neuer Kodex, einer, den man einen humanistischen neutronatalistischen Sexualkodex nennen könnte. Er wird humanistisch genannt, da er nicht auf säkularer oder kirchlicher Autorität beruht, um die Regeln des Sexualverhaltens zu bestimmen, sondern vielmehr aufgeklärte Individuen und Paare ermutigt, ihr Sexual- und Zeugungsverhalten in die eigenen Hände zu nehmen; ein derartiger Kodex ist neutronatalistisch, da er Geburten weder befürwortet noch dagegen spricht.

Im Kapitel 6 haben wir die verschiedenen Charakteristiken eines pronatalistischen Sexualkodexes besprochen; was wir hier anschließend machen, ist eine ähnliche Aufschlüsselung des humanistischen neutronatalistischen Sexualkodexes, um ihn mit dem autoritären und repressiven pronatalistischen Sexualkodex zu vergleichen.

Sexuelle Aufklärung

Der humanistische Sexualkodex fördert Aufklärung über Sexualität auf der Grundlage, daß Wissen Macht ist, sowohl in diesem Bereich als auch in allen anderen Bereichen der menschlichen Existenz. Ein derartiges Wissen versetzt Menschen in die Lage, ihre sexuellen und reproduktiven Optionen wahrzunehmen.

Sexuelle Wahrnehmung
in der Kindheit und im Jugendalter

Der humanistische Kodex nimmt an, daß Kinder in der Entfaltung ihrer Sexualität, wie sie sich subjektiv in Gefühlen ursprünglicher Erregung zeigt, oder objektiv durch feuchte Träume, Entwicklung der Brüste und die erste Menstruation, unterstützt werden müssen. Eine solche offene Akzeptanz ist ein wesentlicher Bestandteil integrativen Persönlichkeitswachstums, welches hilft, Kinder mit den nötigen Mitteln auszustatten, um sich selbst gegen sexuell ausbeuterische Erwachsene zu schützen.

Sinnliche und sexuelle Freuden
Der humanistische Kodex erkennt die wichtige Rolle an, die die sinnliche Freude spielt, durch Berühren und Liebkosen, sowohl für sich allein als auch als notwendiges Vorspiel und als integraler Bestandteil normaler sexueller Freude. Während Frauen, die durch ihren Umgang mit Kindern diese Fähigkeit entwickeln, zur Zeit geduldet werden, gibt es immer noch eine Tendenz bei Männern, ihre sinnlichen Bedürfnisse zu trennen oder es sich nur soweit zu gestatten, als die Erfahrung zu genitalem Sex führt, genauer gesagt zum Geschlechtsverkehr.

Der humanistische Kodex fördert die Ansicht, daß sexuelle Freude für beide Geschlechter eine gesunde, normale sexuelle Erfahrung ist, vorausgesetzt es geschieht nicht in einer ausbeuterischen Beziehung.

Sexuelle Verhaltensweisen und Orientierungen
Der humanistische Kodex akzeptiert die ganze Bandbreite des Sexualverhaltens und der -orientierung als natürlich, vorausgesetzt, daß die Entscheidungen gut unterrichtet getroffen werden (das heißt, unter Berücksichtigung zum Beispiel des AIDS-Risikos bei ungeschütztem Analverkehr) und gesellschaftlich verantwortungsvoll sind (Verhütung ungewollter Schwangerschaft), und vorausgesetzt, daß die Vereinbarungen zwischen gleichberechtigten Teilnehmern nicht ausbeuterisch, sondern offen und ehrlich sind.

Elternschaft
Der humanistische Kodex erkennt die Rechtmäßigkeit gewollten Verzichts auf Elternschaft auf der Basis an, daß die Elternschaft eine zu wichtige soziale Rolle ist, um irgend jemandem aufgezwängt zu werden; und genauso wie nicht jeder als Leiter eines Symphonieorchesters, als Klempner oder Politiker qualifiziert ist, ist eben auch nicht jeder als Vater oder Mutter geeignet. Dieser Kodex erkennt auch das Recht des einzelnen oder des Paares an, die Reproduktivität von vornherein durch Verhütung oder im nachhinein durch Abtreibung zu regeln.

Verantwortung für Sexualverhalten
Die sexuelle Aufklärung, die durch den humanistischen Kodex befürwortet wird, betont, daß Individuen in der Lage sein werden und daß es auch von ihnen erwartet wird, volle Verantwortung für ihr Sexualverhalten zu tragen. Sie werden sich nicht auf religiös bestimmte Ausflüchte wie die Lehre vom "unwiderstehlichen Trieb" oder "der Teufel hat mich gezwungen" oder durch ein Zerreden der männlichen Aggression gegenüber Frauen durch das Argument "sie hat es ja so gewollt" zurückziehen können.

Sozialisation der Geschlechtsrollen
Nach dem humanistischen Sexualkodex werden Individuen ermutigt, ihr Potential als Menschen vollkommen zu entwickeln, unbehindert durch starre, archaische Geschlechtsrollen, die sich als nachteilig sowohl für die persönliche Entwicklung als auch für harmonische Beziehungen herausgestellt haben.

Sexuelle Ausbeutung
Der humanistische neutronatalistische Sexualkodex verwirft alle Formen sexueller Ausbeutung von Menschen, ganz gleich ob in

Form gesellschaftlichen und politischen Drucks zur Reproduktion oder (wie im zeitgenössischen China) des Drucks gegen Reproduktion; zwischenmenschlicher Ausbeutung ("wenn du mich wirklich liebtest, würdest du mit mir schlafen"); oder wirtschaftlicher Ausbeutung ("du wirst bei deinen Freundinnen oder Freunden sehr beliebt sein, wenn du diesen Wagen kaufst, diesen Nagellack, oder dieses Shampoo").

Humanismus und menschliche Kommunikation

Der Einfluß des Christentums, das damit beschäftigt ist, die "Einwegkommunikation" mit Gott zu pflegen, wird auch verdeutlicht durch das Versagen der Schulen, zwischenmenschliche Kommunikation und die Fähigkeit zur Auseinandersetzung zu lehren. Ein spezifisches Beispiel für das Bedürfnis nach einer derartigen Bildung ist die Schwierigkeit, kritische Emotionen wie Zorn auszudrücken, was, wie wir in Kapitel 4 sahen, ein Problembereich für viele Menschen ist.

Wir müssen den Beitrag des Christentums zu unseren zurückgebliebenen, verbogenen Haltungen bezüglich des Zorns erkennen, so, wie wir das langsam auf dem Gebiet der Sexualität tun. Wenn wir das machen, können wir Bildungslehrpläne entwickeln, die darauf abzielen, Kindern beim Erlernen angemessener Reaktionen auf Gefühle des Zorns zu helfen, die den Druck in dem betroffenen Individuum lösen, denjenigen, der Gegenstand des Zorns ist, nicht zu verletzen, und möglicherweise die Beziehung zu verbessern. Bevor wir diese Idee als zu phantastisch beiseite schieben, wäre es gut in Betracht zu ziehen, daß die Psychotherapeuten viel Arbeit darauf verwenden, Leuten zu helfen, ihre Gefühle als natürlich zu akzeptieren und schlecht angepaßte Strategien zum Umgang mit Zorn aufzugeben, die selbstzerstörerisch sind und Beziehungen beschädigen. Wenn diese Haltungen und

Verhaltensweisen im Laufe eines Erwachsenenlebens therapeutisch verändert werden können, ist es humaner - ganz von der Kostenseite zu schweigen - Bildungsprogramme zu entwickeln, die darauf ausgerichtet sind, die Ausprägung zerstörerischer Verhaltensweisen bei jungen Menschen zu verhüten.

Es gibt schon Schulen mit Lehrplänen, die den Kindern helfen, ihre angeborene Intelligenz zu nutzen, um etwas über ethisches und moralisches Verhalten zu lernen. Situationen werden beschrieben, die Diskussionen über zu treffende ethische Entscheidungen erfordern, und in denen das Kind seine eigene Vernunft anwendet, statt automatisch den Diktaten Gottes oder der Eltern zu folgen.

Ähnliche Strategien könnten eingesetzt werden, um dazu beizutragen, die Kinder die Grundprinzipien menschlicher Kommunikation und Diskussion zu lehren. Zum Beispiel könnte der Lehrer ein Szenario für ein Rollenspiel entwerfen und dafür eine Situation auswählen, die unausweichlich Konflikte erzeugt, und daher das Risiko eingehen, einige Kinder zornig über die Kommentare oder Verhaltensweisen anderer zu machen. Zu einem bestimmten Zeitpunkt wird Johnny auf Suzy zornig, entscheidet, daß er nicht mehr mitspielt, und will fortgehen. Der Lehrer holt ihn zurück und regt eine Diskussion über Johnnys Möglichkeiten an. Johnny enthüllt, daß seine Eltern ihm immer gesagt haben, daß er, wenn er auf irgend jemanden zornig sei, weggehen solle, um den anderen wissen zu lassen, daß er sich vor seinem Zorn hüten solle. In der anschließenden Diskussion lernt Johnny Möglichkeiten, seinen zornigen Gefühlen Ausdruck zu verleihen, die es ihm gestatten, weiterhin mit demjenigen zu sprechen, dessen Verhalten diese Gefühle hervorgerufen hat. Weitere Diskussionen könnten Johnny dahin bringen zu erkennen, daß er die Verhandlungen weiterführen kann, bis eine zufriedenstellende Lösung des Konflikts erreicht wird, mit einem Kompromiß von beiden Seiten.

Dies ist zugegebenermaßen ein stark vereinfachtes Beispiel. Darüber hinaus würden derartige Lehrpläne richtig ausgebildete

Lehrer zur Verfügung haben, und nur dann durchgeführt werden, wenn eine enge Zusammenarbeit zwischen dem Elternhaus und der Schule gegeben wäre. Genau wie im Bereich der Sexualität ist die Bildung der Eltern ebenso lebenswichtig wie die Bildung des Kindes. Wenn der Vater gewalttätig ist und instinktiv zuschlägt, wenn er zornig ist, oder wenn die Mutter den Vater mit Mißachtung straft, wenn sie auf ihn zornig ist, wäre es für das Kind schwierig, adaptive Arten des Umgangs mit Zorn zu lernen. In anderen Worten, die Eltern müßten wieder zur Schule gehen, um den Stoff zu lernen, um bei ihrem Kind erfolgreich zu sein.

Humanismus und das soziopolitische Umfeld

Einige Humanisten neigen dazu sich mit dem Märchen zu beruhigen, daß, wenn wir nur genug Geduld aufbringen, sich die Religion im Laufe der Zeit selbst zerstören wird. Diese eingefleischten Optimisten weisen auf Dinge hin, wie die Spannungen innerhalb der katholischen Kirche bei einer Anzahl von Streitfragen, als Beweis dafür, daß die Institution, genannt christliche Kirche, sich letztendlich selbst ruinieren wird. Sie erkennen nicht, daß es nicht dasselbe ist wie Selbstmord, wenn jemand sich in den Fuß schießt. Derartiges Wunschdenken ignoriert die Tatsache, daß der Papst viele Anhänger innerhalb der Kirche hat. Noch viel wichtiger ist, daß sogar wenn die amerikanischen Katholiken formell mit Rom brechen würden, wie es die englische Kirche vor rund 400 Jahren tat, es nichts gibt, was darauf hindeuten würde, daß dies sich für die christliche Kirche als schädlich bemerkbar machte. Man kann durchaus von der christlichen Kirche behaupten, daß sie durch Teilung und Abtrennung prächtig gediehen ist - vom großen Schisma des 11. Jahrhunderts an - so wie eine riesige pathogene Amöbe, die sich durch Zellteilung vervielfacht.

Es gibt einen guten Grund, warum Humanisten glauben wollen, daß ein so bizarres und gegen den Menschen gerichtetes Glaubenssystem wie das Christentum dazu bestimmt ist, unter der Last der Zeit und des menschlichen Verstandes einzustürzen. Die meisten von uns haben eine Antipathie gegenüber Institutionen entwickelt, die größtenteils auf unseren Erfahrungen mit religiösen Institutionen basiert, und wir stellen uns nicht willig der Herausforderung, das zu tun, was wir tun müssen. Bis wir erkennen, daß Religion keines natürlichen Todes sterben wird und daß wir uns zu einer politischen Kraft entwickeln müssen, um den Drachen auszuhungern, der die Tür in die Zukunft versperrt, gibt es vielleicht keine Zukunft für unsere Nachfahren. In jeder Gemeinschaft in der sogenannten christlichen Welt müssen sich Humanisten den religiösen Einfluß in allen Bereichen vergegenwärtigen. Für jede öffentliche christliche Erklärung, von der päpstlichen Bulle bis nach unten, muß die humanistische Stimme als Erwiderung und Zurückweisung gehört werden. Universitäten sollten humanistische Studiengänge einrichten, genauso wie sie Studiengänge für Frauen etabliert haben. Wir brauchen mehr humanistische Buchhandlungen; Zeitungen müssen dahin kommen, daß sie genau soviel Platz für Humanismus aufwenden wie für die Kirchen.

Vor allem müssen wir mehr humanistische Gemeindezentren gründen, die Menschen auf dem langen, oft schmerzvollen Weg von religiöser Abhängigkeit zu freiem Denken helfen können. Viele gehen den Weg nicht ganz und zögern, den endgültigen Schritt in die Freiheit zu tun. Andere nennen sich noch Christen, geben unter Druck gesetzt jedoch zu, die wesentlichen Glaubensvorstellungen des Christentums aufgegeben zu haben, trotz des Festhaltens daran, "daß es noch irgend etwas gibt". Sie gehen weiterhin zur Kirche, sprechen Gebete und singen Hymnen, die dem Glauben dienen, von dem sie sagen, sie hätten ihn verworfen. Um die Sache noch zu verschlimmern, setzen viele dieser Leute ihre Kinder dieser Art von Indoktrination aus, in der falschen Annahme, das Kind werde dadurch Moral lernen, ohne sich darum zu kümmern, wie diese Erfahrung das Kind wirklich berührt oder zu untersuchen, ob Religion wirklich die Moral fördert.

Mit Leuten zusammen zu kommen, die sich in die gleiche Richtung bewegen, kann eine nützlich Erfahrung sein. Humanistische Gemeindezentren könnten durch Vorträge, Lesungen und Gruppenveranstaltungen Menschen helfen, die sich in dieser Richtung bemühen. Viele "Stuben-Humanisten" fühlen sich irgendwie schuldig, weil sie nicht zur Kirche gehen, und haben Schwierigkeiten, mit Nachbarn, die Kirchgänger sind, Kontakt aufzunehmen. Sie brauchen einen Ort, wo sie sich zuhause fühlen können, der sie mit Stolz erfüllt anstatt mit Schuldgefühlen, weil sie das religiöse Joch abgeworfen haben, wo sie die Unterstützung und Ermutigung erhalten können, auf dem Weg zum Humanismus weiter voranzuschreiten.

Die Christenheit predigt, daß diese Welt ein Schlachtfeld ist, auf dem heilige Männer einen nie endenden Krieg gegen die Kräfte des Bösen führen. Wir Menschen sind wie ein im Streit befindliches Land, wo zwei rivalisierende Mächte um die Vorherrschaft kämpfen. Damit dieses Territorium wieder von Männern und Frauen in Besitz genommen werden kann, müssen wir die Spielregeln verstehen, die durch die christliche Religion den menschlichen Verhältnissen aufoktroyiert wurde. Die Ansichten des Philosophen Ludwig Feuerbach wurden in Kapitel 2 diskutiert. Feuerbach zufolge projizieren religiöse Systeme die besten menschlichen Qualitäten auf die Gottheit; diese an Menschen geschätzten Eigenschaften werden dann als bloßer Abglanz der gleichen Qualitäten der Gottheit angesehen. Wenn daher das Individuum sich unmoralisch verhält, darf es niemals auf irgendeine kausale Art mit dem christlichen Glaubenssystem in Verbindung gebracht werden, sondern muß vielmehr ein Anzeichen für den Verlust der Gnade sein. Wenn ein Christ sich auf eine humane, moralische Art verhält, darf man niemals glauben, daß dieses aus einer angeborenen menschlichen Anständigkeit geschieht, sondern soll es eher als das Ergebnis des christlichen Glaubens ansehen.

Schlußfolgerung

Religionen - vor allem das Christentum - sind die Feinde der menschlichen Moral. Wie wir in diesem ganzen Buch gesehen haben, sind viele der christlichen Glaubenslehrsätze gegen die Entwicklung des gesamten moralischen Potentials der Menschen gerichtet. Es ist lächerlich zu glauben, daß Männer und Frauen sich dadurch zu moralischen Wesen entwickeln können, daß man ihre Schuldgefühle manipuliert, sie wie kleine Kinder behandelt und sie nötigt, vor ihren natürlichen Regungen Angst zu haben.

Diejenigen, die sich als die Dolmetscher der Gottheit etablieren, bilden Institutionen, die ihre eigenen Strategien entwickeln. Diese sind so ausgelegt, daß sie ihre Macht über die Gläubigen erweitern und konsolidieren. Im Falle des Christentums haben diese von Gott redenden Hirten es fertiggebracht, die Schafe davon zu überzeugen, daß sie von Geburt aus schlecht sind, und daß "alles Gute von Gott kommt". Der erste Schritt für den Pilger auf dem Wege zum Humanismus ist es, "die große Übertragung von Schuldgefühlen" zu verstehen. Der nächste Schritt ist es, den zerstörerischen Mythos von der angeborenen Schlechtigkeit zu verwerfen.

"Es ist besser, auf Gott zu vertrauen, als Vertrauen in den Menschen zu setzen", heißt es in Psalm 108, Vers 8. Wir haben versucht zu zeigen, daß dieser Glaube, der so tief im religiösen Bewußtsein der westlichen Gesellschaft verwurzelt ist, eine zerstörerische Auswirkung auf zwischenmenschliche Beziehungen und die menschliche Gesundheit gehabt hat. Die medizinischen Berufe, die pharmazeutische Industrie und die High Tech-Medizin werden gemeinsam für die hohen Kosten des Gesundheitswesens verantwortlich gemacht, einiges davon ist sehr berechtigt. Jedoch werden keine anklagenden Finger gegen die Institution erhoben, die Leiden als eine wertvolle Strategie fördert, und deren Lehren, wie wir gezeigt haben, die menschliche Gesellschaft auf die verschiedensten Arten kompromittiert.

Können wir diese Fakten noch länger außer acht lassen? Es gibt keinen Beweis dafür, daß die moderne Version des christlichen Glaubenssystems mit der "Retrieval Critique Analysis" (Analyse der Wiedergewinnungskritik), der "Embodiment Theology" (Verkörperungstheologie) und anderen Beispielen der "Richtigstellung" weniger zerstörerisch ist als die traditionelle. Der Kern der Lehre bleibt der gleiche.

Viele Humanisten legen Nachdruck auf einen weniger militanten Ansatz, als er hier vorgeschlagen wird, und argumentieren, daß die Menschen genauso das Recht haben, ihrem religiösen Glaubenssystem zu folgen, wie wir Humanisten unserem folgen, und daß sie dafür nicht kritisiert werden sollten. Bis zu einem gewissen Grade ist das ein berechtigter Standpunkt, aber einer, der einen genaueren Blick legitimiert. Wenn, wie ich in diesem Buch gezeigt habe, die christliche Indoktrination eine Form geistigen und emotionalen Mißbrauchs ist, der mit unschuldigen Kindern betrieben wird, haben wir dann als Humanisten das Recht, darüber zu schweigen? Der Staat spielt sicherlich eine aktive Rolle bei der Verhütung der Tabak- und Alkoholsucht junger Leute (wenn auch nicht so erfolgreich, wie das viele gerne hätten); wäre es nicht auch logisch, daß man vom Staat eine ähnliche Rolle erwarten könnte, um junge Kinder vor einer anderen Form von toxischer Abhängigkeit zu schützen?

Hier ist ein evolutionärer Prozeß im Gange. Es gab Zeiten, da war "eines Mannes Heim seine Burg" (my home is my castle), und der Staat hatte kein Recht einzuschreiten, wenn ein Mann seine Kinder in Befolgung des biblischen Gebots schlug, oder wenn er seine Frau schlug oder vergewaltigte, da sie sein Eigentum war. Jetzt nimmt der Staat eine radikal andere Haltung gegenüber allen derartigen Formen des Mißbrauchs ein, und zwar in einem Ausmaß, das Mitarbeiter des Gesundheitswesens verurteilt werden können, wenn sie es unterlassen, Verdachtsfälle von Ehegatten- oder Kindesmißbrauch zu melden. Zugegebenermaßen, im Vergleich zu körperlicher und sexueller Mißhandlung ist es schwieriger für die Rechtssprechung, sich mit der geistigen und emotionalen Mißhandlung auseinanderzusetzen; jedoch gibt es Anzeichen dafür, daß es langsam legitim wird, diese Formen der Mißhandlung vor Gericht zu bringen. Viele Humanisten befinden sich in der vordersten Front im Kampf darum, die körperliche und sexuelle Belästigung von Kindern zu beenden. Wie also können wir bezüglich der Beseitigung der anderen Form der Belästigung hoffnungsvoll bleiben?

Was immer wir auch tun, wir müssen sicherstellen, daß Bildung, nicht Gesetzgebung, die Strategie zur Herbeiführung von Veränderung ist. Es darf keinen Versuch geben, den Staat dazu zu benutzen, Religion als ungesetzlich zu erklären, auch wenn das Christentum keine Gewissensbisse hat, den Staat zur Auslöschung anderer Glaubenssysteme zu benutzen. Jedoch müssen wir auf der Hut sein, um zu verhindern, daß der Staat seine Macht dazu mißbraucht, die humanistische Alternative zu unterdrücken. Wir glauben, daß es keine Religionsfreiheit geben kann, außer es gibt Freiheit von der Religion.

Solange die Kirchen Steuerfreiheit genießen und andere Arten von Förderung durch den Staat, wird die christliche Lehre weiterhin unser Potential zur Zusammenarbeit behindern, um die Probleme zu lösen, die unsere Welt, die ein Dorf ist, bedrohen. Nur wenn sich der Homo religiosus zu einem Homo sapiens entwickelt, kann unsere Spezies die Hoffnung haben zu überleben. Sicherlich ist es jetzt an der Zeit, das zu vollenden, was andere zur Zeit der Renaissance begonnen haben.

Anmerkungen

1. Bertrand Russell, *Why I Am Not a Christian* (London: Allen and unwin, 1967), S. 42.

2. Paul Kurtz, *In Defense of Secular Humanism* (Buffalo, N.Y.: Prometheus Books, 1983), S. 23.

3. Stephen D. Mumford, *American Democracy and the Vatican:*

Population Growth and National Security (Amherst, N.Y.: Humanist Press, 1984).

4. T. S. Eliot, "Four Quartets: East Coker," in *Selected Poems of T. S. Eliot* (London: Faber Paperbacks, 1963), S. 203.

5. Christopher Podmore, "Reflections on the Zundel and Keegstra Affairs," *Humanist in Canada* 18, no. 4 (Winter 1985/86): 75.

6. "Teacher Resigns Post amid Controversy," the (Hamilton, Ontario) Spectator, June 1, 1988, S. A5.

7. Stevi Jackson, *Childhood and Sexuality* (Oxford: Basil Blackwell, 1982), S. 152.

Bibliographie

Allegro, John M. *The Dead Sea Scrolls and the Christian Myth.* Buffalo, N.Y.: Prometheus Books, 1984.

Alvarez, A. *The Savage God: A Study in Suicide.* New York: Random House, 1972.

Armstrong, Karen. *The Gospel according to Woman.* London: Elm Tree Books, 1986.

Batson, C. Daniel, and W. Larry Ventis. *The Religious Experience.* New York: Oxford University Press, Inc., 1982.

Bibby, Reginald. *Fragmented Gods: The Poverty and Potential of Religion in Canada.* Toronto: Irwin Publishing, 1987.

Bullough, Vern L. *Sexual Variance in Society and History.* Chicago: The University of Chicago Press, 1976.

Bullough, Vern L. and James Brundage. *Sexual Practices and the Medieval Church.* Buffalo, N.Y.: Prometheus Books, 1982.

Butler, Sandra. *Conspiracy of Silence: The Trauma of Incest.* San Francisco: New Glide Publications, 1978.

Cohen, Edmund D. *The Mind of the Bible-Believer.* Buffalo, N.Y.:Prometheus Books, 1986.

Daly, Mary. *The Church and the Second Sex.* Boston: Beacon Press, 1985.

Ellis, Albert. *The Case against Religion: A Psychotherapist's View, und The Case against Religiosity.* Austin, Tex.: American Atheist Press, n.d.

Feinberg, Abraham. *Sex and the Pulpit.* Toronto: Methuen Publications, 1981.

Feuerbach, Ludwig. *The Essence of Christianity.* Übers. George Eliot. Buffalo, N.Y.: Prometheus Books, 1989.

Gascoigne, Bamber. *The Christians.* London: Granada Publishing, 1978.

Greeley, Roger, Hg., *The Best of Robert Ingersoll.* Buffalo, N.Y.: Prometheus Books, 1983.

Jackson, Stevi. *Childhood and Sexuality.* Oxford: Basil Blackwell, 1982.

Hoffmann, R. Joseph, and Gerald A. Larue, Hg., *Jesus in History and Myth.* Buffalo, N.Y.: Prometheus Books, 1986.

Kramer, Heinrich, und James Sprenger, *The Malleus Maleficarum.* New York: Dover Publications, 1971.

Kurtz, Paul. *In Defence of Secular Humanism.* Buffalo, N.Y.: Prometheus Books, 1983.

---, Hg. *Building a World Community: Humanism in the 21st Century.* Buffalo, N.Y.: Prometheus Books, 1989.

Lader, Lawrence. *Politics, Power and the Church.* New York: Macmillan Publishing Company, 1987.

Masson, Jeffrey Moussaieff. *The Assault on Truth: Freud's Suppression of the Seduction Theory.* New York: Farrar, Straus and Giroux, 1984.

Miller, Alice. *For Your Own Good.* New York: Farrar, Straus and Giroux, 1990.

Miller, William A. *Why Do Christians Break Down.* Minneapolis, Minn.: Augsburg Publishing House, 1973.

Mumford, Stephen D. *American Democracy and the Vatican: Population Growth and Natioanl Security.* Amherst, N.Y.: Humanist Press, 1984.

Peck, M. Scott. *The Road Less Travelled.* New York: Simon and Schuster, 1978.

Richardson, Alan. *Creeds in the Making.* Philadelphia: Fortress Press, 1981.

Rosenberg, Stuart E. *The Christian Problem: A Jewish View.* Toronto: Deneau Publishers, 1986.

Russell, Bertrand. *Why I Am Not a Christian.* London: Unwin Paperbacks, 1967.

Smith, George H. *Atheism: The Case against God.* Buffalo, N.Y.: Prometheus Books, 1979.

Stein, Gordon, Hg. *An Anthology of Atheism and Rationalism.* Buffalo, N.Y.: Prometheus Books, 1980.

Stern, E. Mark, Hg. *Psychotherapy and the Religiously Committed Patient.* New York: Haworth Press, Inc., 1985.

Sutherland, Charles. *Disciples of Destruction: The Religious Origins of War and Terrorism.* Buffalo, N.Y.: Prometheus Books, 1987.

Seligman, Martin E. P. *Helplessness: On Depression, Development and Death.* San Francisco: W. H. Freeman and Company, 1975.

Tannahill, Reay. *Sex in History.* New York: Stein and Day, 1980.

Thomas à Kempis. *The Imitation of Christ.* Chicago: Moody Press, 1980.

Watters, Wendell W. *Compulsory Parenthood: The Truth about Abortion.* Toronto: McClelland and Stewart, 1976.